ESSAI

SUR L'HISTOIRE

DES

DONATIONS ENTRE ÉPOUX

ET LEUR ÉTAT

D'APRÈS

LE CODE NAPOLÉON.

PAR

GUSTAVE BOUTRY,

AVOCAT A LA COUR D'APPEL DE PARIS.

THÈSE POUR LE DOCTORAT.

Présentée à la Faculté de droit de Paris, le 16 juillet 1852, à 3 heures.

Président : M. PELLAT, *Professeur et Doyen.*

Suffragants :
{ MM. VALETTE,
PERREYVE, } *Professeurs.*
DE VALROGER,
RATAUD, *Suppléant.*

PARIS.

IMPRIMÉ PAR E. THUNOT ET Cie,

RUE RACINE, 26, PRÈS DE L'ODÉON.

1852

ESSAI

SUR LES

DONATIONS ENTRE ÉPOUX.

Paris. — Imprimé par E. Thunot et Cᵉ, rue Racine, 28

ESSAI

SUR L'HISTOIRE

DES

DONATIONS ENTRE ÉPOUX

ET LEUR ÉTAT

D'APRÈS

LE CODE NAPOLÉON.

PAR

GUSTAVE BOUTRY,

AVOCAT A LA COUR D'APPEL DE PARIS.

THÈSE POUR LE DOCTORAT.

Présentée à la Faculté de droit de Paris, le 16 juillet 1852, à 3 heures.

Président : M. PELLAT, *Professeur et Doyen.*
Suffragants :
{ MM. VALETTE,
PERREYVE,
DE VALROGER, } *Professeurs.*
RATAUD, *Suppléant.*

PARIS.

IMPRIMÉ PAR E. THUNOT ET Cⁱᵉ,

RUE RACINE, 26, PRÈS DE L'ODÉON.

1852.

A

MONSIEUR J. F. BOISSONADE,

PROFESSEUR AU COLLÉGE DE FRANCE, MEMBRE DE L'INSTITUT,

OFFICIER DE LA LÉGION D'HONNEUR.

Et sanè non amarè nec tanquam inter infestos
jus prohibitæ donationis tractandum est, sed ut
inter conjunctos maximo affectu et solam inopiam
timentes.

(Paul, Dig., XXIV, 1, 20, § 2, *De Donationibus inter
virum et uxorem.*)

Cette pensée d'un des plus grands jurisconsultes romains présidera constamment à notre travail : dans la
fréquente obscurité des textes et les divergences de
leurs interprètes, elle nous sera ce fil conducteur qui
permet de suivre l'esprit de la loi quand sa lettre fait
défaut, et nous ne craindrons pas de subir l'influence
d'un système préconçu, car aux diverses périodes historiques que nous aurons à parcourir, depuis Auguste
et ses lois sur le mariage, jusqu'à Justinien, depuis les
Lois Barbares jusqu'aux Ordonnances de nos Rois, dans
le Droit Coutumier comme sous le Code Napoléon,

1

toujours, nous voyons le mariage honoré, encouragé, privilégié entre toutes les institutions. Si à une époque, lamentable à tant de titres, le mariage, dont le Christianisme avait fait un sacrement, a été abaissé au point d'être susceptible d'un mutuel dissentiment, d'être autant et plus dissoluble que le moindre contrat civil, « les mœurs, plus sages que les lois, » ont bien vengé cet outrage, et quand un demi-siècle après, de nos jours, le fantôme du divorce osa se remontrer, le ridicule en fit sûre et prompte justice : la paix et l'union n'étaient plus qu'au foyer domestique, on sut au moins les y défendre.

On connaît déjà l'esprit de notre travail, en voici le plan : nous le diviserons en trois parties correspondant aux trois grandes phases de l'Histoire du Droit. La première partie comprendra l'exposé du Droit Romain sur les donations entre époux, y compris la législation de Justinien; la seconde, leur état en France dans le Droit écrit et dans le Droit coutumier, particulièrement dans la Coutume de Paris; la troisième et dernière sera consacrée à la législation moderne, aux dispositions du Code Napoléon. Et pour n'avoir pas de discontinuité dans ce tableau qui n'embrasse pas moins de dix-huit siècles, nous relierons la première époque à la seconde par une analyse du Droit barbare et du Premier droit coutumier français, et la seconde à la troisième par un aperçu du Droit intermédiaire.

Aux deux premières époques, la prohibition des donations entre époux est la règle, la permission est l'exception; à l'époque moderne tout est changé, et la permission, devenue la règle, comporte à peine quelques exceptions. Quant aux deux périodes transitoires, leur caractère est naturellement moins tranché.

Nous examinerons aussi à chacune des époques, tant principales que transitoires, l'influence des Seconds mariages sur les dispositions entre époux.

Enfin nous terminerons par un Résumé rapide des transformations que nous aurons rencontrées, en nous attachant à expliquer comment elles furent les conséquences naturelles et presque forcées des principes différents de chaque époque sur le caractère et les effets de l'association conjugale.

ESSAI

sur les

DONATIONS ENTRE ÉPOUX.

PREMIÈRE PARTIE.

—

DROIT ROMAIN,

DROIT BARBARE ET PREMIER DROIT COUTUMIER FRANÇAIS.

1. Nous traiterons dans un premier chapitre de la prohibition des donations entre époux ; dans un second, de l'innovation remarquable apportée à cette prohibition par un sénatus-consulte célèbre proposé par Antonin Caracalla ; dans un troisième, nous verrons l'effet des seconds mariages quand il reste des enfants du premier lit ; un quatrième et dernier chapitre sera consacré aux époques barbare et féodale, comme transition à l'ancien droit français.

CHAPITRE PREMIER.

DE LA PROHIBITION DES DONATIONS ENTRE ÉPOUX.

2. Avant de nous occuper de l'étendue et des effets de la prohibition, ce qui sera l'objet de deux sections, nous avons à en rechercher l'origine et les motifs.

3. D'abord, son origine.

Aucune loi n'avait porté cette défense et créé pour les époux cette incapacité mutuelle de recevoir l'un de l'autre : elle était de droit non écrit, l'œuvre de tous, l'effet du consentement tacite de tous les citoyens : *Moribus apud nos receptum est*, dit Ulpien, *ne inter virum et uxorem donationes valerent* (1). Il ne paraît pas, du reste, que la prohibition remontât à une époque très-reculée, car la loi Cincia (an 550 de Rome), qui limitait le taux des donations en général, excepte de la limitation plusieurs personnes favorables, entre autres les époux (2) : la prohibition n'existait donc pas encore à cette époque. Cujas (3) la faisait remonter aux lois de Solon et aux Douze Tables, parce que l'on voit quelquefois attribuées aux coutumes, *moribus*, des dispositions consacrées par ces monuments antiques; mais la découverte faite au Vatican, en 1823, a démenti son interprétation.

Mais pourquoi la prohibition s'est-elle produite si tardive-

---

(1) Dig., liv. xxiv, tit. 1er, l. 1re, *De donat. int. vir. et ux.*

N. B. Les renvois à ce titre seront, en général, dans le texte, les autres seront en note.

(2) *Vatic. frag.*, § 302.

(3) *Oper. omn.*, édit. de Napl., tom. 1, p. 164.

ment? Il en a été donné une explication que nous adoptons pleinement (1) : c'est qu'à cette époque le déréglement des mœurs et les scandales du divorce s'étaient accrus à un point tel que la menace d'une séparation était souvent pour un époux le moyen d'obtenir de l'autre des donations considérables.

4. Voyons maintenant les motifs de la prohibition. Ils sont plusieurs fois rappelés par les jurisconsultes. Ulpien dit (L. 1re) : « Il ne fallait pas que les époux pussent se dépouiller inconsidérément par l'excès de leur affection; » Paul (L. 2) : « Il ne fallait pas que l'éducation de leurs enfants ne fût pas le plus grand soin des époux; » Sextus Cæcilius (*ibid.*) : « Il ne fallait pas que les mariages fussent brisés quand le plus riche ne donnait pas, et qu'ainsi le lien du mariage devînt vénal. » L'*oratio* de Caracalla au Sénat, l'*exposé de motifs* dans lequel l'empereur justifie l'utilité du célèbre sénatus-consulte dont nous parlerons, donne cette autre raison (L. 3, *pr.*) : « Il fallait veiller à l'honneur des époux, afin qu'ils ne parussent pas acheter l'union et la concorde à prix d'argent, enfin il ne fallait pas que le meilleur des époux s'appauvrît au profit du plus mauvais. »

Par tous ces motifs, on voit que la prohibition, si elle n'était pas précisément honorable pour les époux, comme on l'a dit cependant, n'était pas non plus déshonorante : elle était moins une défiance qu'une sollicitude, car elle tendait à éloigner de l'union conjugale la discorde des intérêts et les calculs de la cupidité, pour n'y laisser régner que l'affection et le dévouement.

SECTION PREMIÈRE.

DE L'ÉTENDUE DE LA PROHIBITION.

5. Nous verrons dans cette section : 1° quelles personnes,

---

(1) M. Pellat, *Comm. sur la Dot*, p. 356.

2° quelles donations étaient comprises dans la prohibition ;
3° quelles donations n'y étaient pas comprises.

§ Ier. — Des personnes comprises dans la prohibition.

6. La prohibition n'atteignait pas toutes personnes de différent sexe licitement unies ; réciproquement elle atteignait certaines personnes en dehors de ce lien.

7. *I. Des justes noces et du concubinat.* Il existait à Rome deux sortes d'unions licites et légales de l'homme et de la femme : les justes noces et le concubinat. Les justes noces donnaient à l'homme, avec le titre de *vir*, les avantages de la puissance paternelle, à la femme l'association aux honneurs et aux dignités du mari avec le titre d'*uxor* (1). Le concubinat, peu honorable pour la femme, avilissant même pour celle d'une naissance et d'une condition élevées (2), ne produisait aucun de ces effets ; aussi facile à dissoudre qu'à contracter, il n'avait d'autre avantage que celui de donner aux enfants une filiation certaine, et peut-être aussi de prévenir un plus grand désordre ; d'ailleurs il n'était permis de prendre ni plusieurs concubines, ni celle avec qui l'union eût été incestueuse ou adultérine (3).

Ainsi que l'indiquerait seule la rubrique des titres que nous avons sur notre sujet au Digeste et au Code, les donations n'étaient prohibées qu'entre les époux légitimes, *inter virum et uxorem*, et non entre les concubins. Du reste, l'immunité n'était pas plus un honneur pour les seconds que la prohibition n'était une rigueur pour les premiers.

8. Cependant si les donations étaient permises entre les concubins, au point de n'être pas même révoquées par l'effet

---

(1) D., L. 1, § 1er ; L. 8, *De senatoribus.*—Cod., L. 9, *De incolis.*
(2) D., L. 41, *De ritu nupt.*
(3) D., L. 1, § 1er, *De concubinis.*—Cod., L. un. eod. tit.—Nov. 18, cap. 5, § *Si autem confusa.*

de leur mariage subséquent (1), l'intérêt des parents légitimes, et sans doute aussi de fréquents abus, firent mettre des bornes à cette dangereuse liberté. D'abord Antonin le Pieux voulut que les militaires ne pussent donner à leurs *focariæ* (2); c'était pour eux une protection, jointe à tant d'autres, contre de fausses caresses qui ne pouvaient que les détourner des devoirs de la guerre. Plus tard, Arcadius et Honorius (3) défendirent à tout autre citoyen ayant des enfants légitimes, de donner à sa concubine et à ses enfants naturels ensemble, plus d'un douzième de ses biens, *unciam*, et à sa concubine seule un vingt-quatrième, *semi-unciam*; celui qui n'avait pas d'enfant légitime, mais sa mère (4) ou son père (5), ne pouvait donner à sa concubine que la même fraction de ses biens; enfin, d'après une constitution de Valentinien Iᵉʳ et de Gratien (6), celui qui n'avait ni enfants légitimes, ni père, ni mère, ne pouvait donner à sa concubine plus de trois douzièmes, *quadrantem*; mais Justinien (7) diminua l'effet de la présence de la mère du disposant, laquelle ne put désormais prétendre qu'à sa légitime contre la concubine.

9. L'existence des justes noces était soumise à trois conditions essentielles : la puberté des deux époux, leur consentement mutuel et celui du père de famille dont chaque époux dépendait, enfin la capacité relative de se prendre réciproquement pour époux ou le *connubium* (a). L'union contractée en l'absence d'une de ces conditions n'était pas légitime, elle

---

(a) C'est une question très-débattue que celle de savoir s'il fallait en outre une tradition réelle ou feinte de l'épouse au mari. Nous la retrouverons plus loin [n° 22].

(1) D., L. 31, *De donat.*
(2) C., L. 2, *De don. int. vir. et ux.*
(3) C., L. 2, *De nat. lib.*
(4) *Ibid.*
(5) Cod. Theod., iv, 6, L. 1, *De nat. lib.*
(6) *Ibid.*
(7) Nov. 89, c. 12, § 3.

pouvait même ne pas constituer un simple concubinat; dans ce cas pourtant, et quoiqu'on ne semblât être ni dans les termes ni dans l'esprit de la prohibition, le droit de se faire des donations était refusé, de peur que ceux qui enfreignaient les lois n'eussent une meilleure position que ceux qui s'y conformaient (L. 3, § 1er); on n'aurait même pas pu dire que la donation pouvait au moins valoir comme faite entre fiancés, si des fiançailles avaient réellement précédé le mariage, parce que les fiançailles étaient nulles comme le mariage lui-même. Toutefois les jurisconsultes faisaient une distinction : si le mariage était nul pour une cause continue, comme celui contracté entre parents ou alliés au degré prohibé, entre le tuteur (ou son fils) et la pupille, entre le président d'une province et une femme de la même province, entre un sénateur et une affranchie, la donation était enlevée au donataire pour cause d'indignité et attribuée au fisc (L. 32, § 28); si le mariage était défendu pour une cause temporaire comme l'impuberté, la donation postérieure aux fiançailles valait comme entre fiancés (L. 32, § 27); mais ici on distinguait encore si les fiancés avaient voulu se faire la donation à tout événement, ou seulement pour le cas où le mariage suivrait; dans ce dernier cas, c'était une véritable *donatio ob causam non secutam*, et la répétition des choses données était permise. On trouve même dans les textes quelques décisions différentes d'où l'on pourrait induire une sous-distinction, à savoir : si l'époux donateur connaissait ou non l'obstacle au mariage; il y a notamment au Code (L. 7, *hoc tit.*) une constitution d'Alex. Sévère qui accorde à une femme mariée de bonne foi au fils de son tuteur la revendication des choses par elle données à son mari.

10. *II. Des effets de la manus.* Si la prohibition des donations s'appliquait surtout aux époux légitimes, il arrivait fréquemment aussi qu'elle n'était d'aucune utilité à leur égard. La famille romaine fut pendant plusieurs siècles fondée sur deux institutions qui portent au suprême degré le caractère despotique des Romains : la *potestas patria* et la *manus*; la

potestas, c'est la propriété du père sur ses enfants : après le droit de vie et de mort, il lui reste encore le droit de vente et le droit absolu sur les biens ; après que le progrès de la raison et des mœurs civiles lui ont enlevé ce que son omnipotence avait de trop contraire à la nature, il conserve encore jusqu'à Justinien une autorité exorbitante que ni l'âge ni les dignités du fils ne peuvent faire fléchir ; la *manus*, c'est une sorte de *main-mise* sur l'épouse : l'épouse qui a partagé avec son mari le gâteau symbolique, *farreum*, ou qui a été achetée avec la pièce d'airain et la balance, *coempta*, ou qui ne s'est pas soustraite, par une absence de trois nuits chaque année, à l'usucapion d'un an, *usus* (incroyable théorie qui l'assimile à une chose mobilière !), celle-là est *in manu mariti*, elle n'est plus la compagne du *pater familias* : elle a seulement le rang d'une fille ; comme ses enfants, elle n'a plus de biens qui lui soient propres, en un mot, son individualité est absorbée dans celle du maître commun ; hors de la *manus*, au contraire, l'épouse n'est presque plus liée au mari, elle se trouve alors ou *sui juris*, indépendante mais isolée, ou bien elle est encore sous la puissance du père, qui peut, à son gré, l'arracher à l'époux qu'il lui a donné et briser son union (*a*).

11. Il est clair, par ce qui précède, que pour la femme *in manu*, il ne pouvait exister de prohibition de donner à son époux ni d'en recevoir : quand la *manus* pesait sur elle, tous ses biens et sa personne étaient absorbés dans les biens et dans la personne du mari ; non qu'il y eût cette association intime des intérêts qui se trouve plus ou moins dans notre communauté française, « mais parce qu'il y avait suppression de la personnalité juridique de la femme au profit du mari ; parce que la *manus* ne créait l'indivision de la fortune des époux qu'en donnant tout à l'un et rien à l'autre (1). » Aussi la

____

(a) V. M. Troplong, *Préface du contrat de mariage*, p. XXXVII à XL, et les autorités par lui citées.—Il est vrai que cet abus fut supprimé dans la suite [Voy. ci-dessous, n° 115].

(1) V. M. Troplong, *ibid.*, p. XII et LVI.

manus s'affaiblit-elle en même temps et plus vite que la puissance paternelle, parce qu'elle était encore plus contraire à la raison ; Plaute, Térence, Horace, nous apprennent que la fille dotée n'était jamais *in manu*, car chez le peuple romain, l'amour des richesses était devenu plus impérieux encore que celui de la domination ; le christianisme pouvait seul achever la réhabilitation de la femme, et de l'esclave de l'homme en faire l'égale et la compagne. En fait, la *manus* était tombée en complète désuétude bien avant Justinien. Nous ne nous en occuperons donc plus à l'occasion de la prohibition des donations entre époux, avec laquelle elle avait toujours été incompatible.

12. *III. Effets de la puissance paternelle.* Nous avons dit que la prohibition atteignait d'autres personnes que les époux ; en effet, à la ressemblance de la *manus*, la puissance paternelle absorbait aussi l'individualité des enfants, qui, n'ayant pas d'intérêts qui ne fussent ceux du père de famille lui-même, ne formaient qu'une seule personne civile avec lui. On sent combien cette confusion de personnes aurait pu faciliter les fraudes à la prohibition : le père du mari eût donné à sa bru, le frère du mari à sa belle-sœur, et réciproquement le père et le frère de la femme eussent donné au mari ce que les conjoints ne pouvaient se donner l'un à l'autre ; de même les deux beaux-pères, et les frères de chaque époux se fussent donné mutuellement à la faveur de cette association d'intérêts. La force du droit, comme la raison, voulaient donc que la prohibition fût étendue à d'autres qu'aux époux (L. 3, § 9) ; ainsi on peut dire qu'elle s'appliquait encore : 1° entre un époux et la personne dont l'autre dépendait ; 2° entre un époux et les personnes soumises à la puissance de l'autre ; 3° entre les deux pères de famille ; 4° entre le chef de l'une des familles et les enfants de l'autre (L. 3, §§ 2, 5 et 6) ; 5° entre les enfants de chacune des deux familles.

13. Quant aux donations entre un époux et les enfants, soit communs, soit propres, de l'autre époux, leur validité dépendait des distinctions et des principes suivants : le père seul avait la puissance paternelle, et sur ses enfants d'un autre lit, et sur les enfants communs; la mère ne l'avait jamais, même sur ses propres enfants d'un autre lit : de là, les donations étaient encore défendues entre un époux et les enfants qui, par le lien de puissance, se confondaient juridiquement avec l'autre époux. Ainsi, la femme ne pouvait ni donner aux enfants communs ou aux enfants que son mari avait d'un autre lit, ni en recevoir des donations; au contraire, elle pouvait donner à ses enfants d'un premier lit et en recevoir, et le mari pouvait également donner aux enfants communs ou aux enfants que sa femme avait eus d'un premier lit, et en recevoir des donations, parce qu'il n'y avait, dans ces derniers cas, aucun lien de puissance entre les donataires et l'autre époux (L. 3, § 4; L. 60, *pr.*).

14. Au surplus, dans les cas exceptionnels où les acquisitions du fils de famille échappaient au père, il est clair que la donation à lui faite par sa mère ou faite à sa mère par lui était valable; ainsi depuis que les *peculia castrensia* et *quasi-castrensia* lui restèrent propres, nul doute que sa mère pût lui faire une donation valable à son entrée aux camps ou dans les charges publiques, car cette donation ne pouvait être présumée faite au mari (L. 3, § 4); et quand Constantin eut créé le *peculium adventitium*, toute donation de la mère au fils fut également valable, selon nous, au moins pour la nue propriété qui échappait au père.

15. Des principes qui précèdent il ressort que si, par un des faits qui dissolvaient la puissance paternelle, tel que l'émancipation, la confusion juridique des personnes cessait pour un des enfants de famille, toute prohibition de libéralité cessait aussi entre l'émancipé et les autres personnes dont nous avons fait l'énumération. De même il n'existait aucune espèce de prohibition entre les personnes très-proches en alliance, mais qui n'étaient unies par aucun lien de puissance; par exemple, la belle-mère pouvait donner à sa bru ou à son gendre et en

recevoir des donations (L. 3, § 7), et les deux belles-mères pouvaient se donner l'une à l'autre.

16. Tout ce que nous venons de dire de l'effet de la puissance paternelle s'applique également à la puissance dominicale, car les esclaves dépendaient encore plus étroitement de leur maître que les enfants ne dépendaient de leur père, et tout ce que l'esclave acquérait était encore plus complétement acquis au maître ; ainsi toute donation faite par un époux à l'esclave de l'autre était nulle comme faite à l'époux lui-même.

17. Il existait encore pour un époux d'autres moyens d'échapper à la prohibition, c'était notamment de confier à des personnes interposées et chargées d'un fidéicommis exprès ou tacite, les libéralités destinées à l'autre époux ; mais comme il n'existait à cet égard aucune présomption légale d'interposition, nous ne parlerons de ces donations *détournées* qu'avec les donations *déguisées* sous l'apparence d'un acte onéreux, lesquelles ont leur place naturelle ci-après.

§ II. — Des donations comprises dans la prohibition.

18. *I. Définition de la donation prohibée.* Papinien définit ainsi la donation : *Donari videtur quod nullo cogente conceditur* (1). La définition du prince des jurisconsultes nous semble un peu laconique : formulée d'une manière générale et pour tous les cas de libéralités, elle ne suffirait pas pour celles prohibées entre époux. Nous en empruntons une autre à Savigny (a) : « La donation est un acte entre-vifs par lequel une personne s'appauvrit volontairement en enrichissant une autre personne qui le sait ou qui l'ignore. » Cette définition, qui cadre peu avec celle qu'il faut donner sous le Code Napoléon et qu'il donne lui-

---

(a) Elle est *en substance* dans le § 142, et les trois caractères en sont développés dans les §§ 144, 145 et 160 du *Traité de Droit Romain*.

(1) D., L. 29, pr., *De donat.*

même (art. 894), nous paraît satisfaisante pour ce qui concerne la libéralité prohibée entre époux (*a*) : en effet, il faut qu'elle soit un acte *entre-vifs*, pour que le donateur *s'appauvrisse lui-même* d'un bien qu'il pourrait retenir ; il faut que l'appauvrissement soit *volontaire*, car celui qui vend à vil prix par nécessité, ou qui achète trop cher ce dont il a un besoin extrême, ne fait pas une donation ; il faut qu'il y ait *enrichissement* d'un donataire, car celui qui adresse à quelqu'un une valeur qui ne parvient pas au destinataire, s'est appauvri, mais n'a pas *donné* ; enfin il n'est pas nécessaire que le donataire *sache* qu'il s'est enrichi, car si je vends sciemment à vil prix une chose que l'acheteur croit payer suffisamment, si je dote une femme à son insu, si je libère un débiteur d'une dette qu'il ignore, il y a donation aussi bien que s'ils le savaient. Du reste, il n'est pas nécessaire que l'acte ait pour cause la bienveillance : quand bien même je n'aurais eu d'autre mobile que l'ostentation, il n'y aurait pas moins donation.

19. Selon nous, toute donation sera nulle entre époux quand elle rentrera dans la définition qui précède, ainsi interprétée ; toute autre sera valable.

20. *II. Quand commençait et cessait la prohibition.* On peut bien dire que la prohibition commençait avec le mariage et cessait avec lui ; mais c'est une grave question que celle de savoir à quel moment le mariage commençait, c'est-à-dire était formé.

21. Le seul concours des volontés suffisait-il, ou fallait-il une sorte de tradition de la femme, réelle ou feinte ? Doit-on s'attacher à la maxime : *Consensus nuptias facit*, ou bien exiger l'*uxoris deductio in domum mariti* qui semble si nécessaire que l'expression *uxorem ducere* n'avait d'autre sens que *contracter mariage* ? Ce serait trop nous écarter de notre sujet

---

(*a*) Il est bon de remarquer, du reste, que le code Napoléon ne définit que la donation *directe*, or nous donnons ici une définition qui doit s'appliquer à toute libéralité.

que d'examiner les textes nombreux qu'on emprunte dans les deux systèmes au Digeste et au Code ; nous déclarons seulement préférer le dernier système, sans toutefois le croire nécessaire aux solutions suivantes : par exemple, la loi 66 (*Pr.* et § 1er) contient deux décisions de Scœvola, dont l'une semble contraire et l'autre favorable à la nécessité de la tradition de la femme : ainsi le premier texte déclare nulle la donation faite par la femme au mari, même avant la *deductio in domum* et la signature des instruments dotaux, « parce que, dit le jurisconsulte, ces deux faits n'ont souvent lieu qu'après le mariage contracté, pour lequel le consentement seul suffit ; » dans le second texte, Scœvola suppose que la jeune fille a été, suivant un usage fréquent, conduite avant le mariage dans une habitation séparée, *diœta*, appartenant à son mari : là, avant de se rendre dans la maison du mari, et avant la cérémonie de l'eau et du feu, elle lui a fait une donation que Scœvola n'hésite pas à déclarer valable comme faite avant le mariage. Comme il nous semble impossible de ne pas voir le consentement au mariage dès cette entrée de la femme dans la *diœta*, et comme nous ne pouvons croire que Scœvola soit en contradiction avec lui-même, nous adoptons pleinement l'interprétation du savant promoteur du système que nous préférons (1) ; alors nous dirons que l'habitation dans la *diœta* n'était pas encore la *deductio in domum*, et avait justement pour but de retarder l'existence du mariage. On peut croire, du reste, que la tradition ou remise de la femme au mari n'était pas toujours *réelle*, et pouvait très-bien consister dans la seule intention commune, *solo affectu*, *solo consensu*, pourvu que la femme fût présente ; ainsi se faisait la tradition de certains biens quand les parties contractantes étaient en présence de l'objet du contrat.

Une constitution d'Aurélien vient encore à l'appui de ce système, et nous la mentionnons parce qu'elle a un trait direct

---

(1) V. M. Ortolan, *Expl. hist. des inst.*, liv. I, tit. x.

à notre sujet : quand la donation avait été faite à un moment très-voisin du mariage, le doute s'élevait, si elle était faite entre fiancés ou entre époux, l'empereur décide que si elle est faite à la femme dans sa propre maison, elle n'est faite qu'à une fiancée et vaut comme *ante nuptias;* que si elle ne lui est faite que dans la maison du mari, elle est donation entre époux, c'est à-dire nulle (1).

22. Au surplus, depuis Justin, qui permit à la femme d'augmenter sa dot après le mariage et au mari d'augmenter également la donation anténuptiale qui en était la compensation et la garantie (2), et surtout depuis Justinien, qui permit non-seulement d'augmenter la dot et la donation, mais même de les constituer en entier pendant le mariage (3), il faut reconnaître que la femme pourra toujours être considérée comme ayant voulu se constituer une dot et le mari faire la donation appelée désormais : *donation à cause de noces.*

23. Avant Justinien la donation n'existait que par une obligation du donateur contractée dans les formes de la stipulation ou par une translation immédiate de propriété au moyen de la tradition ou de la mancipation, suivant la nature des objets (4); aussi pour que la donation entre futurs époux échappât à la prohibition il fallait qu'elle fût parfaite, c'est-à-dire que le titre lucratif de créancier ou de propriétaire fût constitué au profit du donataire avant l'accomplissement du mariage. Sous Justinien, le seul consentement put suffire, non pour transférer la propriété des choses données, mais pour conférer le droit d'exiger cette translation (5). Il en résulta que beaucoup de donations faites à une époque très-rapprochée du mariage échappèrent à la prohibition, parce qu'il suffit alors de prouver que le concours des volontés, à fin de donation,

---

(1) Cod., L. 0, *De don. antè nupt.*
(2) Cod., L. 9, *Ibid.*
(3) L. 20, *ibid.*
(4) *Vat. fragm.*, § 313.
(5) Cod., L. 35, *De donat.*

avait existé avant la formation du mariage ; que si la donation s'était faite au moyen d'une tradition, il fallait que cette tradition eût lieu avant le mariage, et au cas où il y avait eu interposition licite d'une personne étrangère, on devait distinguer par qui l'interposition avait été faite : si c'était par le donateur, il fallait, pour que la donation fût valable, que la chose donnée eût été par lui remise au tiers interposé, et par celui-ci restituée au donataire avant le mariage ; si c'était par le donataire, comme il y avait, par là même, consentement de sa part à la donation et que les volontés avaient concouru avant le mariage, la donation était valable dès que le donateur avait remis la chose au tiers interposé, et celui-ci pouvait désormais faire la restitution après le mariage (L. 5, *pr.*).

24. Nous avons vu comment la prohibition commençait avec le mariage ; elle finissait pareillement avec lui : ainsi après le divorce, les anciens époux recouvraient la liberté de se donner ; mais évidemment il ne fallait pas que ce divorce fût simulé et fait en fraude de la prohibition ; un semblable divorce, comme un divorce irrégulier, n'eût pas préservé la donation de la nullité (L. 35). Le divorce était toujours présumé sérieux quand il avait été suivi d'un nouveau mariage ou qu'au moins la femme avait laissé s'écouler un temps assez long pour qu'il lui fût permis de convoler à d'autres noces (L. 64, *in fine*). Les donations entre époux divorcés avaient quelquefois lieu pour renouer le mariage brisé (*ibid.*), dans ce cas elles subsistaient *post instauratum matrimonium.*

25. Nous continuerons à nous occuper des libéralités défendues entre époux en parlant successivement des moyens qu'ils avaient d'éluder la prohibition, c'est-à-dire des donations indirectes résultant d'une omission, des donations déguisées sous l'apparence d'un acte onéreux, enfin de celles faites à personnes interposées.

26. *III. Des donations indirectes par omission.* Le moyen le plus facile de faire une libéralité était de s'abstenir de l'exercice d'un droit légitime et certain : ainsi un époux laissait usucaper son bien par l'autre époux, en négligeant à dessein l'action en revendication (L. 44); ou bien, ayant un droit de servitude sur le fonds de l'autre époux, il le laissait s'éteindre par le non-usage (L. 5, § 6); ainsi encore, tolérant complaisamment contre sa prétention légitime l'emploi d'une exception mal fondée, il laissait prononcer par le juge l'absolution de l'époux défendeur (L. 5, § 7); ou bien, en sens inverse, ayant en sa faveur une exception véritable, il la négligeait pour se laisser condamner au profit de l'époux demandeur; enfin il laissait s'éteindre son action par la prescription d'un an ou de trente ans. C'étaient là, selon nous, autant de libéralités défendues, puisqu'elles produisaient enrichissement d'un époux au préjudice volontaire de l'autre époux.

Nous les retrouverons bientôt dans le § 2 de la section suivante où nous étudierons leurs effets quant à la prohibition; nous renvoyons de même au § 3 de la présente section l'indication de quelques abstentions qui ne constituaient pas des donations prohibées.

27. *IV. Des donations déguisées sous l'apparence d'un acte onéreux.* C'était encore un moyen facile de fraude que de dissimuler la libéralité en la présentant comme un acte onéreux; ainsi l'un des époux donnait à l'autre une chose ou une valeur, comme en retour d'une autre chose ou valeur qu'il n'avait cependant pas reçue; il lui vendait une chose au-dessous de son véritable prix (L. 5, § 5); ou bien, au contraire, il la lui achetait pour un prix trop élevé, ou renonçait à la garantie des vices cachés ou de l'éviction (L. 31, § 5); ou le mari avantageait sa femme, ou en était avantagé, par une estimation trop forte ou trop faible des choses dotales, en vue de la restitution ultérieure (L. 7, § 5); enfin les époux pouvaient déguiser de cent manières diverses des donations, qui, soumises, en droit, à la prohibition, y échappaient, en fait, au moins pour les héritiers de l'époux donateur (a), et ne

---

(a) On sait que nous sommes encore avant le sénatus-consulte de Caras'en trouvaient atteintes que si l'époux donateur, repentant, prouvait la fraude et exerçait les actions révocatoires dont il sera parlé dans la section suivante.

28. *V. Des donations faites à personnes interposées.* Nous avons vu comment l'étroite union des membres d'une même famille, confondus et individualisés dans un seul homme, le *paterfamilias*, soumettait à la prohibition beaucoup des proches de chaque époux ; mais ce n'était pas là l'effet d'une présomption légale d'interposition, c'était une conséquence forcée de ce qu'il n'y avait dans la famille qu'une seule personne juridique, à plusieurs *masques* (*personæ*), et l'époux en était un. Nous avons donc à parler maintenant de la véritable interposition, de ce détour consistant dans l'intervention d'un tiers bénévole, chargé expressément ou tacitement par l'un des époux, d'une sorte de fidéicommis entre-vifs, ou se prêtant à une opération juridique quelconque qui se résolvait en libéralité pour l'autre époux.

29. D'abord il ne paraît pas que certaines personnes fussent, par leur seule qualité, *présumées* interposées entre les époux, comme cela a lieu depuis longtemps dans la législation française. Un texte de Papinien (1) dit même que le lien d'affection paternelle ne suffisait pas pour faire présumer un fidéicommis tacite en faveur de l'épouse, dans l'institution d'un beau-père par son gendre (*a*) ; un autre texte, de Callistrate (2), déclare que les fidéicommis tacites doivent être

---

calla, car après la grave réforme qu'il apporta, la donation, même déguisée, fut vraiment inattaquable par les héritiers du donateur.

(*a*) Il faut supposer, selon nous, que l'épouse n'est pas sous la puissance paternelle, sans quoi il est clair que l'institution semblerait s'adresser plutôt à elle qu'à son père ; aussi Papinien veut-il dire que le lien d'affection paternelle qui subsiste *seul*, ne suffit pas pour faire présumer une interposition du père entre les deux époux, en fraude des lois *décimaires* auxquelles ce texte fait allusion. Denis Godefroi nous semble méconnaitre le véritable sens de ce texte en rapportant *paternæ* à *gener* et non à *filia* (*uxor*), qui est évidemment sous-entendu.

(1) D., L. 25, pr. *De his quæ ut ind. auf.*
(2) D., L. 3, § 3, *De jure fisci.*

prouvés par écrit ou autres preuves manifestes ; Domat (1), signalant cette différence entre la législation romaine et la nôtre, en donne ce motif : que le fidéicommis adressé à des personnes incapables de recevoir étant, chez les Romains, attribué au fisc, et chez nous à l'héritier du disposant, il n'y avait pas lieu de dispenser d'une preuve parfaite le fisc autant que l'héritier. Mais Domat ne parle que des fidéicommis laissés *par testament*, lesquels, en effet, étaient attribués au fisc lorsqu'ils s'adressaient à des incapables (2), et comme aucun texte, à notre connaissance, n'établit la même rigueur pour les fidéicommis que nous appelons *entre-vifs*, ni pour les autres libéralités détournées par des voies semblables, qu'au contraire, nous en voyons plusieurs accorder des actions révocatoires au donateur (ou à ses héritiers, avant le sénatus-consulte), nous pensons que des présomptions légales eussent été en parfaite harmonie avec la nature et le motif de la prohibition. En fait, il n'en existait pas; aussi l'interposition de personne, comme le déguisement d'acte, pouvait échapper à la prohibition, si elle n'était prouvée.

30. Les principaux cas d'interposition qui pouvaient se présenter et que prévoient les textes eux-mêmes sont ceux-ci : le mari donnait à son débiteur l'ordre de payer entre les mains de la femme (L. 3, § 12); ou bien, sachant quelqu'un disposé à lui faire une donation, il lui mandait de la faire à sa femme (L. 3, § ult.); dans ce cas, comme dans le précédent, la chose due ou donnée était censée reçue par le mari et par lui remise à sa femme : c'est l'opération simplifiée qu'on a souvent appelée tradition de brève main (...*celeritate... unam actionem occultari*); ou bien la femme s'engageait envers le créancier du mari à payer la dette de celui-ci, afin d'opérer la novation par expromission (L. 5, § 4); ou bien encore le mari chargeait son débiteur de s'engager envers la femme pour tout le montant

---

(1) *Lois civiles*, II° part., liv. v, tit. III, sect. 3, n° 7.
(2) *Gaïus*, *comm. II*, § 285-288.

de la dette, délégation qui n'eût été permise qu'au cas où le mari eût été lui-même véritablement débiteur de la femme (L. 39).

Nous retrouverons toutes ces donations quand nous nous occuperons des effets de la prohibition à leur égard, c'est-à-dire de leur nullité.

§ III. — Des donations non comprises dans la prohibition.

31. Pour achever de bien fixer l'étendue de la prohibition, il nous reste à parler des donations qui n'y étaient pas soumises, soit parce qu'elles n'avaient pas tous les caractères indiqués dans la définition précédemment donnée [n° 18], soit parce qu'elles avaient une cause légitime, soit enfin parce qu'elles étaient d'une minime importance. Nous aurons ainsi neuf sortes de libéralités permises entre époux, indépendamment des donations entre l'empereur et l'impératrice qui, *legibus soluti*, pouvaient se donner indéfiniment (C., L. 26, *h. t.*); les voici : 1° les libéralités testamentaires ; 2° les donations à cause de mort ; 3° les donations à cause de divorce ; 4ª les donations à cause d'exil ; 5° les donations qui n'appauvrissaient pas le donateur ; 6ª celles qui n'enrichissaient pas le donataire ; 7° les donations de fruits ou intérêts (non dotaux) et les munuscules ; 8° les donations rémunératoires ; 9° les donations mixtes.

32. Dans ces libéralités permises nous ne comprenons pas la donation *propter nuptias*, ni la constitution de dot, parce que ces deux actes étaient vraiment à titre onéreux pour les époux. Le mari recevait la dot pour supporter les charges du mariage, la femme recevait la donation à cause de noces comme garantie de sa dot, et si les apports mutuels pouvaient devenir des gains nuptiaux pour le survivant, ils étaient valables d'après le principe des acquisitions à cause de mort.

33. *I. Des libéralités testamentaires.* Les institutions d'héritier, les legs et les fidéicommis, ne devant produire d'effet qu'à une époque où le mariage n'existerait plus, devaient, en principe, être permis entre époux. Cependant, pour une cause toute différente de la prohibition générale, ces libéralités leur furent défendues pendant longtemps.

34. Deux lois célèbres rendues sous Auguste, la loi Julia, *De maritandis ordinibus* (an de Rome 757), et la loi Papia Poppæa (an de Rome 762), ayant pour but d'encourager au mariage et à la procréation légitime qu'avaient diminuée les guerres et les divorces, frappèrent le célibat et les unions stériles de la perte totale ou partielle des libéralités testamentaires ; les *cælibes* ne purent rien acquérir à ce titre, et les *orbi*, la moitié seulement de ce qui leur était donné (1).

35. Les époux furent traités encore plus rigoureusement : au lieu de recevoir l'un de l'autre une moitié de la libéralité testamentaire, en vertu du mariage seul, *matrimonii nomine*, ils ne purent recevoir qu'un dixième à ce titre, plus l'usufruit du tiers des biens qui leur étaient enlevés (2). La nouvelle prohibition s'appliquait aussi aux donations à cause de mort et aux constitutions de dots adventices qui, par le prédécès de la femme, fussent restées au mari (3). Du reste, la présence d'enfants augmentait d'autant de dixièmes (*a*) la portion que pouvaient recevoir les époux, et souvent même leur rendait une entière capacité ; enfin il pouvait arriver que les époux eussent la *solidi capacitas* l'un à l'égard de l'autre, quoiqu'ils n'eussent pas d'enfants, et, au contraire, qu'ils n'eussent aucune capacité de recevoir, quoique ayant des enfants. Nous allons rapidement parcourir ces différentes situations.

36. L'augmentation d'un dixième avait lieu : 1° pour cha-

(*a*) Les lois Julia et Papia, qu'on appelait *caducaires* à cause des nombreuses caducités de legs et d'institutions d'héritier qu'elles entraînaient, prenaient le nom de *décimaires* au point de vue qui nous occupe.

(1) Gaïus, II, § 286.
(2) Ulp., Reg., XV, *De decimis*, pr. et § præter.
(3) Heineccius, *ad legem Jul. et Pap. Popp.*, lib. II, c. 14.

que enfant d'un précédent lit (1), vivant au moment de l'ouverture du testament (a); 2° pour chaque enfant commun, mort après le jour où ses noms lui avaient été donnés (*ante nominum diem amissus*), c'est-à-dire avant le huitième jour de sa naissance, pour une fille, et le neuvième , pour un fils (2).

37. La *solidi capacitas* avait lieu dans douze cas : 1° quand l'époux survivant laissait neuf enfans existants, d'un précédent lit (le dernier décime , pris *matrimonii nomine,* complétait le *solidum*); 2° quand il laissait trois enfants communs morts après le *nominum dies;* ou 3° deux enfants communs morts à l'âge de trois ans (*trimos*); 4° ou un enfant commun mort pubère; 5° ou un enfant commun mort impubère, mais dans les dix-huit derniers mois; 6° ou un enfant commun actuellement vivant; 7° ou un enfant commun né dans les dix mois de la mort du mari ; il y avait encore lieu à la *solidi capacitas*, même à défaut d'aucun enfant : 8° quand *l'orbitas* avait pour cause l'absence du mari pour le service public : (pendant l'absence et l'année du retour, les époux avaient *inter se libera testamenti factio*); 9° quand les époux étaient en même temps cognats au sixième degré; 10° quand les époux n'avaient pas encore l'âge auquel la loi exigeait des enfants, c'est-à-dire vingt-cinq ans pour le mari et vingt ans pour la femme; 11° quand ils avaient accompli pendant le mariage les années extrêmes (*finitos annos*) après lesquelles la procréation n'était plus guère possible, c'est-à-dire soixante ans pour le mari et cinquante pour la femme; 12° enfin quand les époux avaient obtenu du prince ou du sénat le *jus liberorum* (3).

38. Quelquefois les époux ne pouvaient rien recevoir l'un de l'autre quoiqu'ils eussent des enfants ou se trouvassent

---

(a) On sait que pour multiplier les chances de caducité, la loi Papia avait reculé le *dies cedit*, du jour du décès du testateur au jour de l'ouverture des tablettes (Ulp., Reg., XXIV, § 30).

(1) Ulp., Reg., XV, § *Quod si.*
(2) Ulp., Reg., XV, *ibid.*
(3) Ulp., Reg., XVI, *De solidi capacit. int. vir. et ux.*

dans l'un des douze cas précédents ; cela arrivait quand leur mariage était contraire à la même loi Julia et Papia, par exemple, quand un homme d'une honnête condition avait épousé une femme notée d'infamie, ou un sénateur une affranchie (1).

39. Les lois décimaires survécurent aux lois caducaires dont cependant elles faisaient partie. Constantin, qui abolit les peines du célibat, comme contraires aux principes de la religion qu'il venait d'embrasser (2), maintint celle de l'*orbitas* pour les époux seulement, par crainte de captation (3) ; Théodose le Grand en affranchit les décurions (4) ; enfin Honorius et Théodose II les abolirent entièrement (5). Depuis ces empereurs, les libéralités testamentaires ne furent plus limitées qu'au cas de second mariage du donateur ayant des enfants d'un premier lit, ce dont il sera parlé au chapitre III.

40. *II. Des donations à cause de mort.* A l'exemple du testament, et suivant les mêmes modifications historiques, la donation à cause de mort fut permise entre époux (l. 9, § 2). En effet, comme l'acte de dernière volonté, elle ne se réalisait qu'à un moment où il n'y avait plus mariage, *quo tempore vir et uxor esse desinunt* (L. 10) ; subordonnée au prédécès du donateur, elle ne le dépouillait pas lui-même, mais seulement ses héritiers ; enfin, révocable à son gré, elle ne pouvait être suspectée de captation.

41. Entre étrangers la donation à cause de mort pouvait être faite de deux manières et avec deux effets différents : ainsi d'abord, la mort du donateur, condition essentielle de la libéralité, pouvait y être envisagée d'une manière générale, et comme tout homme y est exposé, ou, au contraire, dans un danger particulier et imminent ; dans les deux cas elle devait précéder celle du donataire. Quant aux effets, la mort pouvait

---

(1) Ulp., *ibid.*, § 2.
(2) Cod., L. 1, *De infirm. pœn. cælib.*
(3) Cod. Theod., lib. VIII, 16, L. 1, *eod. tit.*
(4) Cod. Theod., lib. XII, tit. 1er, L. 124, *De decurionibus.*
(5) Cod., L. 2, *De inf. pœn. cælib. et decimis sublatis.*

être l'événement attributif d'une propriété encore en suspens ou seulement confirmatif d'un droit déjà existant, mais jusque-là résoluble (*a*) ; pour produire ce dernier effet, il fallait nécessairement une tradition (ou une mancipation, suivant la nature des biens donnés), mais alors c'était la tradition qui transférait la propriété, la donation elle-même n'était que la *cause* et non le *mode* d'acquérir. A l'égard de la donation sous condition suspensive qui consistait ordinairement en une promesse seule, ne dépouillant pas le donateur de la propriété, elle ne dispensait pas non plus, selon nous, d'une tradition à faire, au décès, par les héritiers du donateur : tout le monde admet que cette tradition fut nécessaire dans le droit primitif, mais le plus grand nombre des auteurs pense que c'est là une rigueur dont on dut se départir dans la suite, et que dès le temps d'Ulpien la propriété passait déjà d'elle-même, *ex lege*, au donataire, qui pouvait revendiquer. Dans cette opinion on s'appuie beaucoup sur un texte d'Ulpien (1) qui accorderait la revendication ; mais il faut reconnaître d'abord qu'il ne l'accorde qu'avec hésitation et comme une chose seulement soutenable (*potest defendi*) ; en outre, il ne prévoit pas le cas qui nous occupe, mais celui d'une résolution de la première espèce de donation, opérée au profit du donateur (*potest defendi in rem competere donatori*). Nous croyons donc qu'en l'absence de textes précis qui dérogent aux principes généraux de la transmission de propriété, en présence surtout de l'énumération des modes d'acquérir donnée par le même jurisconsulte (2), il faut reconnaître que la tradition fut nécessaire dans les deux sortes de donations à cause de mort, au moins jusqu'à ce que Justinien les eût assimilées au legs.

(*a*) Julien, cité par Ulpien (D., L. 2, *De mort. causa don.*), ne sépare pas ces divers points de vue et omet la dernière espèce de donations à cause de mort.

(1) D., L. 29, *De mort. caus. don.*
(2) Ulp., Reg., XIX.

42. Entre époux, la donation à cause de mort pouvait-elle produire ces deux effets? La question présente de graves difficultés que la contradiction apparente des textes et la réserve prudente des interprètes sont loin d'éclaircir ; Savigny seul, à notre connaissance, aborde nettement la question (§ CLXX), mais il n'entre pas dans le détail des textes.

43. Il est clair d'abord, et reconnu par tout le monde, que le premier effet, la transmission immédiate de la propriété que la mort du donateur eût seulement confirmée, ne pouvait se produire entre époux : la prohibition générale s'y opposait. Quant au second effet, il était tout à fait possible, puisqu'il ne se produisait qu'à la dissolution du mariage ; mais la difficulté commence quand on se demande si la propriété, une fois acquise au donataire, l'était *ex nunc* ou *ex tunc*, du moment de la mort du donateur seulement, ou du jour du concours des volontés : plusieurs textes parlent clairement de rétroactivité ; d'autres supposent qu'elle n'a pas lieu ; nous essayerons de les concilier.

44. Les étrangers pouvant à leur gré se donner la propriété actuellement, sauf résolution, ou se la donner seulement au décès, la donation devait naturellement produire le premier effet, quand elle consistait en une tradition, et le second, quand il n'y avait qu'une promesse du donateur : et alors il n'y avait pas de rétroactivité. Les époux, au contraire, ne pouvaient se donner avec le premier effet ; il était clair pourtant que le donateur avait souvent voulu conférer à son époux une propriété actuelle. Cette volonté, toujours présumable quand il y avait eu une tradition, ne laissait pas de l'être encore quand il n'y avait eu qu'une simple promesse, puisque le donateur n'avait pu obtenir *actuellement* plus d'effet par un mode que par l'autre ; alors, pour répondre à l'intention des parties, on admettait que la donation, une fois réalisée par le prédécès du donateur, rétroagissait au jour du contrat, comme si elle eût pu être faite, *ab initio*, sous condition résolutoire. Cette rétroactivité n'était pas sans intérêt, notamment quand la dotion avait pour objet des esclaves, et qu'ils avaient stipulé dans l'intervalle, ou qu'il leur avait été conféré des legs ou des hérédités. Du reste, comme il y avait, avant tout, une question d'intention, la rétroactivité pouvait n'avoir pas toujours lieu : par exemple, lorsqu'il n'y avait pas eu tradition, mais seule-promesse, et qu'il n'y avait d'ailleurs aucun indice de la volonté chez le donateur que la donation rétroagît. Enfin, d'après l'intention présumée du donateur, la rétroactivité n'avait pas lieu lorsqu'elle eût virtuellement entraîné l'inutilité de la donation. C'est ainsi que nous expliquons comment les textes parlent tantôt de rétroactivité, et tantôt supposent qu'elle n'a pas lieu. Il nous reste à analyser ces textes.

45. Le plus formel dans le sens de la rétroactivité est ainsi conçu : *Si mortis causa donatio inter virum et uxorem facta sit, morte secuta reducitur ad id tempus quo interposita fuit* (1). On suppose, ce qui arrivera le plus souvent, que le donateur a fait une tradition immédiate qui n'a pu produire aussitôt le même effet qu'entre étrangers, à cause de la prohibition, mais qui le produira quand elle sera confirmée par son décès. Ulpien semble, au contraire, nier la rétroactivité quand il dit (L. 11, pr.) « que la propriété n'est pas transférée de suite, mais seulement au décès ; et que dans l'intervalle elle reste au donateur. » Telle n'est cependant pas sa pensée, il veut seulement prévenir l'idée d'une transmission immédiate de la propriété ; d'ailleurs il ajoute aussitôt (*ibid.*, § 1er) que *toute* donation à cause de mort est permise entre époux, et non pas seulement celle qui ne doit transférer la propriété qu'à partir du décès : puis s'occupant des cas où la rétroactivité n'a pas lieu, par exception évidemment, il en signale les anomalies : *quando itaque non retroagatur donatio, emergunt vitia* (*ibid.*, § 2), et il les développe dans les paragraphes suivants ; enfin, il revient au cas où la donation rétroagit, pour en indiquer un effet particulier : *Sequens traditio a muliere*

---

(1) D., L. 10, *De mort. caus. don.*

facta in pendenti habebitur (ibid., § 9). Javolenus (L. 20) donne encore une application remarquable de la rétroactivité, sans que rien fasse douter qu'elle fût la règle générale : il s'agit d'un esclave donné à cause de mort, et qui a stipulé avant le décès du donateur ; le jurisconsulte décide que le bénéfice de la stipulation est en suspens, et qu'il appartiendra au donataire, s'il survit. En somme, selon nous, la rétroactivité était présumée dans l'intention du donateur quand il avait fait la tradition de son vivant : s'il n'y avait eu que promesse, il fallait d'autres indices de sa volonté; mais, dans tous les cas, si la rétroactivité devait nuire aux époux, elle était présumée, au contraire, n'avoir pas été dans leur intention.

46. Voici maintenant quels étaient les cas où la rétroactivité eût pu nuire aux époux et pour lesquels on admettait alors des anomalies (*vitia*) qui étaient du moins favorables aux époux : ainsi, le mari voulant faire à sa femme une donation à cause de mort, celle-ci a interposé le fils de famille pour recevoir la donation des mains du mari et la lui restituer à elle-même; et, comme à la mort du mari le fils devient *sui juris*, la donation est valable et profite à l'épouse, tandis qu'elle serait nulle s'il y avait rétroactivité, parce qu'alors la tradition faite au fils de famille n'eût profité qu'au père sous la puissance duquel il se trouvait à cette époque (L. 11, § 2). Le mari fait la tradition *donationis causa* à sa femme encore en puissance paternelle, si à la mort du mari elle est devenue *sui juris*, elle a tout l'émolument de la donation qui, avec la rétroactivité, eût appartenu à son père (L. 11, § 3); même solution si la femme donne au mari encore fils de famille (L. 11, § 4); de même encore, si l'époux donataire a interposé un esclave pour qu'il reçût la tradition et que cet esclave se trouve être libre au décès du donateur, avec la rétroactivité l'acquisition eût été pour le maître, sans rétroactivité elle sera pour l'époux (L. 11, § 6.); en sens contraire, si l'homme libre qui avait été interposé, est devenu esclave au moment du décès, ou si l'époux donataire, père de famille au moment de la donation,

est devenu fils de famille au jour du décès, si la rétroactivité n'a pas lieu, l'effet sera défavorable à l'époux : le bénéfice de la donation sera pour le maître dans le premier cas, et pour le chef de famille dans le second (L. 11, § 5).

47. *III. Des donations à cause de divorce.* A Rome, le divorce n'avait pas toujours le caractère d'une injure d'un époux envers l'autre ; il pouvait être le résultat d'un mutuel consentement, il était alors appelé *divortium bonâ gratiâ* (L. 62, Pr.) ; de même il n'avait pas toujours pour cause l'aversion réciproque ou le déréglement des mœurs : il pouvait avoir des causes qui n'étaient en rien déshonorantes pour les époux, telles que la stérilité, la maladie ou l'exil, et surtout l'état militaire, la vieillesse et le sacerdoce (L. 60, § 1er; L. 61).

Dans tous ces cas, il était d'usage que l'époux qui demandait le divorce fît à l'autre une donation qui compensât en quelque sorte ce que la séparation pouvait avoir de pénible; ces donations n'étaient pas suspectes d'être le fruit de la captation et de l'influence, elles devaient donc être pleinement permises (L. 11, § ult. ; L. 60, § 1er); mais elles devaient être faites au moment même du divorce, et non à l'avance, dans la prévision d'un divorce futur (L. 12).

48. *IV. Des donations à cause d'exil.* Quoique le mariage légitime ne pût exister qu'entre citoyens romains, et que l'exil et la déportation dans une île (à la différence de la relégation) fissent perdre la qualité de citoyen romain, il paraît cependant que le mariage, plus facile sous ce rapport à maintenir qu'à former, ne fut jamais dissous par le fait seul de l'exil ou de la déportation (1); mais, s'il n'en résultait pas une dissolution forcée du mariage, c'était au moins une cause péremptoire de divorce (2); de là, il était permis à l'époux condamné de faire une donation *exilii causa* à son conjoint

---

(1) D., L. 13, § 1er, hoc tit.; L. 1, *De divort. et repud.;* —Cod., L. 1, *De repud.*

(2) Cod., L. 1, *De repud.*

(L. 43), pour le cas où il respecterait le lien du mariage. Pothier est d'avis (1) que la donation pour cause d'exil n'était valable qu'autant que le divorce était demandé, et pourtant il considère aussi cette donation comme *pudicitiæ præmium;* il ne cite d'ailleurs aucun texte à son appui et se décide par cette considération : qu'autrement il y aurait donation pendant le mariage. Nous ne partageons pas cet avis ni ce scrupule, car c'est supprimer la donation *exilii causa* pour n'en faire qu'une donation *divortii causa;* c'est récompenser le divorce au lieu du dévouement et de la fidélité conjugale; quant à la raison tirée de la prohibition, ne sommes-nous pas justement dans le cas où elle souffrait exception?

Du reste, il y avait là une faveur extraordinaire fondée sur celle du mariage lui-même, car l'exil et la déportation entraînaient en principe la confiscation des biens (2), et par conséquent la nullité de toutes les dispositions postérieures au crime.

49. V. *Des donations qui n'appauvrissaient pas le donateur.* D'après l'esprit et le motif de la prohibition (*ne melior in paupertatem incideret, deteriorque ditior fieret*), d'après la définition que nous avons donnée de la libéralité prohibée, il est clair que l'acte qui ne produisait pas d'appauvrissement pour le donateur, s'il pouvait encore être appelé donation, n'était pas, du moins, prohibé entre époux.

Il faut remarquer d'abord que les jurisconsultes avaient imaginé de distinguer l'acte par lequel on diminue son patrimoine de celui par lequel on manque à l'augmenter, et le premier seul constituait, à leur sens, un appauvrissement (*quum nihil de bonis erogatur, valet donatio.* L. 5, § 16). Cette distinction, plus subtile que fondée en raison, amenait souvent des résultats bizarres et peu justifiables : pouvait on dire, en effet, qu'il n'y avait pas *de bonis erogatio* quand on

---

(1) *Pandectæ,* hoc tit., n° **XXIII.**
(2) D., L. 1, *De bonis damnat.*

avait abandonné à son conjoint la cause d'acquisition qu'on avait pour soi-même? Cette *cause* de biens futurs n'était-elle pas elle-même un bien? Aussi les jurisconsultes étaient-ils forcés d'admettre quelquefois des exceptions à leur principe comme dans le cas dont nous avons parlé [n° 30], où le mari charge quelqu'un qui veut lui faire une donation de la faire à sa femme; la tradition de brève main par laquelle ils expliquaient la nullité de l'opération se serait trouvée, s'ils avaient voulu la voir, dans beaucoup d'autres cas, notamment dans ceux qui suivent (sauf le dernier), où il dépendrait de la seule volonté de l'époux donateur de s'enrichir, tandis que dans le cas précité il eût fallu de plus la volonté d'un tiers; or, il est clair que plus l'enrichissement est facile, plus l'abandon qu'on en fait ressemble à un appauvrissement. Parcourons maintenant les principales espèces où, d'après les jurisconsultes, la donation était valable comme n'appauvrissant pas le donateur.

50. Étaient valables : 1° la donation de la chose d'autrui : le donateur eût cependant pu l'usucaper, et par là, la donation lui nuisait, mais *pauperior in suis rebus non fiebat* (L. 25) (a); 2° la renonciation à une hérédité à laquelle l'autre époux était appelé conjointement ou comme substitué. A Rome, l'héritier institué, qui n'était pas sous la puissance du *de cujus* au moment de son décès, ne devenait héritier véritable, et propriétaire des biens, que par un acte volontaire (*aut adeundo, aut pro herede gerendo*); la renonciation qui faisait venir l'é-

---

(a) Savigny (§ CLVI) pensant que le donateur s'appauvrit quand il donne un bien qu'il était en voie d'usucaper lui-même, veut que la donation soit nulle dans ce cas ; il interprète ainsi la loi 3, D., *pro donato*, qui, en effet, réserve le cas d'appauvrissement (*nisi pauperior is fieret*); or, dit Savigny, cet appauvrissement a lieu quand le donateur était possesseur de bonne foi et pouvait usucaper; nous croyons cependant qu'il faut s'en tenir à notre loi 25 qui est formelle. Du reste, l'appauvrissement dont parle le texte invoqué par Savigny se trouverait véritablement dans un cas : celui où l'époux donnerait une chose d'autrui qu'il aurait acquise de bonne foi à *titre onéreux ;* alors il aurait vraiment diminué son patrimoine.

poux à la totalité de la succession, par droit d'accroissement ou de substitution, n'était pas considérée comme un dépouillement (*nihil de patrimonio suo deposuit*, L. 5, § 13); 3° la renonciation à un legs dont le conjoint était, soit colégataire, soit débiteur, en qualité d'héritier (*a*); 4° la restitution au conjoint de toute une hérédité fidéicommissaire, sans retenue de la *quarte falcidie*, que permettait le sénatus-consulte Pégasien ou que le testateur avait pu autoriser lui-même (*non de suo proficiscitur quod de alieno restituunt*, ibid., § 15); 5° enfin, il y avait donation valable pour les mêmes motifs, quand un époux, sachant quelqu'un disposé à lui léguer ou à l'instituer héritier, le priait de faire la libéralité à l'autre époux (*nihil ex bonis deminuitur*, L. 31, § 7), solution différente de celle que nous avons vue pour le cas où le tiers eût été disposé à faire une donation ; on pourrait justifier la différence en considérant que les promesses de dispositions testamentaires sont plus incertaines que les promesses de donations.

51. VI. *Des donations qui n'enrichissaient pas le donataire.* Étaient valables, comme n'enrichissant pas le donataire, bien qu'ayant appauvri le donateur : 1° la donation faite au conjoint d'un lieu destiné à la sépulture d'un de ses proches parents, parce que ce lieu, dès qu'il était devenu religieux par l'inhumation du mort, était *extra patrimonium* pour le donataire ; il y trouvait bien un bénéfice en ce sens qu'il avait ainsi été dispensé d'acheter *de suo* un lieu de sépulture, mais on disait : *non idcircò fit locupletior quòd non expendit* (L. 5, § 8), raison aussi mauvaise que celle qui servait à justifier les solutions précédentes, et à laquelle nous préférons de beaucoup celle de Pothier (1) : par faveur pour les époux on voulait bien

---

(*a*) L. 5, § 14, *h. t.* — La loi 14, § ult., *D.*, *De fundo dotali*, donne une décision contraire, mais il s'y agit d'un legs fait à une femme, *dotis causâ :* sa répudiation ne profitera pas au mari, elle sera censée avoir accepté le legs et en avoir constitué l'objet en dot ; c'est un effet de la faveur de la dot.

(1) *Pandectæ, hoc tit.* n° xxvii.

3

ne pas voir un enrichissement là où on l'eût certainement vu entre étrangers : *non amaré tractandum est jus prohibitæ donationis*. La même faveur explique qu'on pût donner à son conjoint un lieu pour sa propre sépulture (*ibid.*, §§ 10 et 11), mais comme il ne pouvait devenir religieux qu'à l'inhumation du donataire, jusque-là il restait au donateur (*ibid.*, § 9); il y avait même, selon nous, une seconde faveur dans la validité de cette donation, car ne pouvant produire son effet qu'au moment du décès du donataire, c'est-à-dire au profit de ses héritiers, elle eût dû être nulle comme *inelegans* (1); 2° les donations faites au conjoint pour être employées à des sacrifices religieux ou à des usages publics (*ibid.*, § 12); 3° les donations de la femme au mari, pour obtenir des dignités, des fonctions ou des honneurs (L. 40, 41, 42), et celles du mari à la femme, pour faire obtenir les mêmes avantages au parent de celle-ci, quoiqu'elle eût dû faire un emprunt dans ce but (L. 5, § 17); 4° Les donations d'esclaves pour les affranchir, bien qu'elles procurassent au moins au donataire des droits de patronage (L. 7, §§ 8 et 9; L. 8; L. 9, pr. et § 1er) (*a*); 5° les donations faites au conjoint pour reconstruire ses bâtiments ruinés par un incendie ou autre événement de force majeure, quoiqu'il les eût probablement reconstruits lui-même à ses frais (L. 14).

52. *VII. Des donations d'intérêts, de fruits, d'usage ou d'habitation; des munuscules.* DES FRUITS DOTAUX. A cause de leur peu d'importance les dons de cette nature étaient permis, en général : ainsi le mari pouvait valablement payer sa dette à sa femme avant l'échéance du terme, quoiqu'il lui procurât ainsi une jouissance anticipée de la somme (L. 31, § 6); en sens inverse, il pouvait lui prêter sans intérêts, ou lui faire remise des intérêts d'une dette qui en devait produire (2). Les époux pouvaient se donner aussi l'usage mutuel

---

(a) Paul (Sent., lib. II, 23, § 2) explique ces donations par la faveur de la liberté.

(1) Gaius, III, § 100.

(2) D.. I.. 23, pr., *De donat.*

de leurs esclaves (L. 28, § 2) ou de leurs maisons, mais seulement pour y habiter (L. 18), car le prêt d'un immeuble dans un autre but eût été pour le donateur un appauvrissement et pour le donataire un enrichissement, bien supérieurs à ceux qui résultent du prêt gratuit d'une somme d'argent dont les produits n'ont ni la régularité, ni la certitude de ceux d'un immeuble (1). Enfin les époux pouvaient se faire les présents usuels des fêtes religieuses ou du jour de naissance (L. 31, § 8).

53. Une disposition toute spéciale aux fruits des biens dotaux n'en permettait pas l'attribution gratuite à la femme. Ainsi le mari ne pouvait restituer la dot avant la dissolution du mariage, si ce n'est dans un petit nombre de cas énumérés dans les Lois 73, D., *De jure dotium*, et 20, D., *Soluto matrimonio;* cependant il eût pu lui payer toute autre dette par anticipation; il ne pouvait pas non plus lui faire remise des intérêts de la dot promise, ni la laisser jouir des biens dotaux, à moins qu'elle ne prît l'engagement de nourrir elle et les siens (L. 21, § 1er); s'il lui avait abandonné les fruits dotaux sans qu'elle en eût fait cet emploi, il pouvait répéter tout ce qu'il en restait (2). On a longtemps voulu expliquer par la prohibition des donations entre époux la défense faite au mari de donner à la femme les fruits dotaux. Cette explication s'appuierait sur deux textes, l'un de Paul (3) qui dit qu'il y a *mera donatio* dans la restitution anticipée de la dot; l'autre de Théodose II et d'Honorius (4) qui est encore plus formel : *restitutio...... stare non potest quia donationis instar perspicitur obtinere.* Mais puisqu'au contraire les donations de fruits et intérêts ne tombaient pas sous la prohibition, il est impossible d'expliquer ce retour exceptionnel à la règle par la règle elle-même; en effet, de tout ce qui précède il résulte que

---

(1) *V.* Savigny, § cxlvi.
(2) Cod., L. 8, *De donat. vir. et ux;* L. 20, *De jure dotium*
(3) D., L. 28, *De pact. dotal.*
(4) C., L. un., *Si dos const. matr. solv.*

la prohibition n'avait trait qu'aux aliénations gratuites de capital et non à celles de revenus. Une autre interprétation, pleinement satisfaisante, a été donnée dans ces derniers temps par MM. Francke et Pellat (1), elle pourrait se résumer en ces termes empruntés à la loi 1re, D., *De jure dotium : Dotis causa perpetua est, et..... ita contrahitur ut semper apud maritum sit.* En effet, la destination de la dot étant de subvenir aux charges du mariage, et le mari ne pouvant se soustraire à ces charges, il était utile qu'il ne pût se dépouiller des moyens d'y faire face.

54. *VIII. Des donations rémunératoires.* C'était une question très-débattue entre les jurisconsultes romains, et elle l'est encore parmi leurs interprètes, que celle de savoir si la donation rémunératoire suivait, ou non, les règles de forme et de fond des donations ordinaires, notamment si elles étaient soumises à la formalité de l'insinuation, aux restrictions de la loi Cincia, et à la prohibition des libéralités entre époux. Pour ne nous occuper que de ce qui concerne notre sujet, nous pensons qu'elles devaient être prohibées entre époux. Savigny (§ CLIII) en donne ce motif, qui ne nous satisfait pas : « Un » mariage conforme à sa fin n'étant qu'un échange continuel » d'amour et de fidélité, toute donation entre les époux pour· » rait s'appeler rémunératoire et la prohibition se trouverait » éludée. » Il nous semble qu'on peut tirer de cette idée un parti tout différent : c'est que si le dévouement et la fidélité sont un devoir naturel pour les époux, il ne doit jamais être question entre eux de récompense pour un service rendu conformément à ce devoir.

55. Une exception pouvait au moins être apportée à cette règle, on la trouve dans un texte des Sentences de Paul reproduit au Digeste avec un changement significatif (2); il y est question d'une donation faite en récompense de la vie sauvée

(1) M. Pellat, *Dot*, p. 353-375.
(2) *Sent.*, liv. V, tit. II, § 6 ;—Dig., L. 34, § 1er, *De donat.*

(par un étranger et non par l'époux) ; dans ses Sentences, Paul dit que la donation est permise *in infinitum*, faisant allusion évidemment à la loi Cincia, qui apportait aux libéralités la plus remarquable restriction ; au Digeste, Tribonien lui fait dire : *hæc donatio irrevocabilis est ;* de là, et comme la restriction de la loi Cincia n'existe plus, il semble bien qu'il a entendu la soustraire à la prohibition des donations entre époux et à la révocation qui en était la sanction (1).

56. *IX. Des donations mixtes.* La donation pouvait être mêlée d'acte onéreux ou adressée à un étranger en même temps qu'au conjoint ; dans ces cas on devait s'attacher à séparer ce qui était gratuit de ce qui était onéreux, ou ce qui s'adressait au conjoint de ce qui s'adressait à l'étranger, et appliquer la prohibition en conséquence ; mais si la séparation était impossible, comme dans le don d'une servitude au conjoint et à son copropriétaire, ou dans la donation avec des charges difficiles à apprécier en argent, dans ces cas et autres semblables (2), on décidait en faveur du maintien de la donation (*quòd si in obscuro sit, proclivior esse debet judex ad comprobandam donationem,* L. 32, § 4).

SECTION DEUXIÈME.

DES EFFETS DE LA PROHIBITION.

57. Il fallait une sanction à cette prohibition, sans quoi elle eût été imparfaite, comme celle de la loi Cincia : *Minus quàm perfecta lex est quæ vetat aliquid fieri, et si factum sit, non rescindit* (3) ; mais la sanction était aussi énergique que possible : la donation était nulle de plein droit sans que le donateur eût besoin, pour la révoquer ou se soustraire à sa promesse,

----

(1) *V.* Savigny (§ CLIII).
(2) D., L. 5, § 2 et 5, *h. t.;*—L. 19, § 1er 4. *De donat.*
(3) Ulp., *Reg.,* tit. 1er, § 2.

de recourir à des détours ou à des exceptions : *ipso jure nihil valet quod actum est.* Ni la tradition, ni la promesse, ni les voies détournées ne pouvaient produire effet (L. 3, § 3); nous allons traiter dans autant de paragraphes de la nullité de ces trois modes de libéralités.

§ Ier. — Des donations par tradition.

58. *I. De la revendication.* Quoique la tradition faite par un propriétaire capable d'aliéner et en ayant l'intention (1) produisît ordinairement la translation de propriété, intervenue entre époux elle ne produisait pas cet effet : celui qui l'avait faite était resté propriétaire, il n'avait donné qu'une possession naturelle, incapable de mener à l'usucapion (faute de juste cause, sinon de bonne foi), et qu'il pouvait faire cesser à son gré par une revendication qui suivait, du reste, les règles ordinaires. Ainsi le mari qui avait donné à sa femme un terrain où elle avait bâti plus tard, pouvait le revendiquer avec le bâtiment en lui payant ses dépenses utiles (L. 31, § 2); la femme était toujours considérée comme constructeur de bonne foi, car si elle n'ignorait pas le droit de son mari, elle avait, du moins, construit *sciente et volente eo.* L'action s'exerçait évidemment contre les tiers quand ils n'avaient pas encore usucapé.

59. Quant aux matériaux donnés, et employés à un bâtiment par le donataire, la question de revendication avait donné lieu à quelques divergences ; Neratius (L. 63) pensait que le donateur pouvait les faire détacher par l'action *ad exhibendum* et les revendiquer nonobstant le grand principe des Douze Tables : *Tignum junctum œdibus ne solvito,* parce que (a), disait-il,

---

(a) Nous croyons avec Pothier (*Pandectæ,* h. tit., n° LI) qu'il faut transposer *quia* et *quamvis* l'un à la place de l'autre, ce qui, du reste, ne change pas l'avis de Neratius, mais le rend plus clair.

(1) Instit., II, 1, § 41.

il n'était pas croyable que les décemvirs eussent pensé au cas où la construction était faite du consentement du propriétaire ; mais le raisonnement de Neratius aurait dû le conduire à la solution opposée, car si les décemvirs refusaient la revendication des matériaux au propriétaire dépouillé à son insu, *à fortiori*, l'eussent-ils refusée à celui qui avait connu et tacitement permis la construction ; aussi Paul (*ibid.*), rétorquant l'argument et reconnaissant qu'en effet les décemvirs n'avaient pas prévu l'espèce, refuse au donateur, non-seulement la revendication, mais encore l'action au double, *de tigno juncto;* nous pensons toutefois qu'il ne lui laissait pas la seule expectative d'une revendication lors de la ruine de l'édifice et qu'il n'entendait pas lui refuser la *condictio* dans la mesure de l'enrichissement du donataire, ce dont il sera parlé ci-après. La seule revendication immédiate qui fût permise, c'était celle qui n'eût occasionné aucun dommage au reste du bâtiment du donataire (L. 45) ; elle pouvait avoir lieu sans qu'il y eût violation d'un sénatus-consulte rendu sous Adrien, et dont l'objet était d'empêcher la destruction des édifices pour faire le commerce des matériaux (1).

60. Lorsque l'époux donateur, au lieu d'obtenir par la revendication les objets mêmes qu'il avait donnés, consentait à en recevoir seulement la valeur, il devait fournir au donataire une caution, au simple, contre l'éviction que celui-ci aurait pu subir dans la suite (L. 36, pr.), garantie qui n'eût pu être exigée du demandeur si la chose ne fût passée entre époux.

61. L'action en revendication n'était plus possible évidemment, quand il y avait perte de la chose, car restée au donateur elle avait péri pour lui (L. 28, pr.) ; mais fallait-il que la perte fût tout à fait fortuite? ou bien la consommation volontaire de la chose était-elle imputable au donataire? Nous croyons, avec Savigny (§ CL), qu'il eût été trop dur de traiter le donataire comme ayant été de mauvaise foi, car s'il savait que la

---

(1) D., L. 41, § 1er; L. 43, § 1er; L. 114, § 9, *De legatis*, 1°.

chose ne lui appartenait pas, au moins, tous les usages qu'il en faisait étaient censés faits *sciente et volente domino*; il n'y avait pas *dolus*, mais tout au plus *culpa*, ce qui ne pouvait aucunement motiver la *condictio*; il paraît surtout qu'on fut très-facile à cet égard après le sénatus-consulte de Caracalla, dont il sera parlé bientôt; en effet, il comprenait sous le nom de perte (*consumptio*) tout événement par suite duquel le donataire n'était plus enrichi de la libéralité (L. 32, § 9).

62. *II. De la condiction.* Dans les cas où la revendication n'était pas possible à cause du principe *extinctæ res vindicari non possunt*, elle pouvait faire place à une autre action mesurée, en général, sur l'enrichissement du donataire et qu'on appelait *condictio sine causâ dati* (L. 5, § ult.; L. 6). Nous allons en parcourir rapidement les principales applications.

63. Le cas le plus fréquent de cette action est celui où une somme d'argent avait été donnée : aussitôt que les espèces avaient été confondues avec celles du donataire, la revendication était impossible, alors la condiction était donnée pour le montant de cette somme, s'il n'était prouvé que le donataire en avait déjà fait un emploi peu avantageux ou même inutile, auquel cas la condiction était restreinte ou perdue. Si, avec l'argent ou les objets donnés, le donataire avait acquis d'autres objets encore existants, ces derniers n'appartenaient nullement au donateur, mais il avait la condiction dans la mesure de leur valeur (*a*); il fallait pour cela que le remplacement par achat ou échange, entre les objets acquis et ceux donnés, fût bien établi. Il y avait là une preuve difficile à faire, surtout au cas de donation en argent; du reste, nous pensons qu'elle n'incombait pas au donateur : il suffisait, selon nous, qu'il eût prouvé la donation (*b*); c'était ensuite au donataire à prouver que la somme ne lui avait procuré que peu ou point d'utilité.

(*a*) Par exception, si le donataire était devenu insolvable, le donateur avait une revendication utile de ces objets (L. 65, *in fine*).

(*b*) Il est même à noter que s'il y avait doute sur l'origine d'un bien de la femme, pour son honneur, on le présumait donné par le mari (L. 51).

64. Quand on appréciait l'enrichissement, on devait compter comme tel les produits des choses acquises, comme les enfants des esclaves achetées, les legs et les hérédités dont elles auraient procuré l'acquisition au donataire (L. 28, § 5); suivant les principes généraux, l'appréciation devait se faire d'après la valeur des choses, au début de l'instance (*litis contestatæ tempore*) et non au moment du jugement (*recitatæ sententiæ tempore*) (L. 7, pr. et § 3). Si les choses avaient augmenté de valeur, le donateur ne pouvait toujours obtenir que la valeur qu'il avait donnée (L. 27, § 3). Si le donataire avait acheté un objet, partie avec l'argent donné, partie avec un supplément de prix par lui fourni, et qu'ensuite l'objet eût diminué de valeur, la perte était supportée par les deux époux, en proportion de ce que chacun avait fourni dans le prix (L. 7, § 4). Il en eût été autrement si l'argent donné eût servi à payer une acquisition antérieure : évidemment dans ce cas, la chose acquise était aux risques du donataire; la donation lui avait produit un bénéfice certain, sa libération, qu'il aurait toujours dû se procurer avec ses propres ressources (L. 7, § 7; L. 50, pr.).

65. L'action *rei uxoriæ* par laquelle la femme réclamait ce qui lui était dû par son mari à divers titres, ne s'appliquait pas ici : la femme avait plus d'intérêt à employer la *condictio*, action de droit strict qui lui permettait d'obtenir *solidum*, que l'action *rei uxoriæ*, action de bonne foi et comportant un tempérament en faveur du mari qui n'était condamné que *quatenus facere poterat*.

66. *III. De la compensation.* Si les deux époux s'étaient fait mutuellement des donations prohibées mais d'égale valeur, la répétition n'était pas admise à cause de la compensation qui se faisait valoir par voie d'exception de dol (1), et cela quand bien même le demandeur, à qui on l'opposait, avait dissipé la dotation (L. 7, § 2; L. 32, § 9, *initio*); il en eût

---

(1) D., L. 8, pr., *De doli mali except.*

été autrement si la donation à lui faite n'eût pas été prohibée.

67. *IV. De la rétention.* Le mari actionné par sa femme en restitution de la dot, par l'action *rei uxoriæ*, avait le droit de faire différentes retenues ou rétentions; il y en avait cinq causes, parmi lesquelles figurait notre donation prohibée : la rétention *ob res donatas* était donc une sorte de compensation remplaçant dans un cas particulier la *condictio sine causâ* (1).

68. *V. Fruits et intérêts.* La question de savoir si les fruits et intérêts des choses données devaient aussi être restitués, est déjà résolue implicitement par ce que nous avons dit [n° 52]; il est clair que si la donation *directe* de fruits et intérêts était irrévocable, elle ne pouvait produire moins d'effets quand elle était accompagnée de la donation du fonds lui-même ou du capital. Cependant cette question était résolue diversement par les jurisconsultes : Ulpien (L. 15) et Julien par lui cité (L. 17), décidaient très-ouvertement que les fruits et intérêts étaient valablement acquis (*fructus et usuras licitam habere donationem*); Marcellus, au contraire (L. 49), déclarait nulle la donation de fruits; enfin Pomponius (2) faisait une distinction assez fondée entre les fruits obtenus par la culture ou l'industrie du donataire, et ceux venus spontanément sans travail, comme les bois, les loyers et les fermages. Cette distinction cadre bien avec ce que nous avons dit précédemment [n° 52] relativement au prêt d'un immeuble dans un autre but que pour l'habitation personnelle du conjoint emprunteur.

§ II. — Des donations par promesse ou acceptilation.

69. La sanction de la prohibition était ici d'une grande simplicité : celui qui, dans le but de faire une donation,

---

(1) Ulp., *Reg.*, VI, § 9.
(2) D., L. 45, *De usur. et fruct.*

avait promis à son conjoint, sur la stipulation de celui-ci, n'était pas obligé : s'il était actionné en exécution de sa promesse, il se défendait *ipso jure*, c'est-à-dire sans avoir même besoin d'une exception (L. 3, § 10).

70. La remise de la dette par acceptilation ou par pacte *de non petendo*, était également sans effet : l'époux créancier conservait toujours son droit, et il n'avait pas besoin d'une *replicatio* pour le faire valoir. Il semble même qu'à cette occasion les règles ordinaires du droit fussent faussées pour le maintien de la prohibition : ainsi, tandis qu'en général l'acceptilation faite à l'un des *correi promittendi* libérait les autres, comme s'il y avait eu payement, ici, si le conjoint du créancier était l'un des codébiteurs, l'acceptilation faite aux autres les libérait, mais non pas lui ; réciproquement. celle faite à lui seul ne libérait personne (L. 5, § 1er).

71. Voët (1), pour concilier le respect des principes généraux avec celui de la prohibition, est d'avis que l'acceptilation est nulle pour le tout, chaque fois qu'elle ne peut pas profiter à tous, mais que, faite à d'autres qu'au conjoint, elle contient implicitement un pacte *de non petendo* qui produit un effet tout personnel, dont ne peut se prévaloir le conjoint. Cette ingénieuse explication de Voët, que nous sommes portés à suivre, s'appuierait sur deux textes au moins (2).

§ III. — Des donations indirectes.

72. Nous avons déjà indiqué [nos 26-30] ce qu'étaient ces trois espèces de donations, quand et pourquoi elles étaient prohibées ; nous avons maintenant à parler de la sanction qui les atteignait.

73. *I. Des donations par omission.* Est-ce aliéner que

---

(1) *Ad Pandectas*, hoc tit. n° 8.
(2) D., L. 6, pr., *De acceptil.* — L. 8, § 5, *De liberal. legat.*

de laisser usucaper son bien? Paul (1) donne la réponse à cette question : *Alienationis verbum usucapionem continet,...... alienare videtur qui patitur usucapi*. Cette réponse, employée avec précaution, va nous servir à résoudre ici plusieurs difficultés.

74. D'abord si un époux a laissé s'éteindre par non-usage son droit de servitude sur le fonds de l'autre époux, c'est une véritable aliénation prohibée, il agira par la *condictio sine causâ* pour se faire reconstituer la servitude (L. 5, § 6).

75. Venons de suite au cas où il s'agit de l'usucapion du fonds lui-même et parcourons avec Savigny (2) quelques hypothèses où la femme a possédé le fonds du mari ; il faut, dans tous les cas, supposer que la tradition lui a été faite par un tiers, sans quoi, si la femme l'avait reçue du mari, elle manquerait d'un élément essentiel à l'usucapion : la juste cause. Quatre hypothèses se présentent : 1° les deux époux ignorent que la propriété du bien possédé par la femme est au mari ; 2° le mari seul découvre son droit de propriété ; 3° la femme seule le découvre ; 4° les deux époux le découvrent.

76. 1re *Hypothèse.* La loi **44** prévoit la première hypothèse où le doute n'est pas possible : la propriété du mari est ignorée des deux époux, la femme usucape sans obstacles, parce qu'il n'y a pas de la part du mari *volonté* de s'appauvrir, omission *volontaire* d'agir en revendication ; on n'est pas dans les termes de la prohibition.

77. 2e *Hypothèse.* Elle n'est pas prévue par la loi **44**. Le mari seul découvre qu'il est propriétaire du bien possédé par sa femme et il la laisse usucaper ; on ne peut pas, pour nier qu'il y ait donation, argumenter de ce que la femme n'y aurait pas concouru, car nous avons vu [n° **18**] que la donation n'est quelquefois l'œuvre que d'une seule volonté ; l'usucapion s'accomplira donc, puisque la femme réunit les conditions voulues ;

____

(1) D., L. 28, pr., *De verb. signif.*
(2) Appendice IX° du tome 4, trad. de Guenoux, édit. Didot.

on décide bien d'ailleurs qu'elle peut recouvrer la liberté de ses fonds grevés quand son mari néglige l'usage de servitudes ; assurément il en doit être de même, quand à la négligence du mari se joint un acte important de la femme : la possession *cum animo domini.*

Mais le mari pourra-t-il détruire l'effet de cette usucapion par la *condictio?* Savigny (*Loc. cit.* n° 6) soutient la négative, il ne veut pas qu'on raisonne par analogie de la loi 5, § 6 sur la servitude perdue par le non-usage, parce que là, dit-il, il n'y a qu'une cause à l'extinction, c'est l'abstention du mari, il n'y a aucun fait de la femme, la donation y est donc certaine, évidente ; ici, au contraire, la perte de la propriété a deux causes : la négligence d'une revendication opportune par le mari et la possession de la femme ; or, continue-t-il, le mari n'était assuré, ni de perdre sa propriété par sa négligence, puisque la femme pouvait être dépossédée par d'autres ou rencontrer divers obstacles à l'usucapion, ni de triompher dans son action en revendication, car il pouvait manquer de preuves, ou le juge se tromper. Ces dernières suppositions de Savigny nous semblent un peu gratuites et ne suffiraient pas à nous convaincre : il n'est pas probable qu'à Rome, plus qu'ailleurs, les juges se trompassent souvent, que les vrais propriétaires manquassent de moyens de prouver leur droit, ni que les possesseurs de bonne foi se laissassent facilement expulser par des tiers. La véritable raison, selon nous, et Savigny l'a donnée d'abord, c'est que la femme n'ayant pas cessé, dans l'espèce, de posséder de bonne foi et en vertu d'une juste cause, ne doit pas être dépouillée à son insu d'une propriété acquise et sur laquelle elle compte légitimement ; que si quelquefois la donation prohibée peut se produire à l'insu du donataire, c'est qu'alors il n'y a pas un fait légal de sa part ; qu'enfin le texte de la loi 44 (§ *sed si vir*), ne déclarant l'usucapion interrompue que quand la femme découvre *aussi* le droit du mari (*et hoc et mulier noverit*), l'argument *a contrario* n'est pas sans force.

78. 3* *Hypothèse*. La femme seule pendant sa possession découvre que son mari est le propriétaire, il n'y a pas donation puisque le mari n'a pas *l'animus donandi* et la femme peut usucaper puisqu'elle a eu la bonne foi au début, ce qui est suffisant (1) (*ipsius mulieris scientia propius est ut nullum adquisitioni dominii ejus adferat impedimentum*); en effet, ce qui est défendu à la femme ce n'est pas d'acquérir un bien du mari, mais de l'acquérir par une donation venue de lui (L. 44, *in fine*).

79. 4* *Hypothèse*. Les deux époux reconnaissent que le mari est le vrai propriétaire, mais ils laissent les choses dans l'état où elles sont : ici la femme ne devient même pas de mauvaise foi, car il est admis qu'il n'y a pas mauvaise foi quand on possède du consentement du propriétaire ; cependant l'usucapion ne sera pas possible : quand le mari, pouvant agir en revendication, laisse sciemment sa femme en possession ; quand celle-ci garde sciemment le bien de son mari qu'elle n'a reçu d'un tiers qu'à titre gratuit, on peut bien dire que la situation est devenue la même que si, dès le principe, le mari avait lui-même donné ce bien : *interrumpetur possessio, quia transiit in causam ab eo factæ donationis*. Savigny explique cette transformation de la possession par la fiction de la tradition de brève main : la femme est censée avoir restitué le fonds à son mari et l'avoir immédiatement reçu de lui, *donationis causâ* (a).

(a) On a donné, pour cette hypothèse une autre solution plus généralement admise et suivant laquelle l'usucapion serait permise et la propriété irrévocablement acquise à la femme, quoique les deux époux eussent connu que le bien était au mari. Cette interprétation, comme celle de Savigny, du reste, s'appuie sur une ponctuation différente de celle du texte. Pour justifier notre préférence pour la ponctuation de Savigny et expliquer l'abandon qu'on fait de celle du texte dans les diverses interprétations, nous sommes obligés de rapporter ici les trois manières de ponctuer ce passage difficile de la loi 44.

Voici d'abord la ponctuation du texte : *Sed vir rescierit rem suam*

(1) D., L. 48, § 1er, *De adquir. rer. dom.*

80. Depuis que la durée des actions réelles et personnelles avait été limitée à trente et quarante ans par Théodose II et Anastase (1), on pouvait agiter la question de savoir s'il y avait donation par omission dans le fait, par un époux créancier de l'autre, d'avoir négligé sciemment d'intenter son action dans le délai utile. Nous ne croyons pas, contrairement à Savigny (*loc. cit.* n° 11-12), qu'il faille décider la négative par analogie de ce qui a été dit pour l'usucapion : dans ce dernier cas, outre la négligence d'un époux, il y avait possession par l'autre époux, fait juridique qui rendait sa position meilleure; ici il n'y a rien de semblable. Nous pensons donc que les époux restaient l'un créancier, l'autre débiteur : l'action originaire pouvait être intentée sans que la *temporis præscriptio* pût être opposée, et sans qu'on eût besoin de la combattre par une *replicatio*.

81. Quant à l'omission d'une exception qu'un époux avait négligée pour se laisser condamner au profit de l'autre, il n'y avait pas à hésiter à lui reconnaître le caractère d'une donation

---

esse priusqudm usucopiatur, vindicareque eam poterit, nec volet, ET HOC ET MULIER NOVERIT, *interrompetur possessio : quia transiit in causam ab eo factæ donationis ipsius mulieris scientia : propius est ut nullum adquisitioni dominii ejus adferat impedimentum : non enim,* etc. Cette manière de ponctuer présente un inconvénient grave, car le jurisconsulte (Neratius) après avoir dit : *interrumpetur possessio,* au positif, semble se contredire aussitôt en ajoutant *propius est,* etc.

Denis Godefroi (L. c. 44) et Pothier [n° 10] pensent qu'il faut lire : *interrumpetur possessio? quia,* etc., interrogation à laquelle les mots *propius est,* etc., viendraient répondre négativement; mais si *mulieris scientia* ne devait apporter aucun obstacle à l'usucapion quand déjà *vir rescierit,* pourquoi exiger *et hoc et mulier noverit?*

Savigny isole complétement deux idées que mélent et le texte même et les auteurs précités : il termine la première phrase à *factæ donationis,* puis il commence la seconde par *ipsius mulieris scientia propius est,* etc.; il arrive ainsi au sens que nous avons adopté : la connaissance du mari et de la femme interrompent la possession, celle de la femme *seule* n'y apporte aucun obstacle. En somme, des quatre hypothèses examinées ci-dessus, trois seraient prévues et résolues dans la loi 44, la seconde seule ne le serait pas.

(1) Cod., L. 3, § 4, *De præscr.* XXX *vel* XL *ann.*

prohibée, en face de la loi 5, § 7, et si l'on y voit une remise gratuite de la dette, nous ne concevons pas comment on ne verrait pas la même remise dans la négligence à intenter une action.

82. *II. Des donations par déguisement d'acte.* Nous avons vu [n° 27] ce qu'étaient ces sortes de donations; voici l'effet des différentes espèces que nous avons posées : si une chose ou une somme d'argent avait été donnée comme en retour d'une autre chose qui n'avait pas été reçue, il y avait lieu à revendication ou à *condictio sine causâ;* si une chose avait été vendue pour un prix moindre que sa valeur ou achetée pour un prix trop élevé, il y avait lieu seulement à une action en supplément ou en diminution de prix, cette action n'était pas l'action *empti* ou *venditi*, mais bien encore la *condictio.* Du reste, il fallait toujours pour cela que les époux eussent vraiment eu l'intention de se faire une vente, car s'ils avaient voulu seulement se faire une libéralité déguisée, il y aurait eu lieu pour l'un à la revendication de sa chose, et pour l'autre à la condiction de la somme donnée : au contraire, une vente sérieuse, *justo pretio*, suivie d'une remise du prix, restait valable comme vente, mais le pacte *de non petendo* était sans effet (L. 5, § 5); la renonciation à la garantie des vices rédhibitoires ou de l'éviction ne mettait aucun obstacle aux actions édilitiennes ou *ex empto* (L. 31, § 5); enfin l'estimation trop forte ou trop faible des biens dotaux était corrigée par la faculté donnée au mari de rendre, ou à la femme d'exiger la restitution en nature des biens dotaux (L. 7, § 5).

83. *III. Des donations par interposition de personnes.* Comme pour les libéralités déguisées, nous nous bornerons à indiquer les effets des donations exposées [n° 28 et s.] : si le mari avait ordonné à son débiteur de payer entre les mains de la femme, l'argent était censé payé au mari et par lui remis à sa femme, par suite le débiteur était libéré, et le mari avait contre sa femme l'une des actions révocatoires déjà indiquées (L. 3, § 12); même décision pour le cas où il se serait agi, non

d'un débiteur du mari, mais d'un tiers disposé à lui faire une donation (*ib.*, § ult.); si, au contraire, il y avait eu simple délégation, c'est-à-dire, si un débiteur du mari s'était engagé envers la femme pour se libérer envers le mari, il n'avait rien fait d'utile (L. 5, § 3) : il n'était ni libéré envers celui-ci, ni engagé envers celle-là, et s'il lui avait payé, il pouvait, ou revendiquer ses espèces, ou, sur les poursuites du mari, lui céder ses actions (L. 39), afin de ne pas faire un nouveau déboursé et de ne pas s'exposer à l'insolvabilité de la femme. Cette solution n'est pas contraire à la précédente, où il ne s'agissait que d'un simple payement fait à la femme et non d'un engagement contracté envers elle. Si enfin la femme avait voulu nover par expromission la dette de son mari, celui-ci n'était pas libéré, elle-même n'était pas obligée (L. 5, § 4).

CHAPITRE II.

DU SÉNATUS-CONSULTE RENDU SOUS SEPTIME-SÉVÈRE
ET ANTONIN CARACALLA.

84. « Tel était l'état du droit sur les donations entre époux » lorsque Antonin Caracalla, du vivant de son père Septime- » Sévère, proposa au Sénat de relâcher quelque chose de la » rigueur du droit (L. 32, pr.). » Ce sénatus-consulte est attribué par les textes, tantôt à Septime-Sévère (1), tantôt à son fils Caracalla (2), tantôt à tous deux (3); de là on a prétendu qu'il en exista deux sur le même objet. Cette dualité, qui faci-

---

(1) D., L. 23, h. tit. — Cod., L. 10, h. tit. — *Vat. fragm.*, § 276.
(2) D., L. 3; L. 32, pr. et § 1er, h. tit.
(3) C., L. 3, h. tit. — *Vat. fragm.*, § 294.

literait au moins l'explication d'une grave difficulté que nous rencontrerons bientôt, admise par Duaren et Voët (*loc. cit.*, n° 5), est niée par Pothier (*loc. cit.*, n° 73) et par le plus grand nombre des auteurs. Savigny (§ CLXIV) n'en admet également qu'un seul. Ce dernier avis nous semble incontestable, en face des deux derniers textes, surtout de la Constitution 3, précitée, où Caracalla parle de la Constitution *de son père et de lui* comme confirmant certaines donations. Nous pensons donc qu'il n'y eut, sur cet objet, qu'un seul sénatus-consulte rendu en 206 de J.-C. (an 959 de Rome) sous le règne de Septime-Sévère (lequel dura jusqu'à 211), mais alors que Caracalla son fils était déjà associé à l'Empire; de là cette variété dans la désignation de *l'oratio* qui fut sans doute prononcée devant le Sénat par Caracalla.

85. Nous avons vu [n°ˢ 40 et s.] que les donations à cause de mort étaient permises entre époux, parce qu'elles ne devaient valoir qu'au temps où le mariage n'existerait plus (L. 10) et que leur révocabilité donnait au donateur toute garantie de liberté. Par le même motif les donations entre-vifs pouvaient aussi devenir valables au moyen d'une confirmation par testament, mais cette confirmation n'avait aucun effet rétroactif.

La grande innovation du Sénatus-consulte peut se résumer en ces termes empruntés à *l'oratio* : « Il est toujours permis au » donateur de se repentir et de révoquer sa libéralité, mais s'il ne » l'a pas fait, son héritier ne sera pas admis à une révocation » qui pourrait être contraire à la dernière volonté du dona- » teur (L. 32, § 2). »

Ainsi toute donation entre-vifs put être confirmée par le prédécès du donateur, c'est-à-dire traitée comme si elle avait toujours été faite à cause de mort; même, à la ressemblance de la donation à cause de mort proprement dite, qui, entre époux, ne rétroagissait pas toujours [n°ˢ 46 et s.], la donation entre-vifs confirmée ne remontait au jour où la donation avait été faite (Cod., L. 25, *h. t.*), que si la rétroactivité ne devait pas lui nuire (D., L. 11, § 2 et 3); mais, tandis que les donations à cause de mort véritables n'avaient pas besoin d'insinuation, la rétroactivité de la confirmation n'avait lieu qu'autant que les donations entre-vifs avaient été insinuées *actis intervenientibus*, si elles excédaient 200 solides (environ 4,500 fr.) avant Justinien, et 500 solides (environ 11,250 fr.) depuis Justinien. A défaut de cette formalité les donations entre-vifs étaient nulles pour l'excédant; toutefois elles pouvaient toujours être expressément confirmées par testament, sans insinuation, mais aussi sans rétroactivité (1). Il est clair qu'à partir du sénatus-consulte de Caracalla les donations entre-vifs, ainsi confirmées, furent réductibles en vertu de la loi Falcidia, comme les véritables donations à cause de mort et les legs (2).

86. Ce n'était pas seulement la mort *naturelle* du donateur qui confirmait la donation, sa mort par suite d'une condamnation avait le même effet : ainsi Adrien permit aux militaires de tester sur leur pécule castrans, malgré leur condamnation pour crimes militaires (3), et conséquemment les donations à cause de mort leur étaient permises. Constantin (4) étendit la même faveur aux autres citoyens (*paganis*) sans restriction à certains biens, de peur que le conjoint innocent ne se trouvât lésé par le crime de l'autre.

87. Avant Justinien, la condamnation aux mines produisait une servitude énergiquement appelée *servitus pœnæ* : elle dissolvait le mariage et confirmait également les donations entre-vifs que le condamné avait pu faire à son conjoint (*a*). Justinien

---

(*a*) C., L. 24, *h. t.* C'était encore une faveur pour le conjoint que la donation fût confirmée par cette servitude, car, d'après les principes, elle aurait dû être nulle pour incapacité du donateur; c'est en effet ce qui avait lieu quand il devenait esclave d'un particulier. La servitude était assimilée à la mort, mais elle enlevait la capacité au même instant (L. 32, § 6).

(1) Cod., L. 25, *h. t.* — Nov. 162, cap. 1er, § 2.
(2) Cod., L. 12, *Ad leg. Falcid.*
(3) D., L. 6, § 6, *De inf., rupt., irr., testam.*—Cod., L. 13, *De test. milit.*
(4) Cod., L. 24, *hoc tit.*

ayant aboli cette servitude (1), la donation resta désormais en suspens jusqu'à la mort naturelle.

88. Il en était de même pour la déportation, car quoiqu'elle entraînât la confiscation des biens, néanmoins on respectait la donation faite avant le crime [n° 48]; toutefois elle restait en suspens jusqu'à la mort *naturelle* du condamné. Voët (*loc. cit.*, n° 4) dit que c'était afin qu'il pût toujours révoquer; mais nous pensons que le donateur ne pouvait guère songer à révoquer pour enrichir le fisc au détriment de son conjoint; le fisc ne pouvait espérer qu'une occasion de recueillir la donation : c'était le prédécès de l'époux donataire.

89. L'effet de la captivité tant du donateur que du donataire sera examiné plus loin [n° 111]. Nous avons maintenant à voir dans deux paragraphes : 1° quelles donations étaient confirmées par la mort du donateur; 2° quelles causes s'opposaient à cette confirmation.

§ Ier. — Des donations confirmées par la mort du donateur.

90. Le sénatus-consulte de Caracalla s'appliquait en général aux mêmes personnes que nous avons vues incapables de se donner et aux mêmes actes juridiques prohibés entre elles.

91. *I. Application du sénatus-consulte aux personnes.* Nous ne parlerons pas de l'application du sénatus-consulte aux époux eux-mêmes, parce qu'il n'y a aucune difficulté à leur égard, mais seulement de son application aux personnes avec lesquelles les époux se confondaient juridiquement par l'effet du lien de famille.

Si le père qui avait le mari sous sa puissance avait fait une donation à la femme, ou au père dont elle dépendait, ou au frère soumis à la même puissance qu'elle, cette donation était confirmée par le prédécès du mari qui était *réputé* le dona-

---

(1) Nov. 22, cap. 28.

teur (*L.* 32, § 16)) de même, si le frère de l'un des époux avait donné au frère de l'autre (ces personnes étant chacune sous la puissance paternelle), la donation était confirmée par le prédécès de l'époux réputé donateur (*ib.* et § 20, *in fine*).

92. Dans le cas où il y avait interposition d'une personne étrangère pour faire la restitution à l'époux donataire, et que le donateur était mort avant que la restitution fût faite, pour savoir si la donation était valable, on distinguait par quel époux le tiers avait été interposé : s'il l'avait été par le donateur rien n'était fait, le contrat ne s'était pas formé entre les époux, et ce mandat étant révoqué par la mort du donateur, ses héritiers pouvaient s'opposer à la restitution ; s'il avait été interposé par le donataire, le contrat s'était formé par la remise de la chose à ce tiers, qui pouvait désormais faire la restitution à toute époque, même après la mort du donateur (L. 11, § 8); mais, d'un autre côté, l'interposition faite par le donataire pouvait empêcher la confirmation : si, par exemple, l'interposé mourait avant le donateur : comme le droit n'avait pas reposé un seul instant sur sa tête (ce qui était pourtant nécessaire, afin qu'il pût le transmettre au donataire), la donation s'évanouissait, tandis que l'interposé du donateur, acquérant immédiatement la chose à transmettre, pouvait la restituer aussitôt et mourir impunément : cette restitution produisait un effet immédiat, sauf à être confirmée par le prédécès du donateur (L. 11, § 7).

93. *II. Application aux actes juridiques.* Le prédécès du donateur confirmait sans aucun doute les donations par *tradition;* nous ne sachions pas non plus qu'on ait contesté la confirmation des donations par *omission* ni des donations *déguisées* (a) dont nous avons parlé. Mais c'est une question qui a été et qui est encore fort débattue que de savoir si les

---

(a) La société contractée *donandi causá* étant nulle entre époux, comme entre tous, et l'action *pro socio* étant refusée même à la mort du donateur (L. 32, § 24), on pourrait croire, au premier abord, que cette donation dégui-

donations par *promesse* ou par *remise de dette* participaient au bénéfice du sénatus-consulte. Pour nous, nous pensons que le doute n'est guère possible en présence des textes qui touchent à cette question, et nous allons l'établir.

94. D'abord Ulpien dit (L. 32, §1ᵉʳ): *Oratio pertinet..... ad* OMNES *donationes..... ut et ipso jure res fiant ejus cui donatæ sunt* ET OBLIGATIO SIT CIVILIS; plus loin (*ibid.*, § 23) : *Sive autem res fuit donata...., sive* OBLIGATIO REMISSA, *potest dici donationem effectum habituram,* ET GENERALITER, UNIVERSÆ DONATIONES *quas impediri diximus, ex oratione valebunt.* Le même jurisconsulte déclare confirmée par le prédécès du mari la stipulation que la femme avait faite d'une somme annuelle : PUTO STIPULATIONEM CONFIRMARI EX SENATUS-CONSULTO (L. 33, pr.) ; et plus loin (L. 33, § 2), il répète que si c'est le mari qui a stipulé l'annuité, à la mort de la femme EX ORATIONE DONATIONEM CONVALESCERE ; enfin une constitution d'Alexandre Sévère (1) déclare que si le mari, pour faire une libéralité à sa femme, a reconnu une plus forte dot que celle apportée, et n'a pas révoqué avant sa mort, la femme pourra réclamer cette augmentation contre les héritiers du mari.

95. Dans l'opinion contraire, il n'y a vraiment qu'un seul texte à invoquer, mais il est grave : Ulpien (L. 23), rapportant l'avis de Papinien, dit que celui-ci pensait avec raison (RECTE) que *l'oratio* s'appliquait aux donations de choses (*rerum*), c'est-à-dire aux donations faites par *tradition*, mais qu'au cas de stipulation, le même Papinien pensait que le donataire ne pouvait pas agir, même après la mort de son époux donateur. On allègue que *recté* s'applique aux deux propositions de Papinien, et que l'avis approbatif d'Ulpien, étant inséré au Digeste, fait loi. Nous réfuterons plus loin la portée qu'on veut donner à ce texte, et nous passons de suite aux arguments par les-

---

sée n'était pas confirmée par la mort, en vertu du sénatus-consulte; mais il est immédiatement ajouté que la donation tiendra pour ce qui a été mis en commun; par conséquent l'action *communi dividendo* n'est pas refusée.

(1) C.,\L. 2, *De do e autd.*

quels l'opinion contraire veut réfuter les trois textes par nous invoqués.

96. D'abord on a prétendu (les anciens glossateurs) que les mots *et obligatio sit civilis* se rapportaient à une obligation *exécutée* (par tradition ou autrement); que, par conséquent, ce n'était pas pour l'avenir que la promesse était confirmée (elle n'en avait plus besoin évidemment), mais pour le passé. Cette interprétation est complaisante, car il n'y a plus d'obligation après l'exécution, il y a eu une tradition dont la confirmation n'est douteuse pour personne. Pothier cependant adopte cette interprétation (1), non pour le premier texte, mais pour le troisième, pour la stipulation d'une annuité; il la suppose déjà *payée*, et, selon lui, la confirmation consisterait en ce que la répétition en est interdite après la mort de l'époux qui l'a payée; mais il est clair, selon nous, que si la loi 33, citée, refuse à la femme ou au mari l'action *ex stipulatu* pendant le mariage, et déclare la donation confirmée par le décès du promettant, c'est qu'apparemment cette action sera ouverte au moins après la dissolution du mariage. Quant au premier texte, *et obligatio sit civilis*, Pothier en donne une autre interprétation (*loc. cit.*, n° 76); selon lui (et en cela il reproduit une idée de Cujas) (2), il s'agirait dans cé cas d'une créance cédée par un époux à l'autre au moyen de la *procuratio in rem suam* : pendant la vie du cédant, le cessionnaire n'aurait aucun droit, ni le cédé aucune obligation envers lui ; à la mort du cédant, l'obligation du cédé deviendrait CIVILIS envers le cessionnaire; mais nous pensons que les principes du mandat romain empêchaient qu'il y eût jamais une obligation civile du débiteur envers le *procurator*. Ce n'est pas d'ailleurs à une hypothèse si recherchée que les mots si simples *et* OBLIGATIO *sit civilis* peuvent faire allusion, surtout quand on vient de parler de *res donatæ (traditæ)*.

---

(1) *Pandectæ, h. t.*, n° LXIII.
(2) Cujas, tom. IV, p. 1140.

97. Furgole (1) prend une sorte de terme moyen : il pense que la distinction entre les donations par tradition et les donations par promesse peut se faire jusqu'à Justinien, mais que depuis cet empereur, ces donations étant valables par la simple convention, la confirmation s'appliquera aussi bien aux unes qu'aux autres. Nous ne pensons pas que la solution de Furgole soit acceptable ; sans doute Justinien, complétant et généralisant une innovation déjà tentée par Constantin (2), voulut que la simple convention fût obligatoire, mais il n'a pas créé pour cela la donation par promesse, elle se faisait avant lui dans la forme plus solennelle de la stipulation.

98. Mais c'est Vinnius (3) qui nous semble avoir le mieux traité la question dans le sens que nous n'adoptons pas ; nous allons rapidement analyser et les raisons sur lesquelles il fonde son avis et ses réponses à nos objections; nous répliquerons de suite à chacune.

99. D'abord ses raisons : « 1° Celui qui ne fait qu'une *promesse* ne semble pas autant vouloir donner que celui qui *livre*, il conserve davantage l'intention de révoquer. » — Nous répondons : Quand cette intention serait plus probable et cette révocation plus facile, du moment qu'elle n'a pas eu lieu, la confirmation est aussi naturelle que s'il y avait eu tradition. — « 2° *Promettre* n'est pas *donner.* » — Vinnius se tient toujours à l'étymologie *doni datio*, mais depuis longtemps elle était insuffisante. — « 3° La loi 32, § 1er, défend aux héritiers du donateur d'arracher (*eripere*) au donataire ce que le donateur n'a pas repris lui-même : or, dit-il, on n'*arrache* que ce qui a été *livré.* » — Nous répondons : La loi a parlé *de eo quod plerumque fit.* — « 4° Enfin, suivant Vinnius, la loi 23 est formelle; Ulpien y approuve l'opinion de Papinien qui était évidemment de distinguer les donations par pro-

---

messes de celles faites par tradition. » — Nous établirons plus loin comment nous entendons cette loi.

100. Voici maintenant ses réponses à nos textes : « 1° Les mots *et obligatio sit civilis* doivent s'entendre, soit d'une créance cédée (*nomen conjugi donatum*), soit d'une promesse de garantir de l'éviction. » — Nous avons déjà réfuté ce premier sens adopté par Pothier ; quant au second, il est arbitraire : pourquoi cette garantie d'éviction serait-elle plus valable que toute autre promesse ? — « 2° Argumenter des mots : *Generaliter, universæ donationes quæ impediri diximus, ex oratione valebunt*, c'est, suivant lui, décider la question par la question. » — Étrange critique ; comment ! un texte dit que *toutes* les donations prohibées sont confirmées par la mort du donateur, et il n'est pas permis d'en conclure que celles faites par promesse, prohibées assurément, sont confirmées ! — « 3° Vinnius est bien obligé d'admettre, avec le texte du § 23, *sive obligatio remissa*, etc., que la *remise d'une dette* est confirmée ; mais il trouve moyen de la rattacher à la tradition de brève main : il prétend qu'il y a dans la remise de dette *res soluta et mox reddita*. » — Mais alors, à notre tour, nous dirons : La promesse peut faire supposer aussi *res tradita et confestim ex mutuo recepta*. — « 4° Pour que la loi 33 permette d'exiger à la mort le payement d'une annuité stipulée, il faut, dit-il, que le payement en ait été commencé ; alors le reste devient exigible à cause de la volonté manifeste d'exécuter ; outre qu'on pourrait encore, ajoute-t-il, admettre une exception en faveur des aliments que les annuités ont ordinairement pour cause. » — Cette nécessité d'un commencement d'exécution est des plus arbitraires, et une exception en faveur des aliments ne serait admissible que s'il n'y avait que ce texte : on pourrait alors invoquer la maxime : *Qui dicit de uno, de altero negat*. — « 5° Vinnius repousse l'argument péremptoire tiré de la loi 2 précitée, au Code, *De dote cautâ* ; il l'explique encore par la tradition de brève main : « Le mari serait censé avoir livré à la femme une

somme d'argent et celle-ci la lui avoir immédiatement constituée en augmentation de dot. » — Nous avons déjà critiqué l'emploi abusif de cette prétendue tradition de brève main, argument à deux tranchants au moyen duquel on peut aussi bien contester que soutenir la validité des donations entre époux. — « 6° Enfin Vinnius repousse l'autorité *in praxi et in foro* de la Novelle 162. » — Nous ne l'avons pas encore invoquée, nous en argumenterons en terminant : c'est là que nous répondrons à la dernière objection de Vinnius (*a*).

101. Arrivons maintenant au texte de la loi 23, *h. t.*, qui est le meilleur auxiliaire de l'opinion que nous combattons. Nous en avons déjà donné l'analyse : on a vu que c'est le mot RECTE, par lequel Ulpien approuve Papinien, qui fait toute la difficulté ; car, sans ce mot, nous ne verrions là que l'opinion personnelle de Papinien, rapportée par Ulpien qui peut-être la critiquait. Quelques interprètes (1), favorables à notre opinion, ont résolument supprimé le *recte;* mais un semblable procédé n'est pas permis quand il n'est pas fondé sur des manuscrits recommandables; d'autres (2), admettant la prétendue existence de deux sénatus-consultes sur le même objet, l'un confirmant les donations par *tradition*, l'autre celles par *obligation (ut aliquid laxaret ex juris-rigore)*, ont compris que Papinien avait été de l'avis cité, sous l'empire du premier sénatus-consulte, mais qu'il en avait dû changer sous le deuxième ; que le passage approbatif d'Ulpien n'avait pu être écrit qu'avant le dernier sénatus-consulte, et que, plus tard, les deux jurisconsultes avaient dû changer de sentiment.

Nous avons déjà repoussé [n° 84] cette allégation de l'exis-

(*a*) Scipion Gentilis (*Tract. de don. int. vir. et ux.*, lib. III, cap. ult.) avait soutenu ce même système avant Vinnius, et ce dernier n'a fait que développer ses arguments. Du reste, nous citerons peu le traité de Scipion Gentilis, parce que, malgré son étendue, nous n'y avons pas trouvé d'aperçus particuliers. Il est d'ailleurs aujourd'hui fort oublié.

(1) Ant. Faber., *Conject.*, liv. II, n° 8.
(2) Voët. *loc. cit.*, n° 5.

tence de deux sénatus-consultes sur notre sujet ; de plus, on ne doit pas supposer gratuitement que les compilateurs du Digeste aient si négligemment conservé un texte devenu inexact.

102. Nous préférons donc l'interprétation de Savigny (1) (déjà donnée par Sfordiger cité par Vinnius) : suivant lui, l'approbation, le *recté* d'Ulpien ne s'appliquerait qu'à la première proposition de Papinien sur les donations par tradition ; quant à la seconde, sur les donations par promesse, il la rapportait pour en donner sans doute une réfutation dont nous ont frustrés les ciseaux de Tribonien, probablement à cause de l'exclusion qui avait frappé longtemps les notes d'Ulpien sur les ouvrages du prince des jurisconsultes. Ainsi entendu, ce passage ne met pas Ulpien en contradiction avec ce qu'il dit plus loin dans les lois 32 et 33 précitées. Enfin, dans la Novelle 162, ch. 1er, Justinien a tranché la question dans le sens de la confirmation par la mort du donateur. Vinnius, comme nous l'avons dit, a contesté la force législative de cette Novelle et son autorité *in praxi et in foro*, parce qu'elle n'est pas glosée, n'ayant été découverte que tardivement ; Savigny, pour la même raison, ne lui donne qu'une autorité doctrinale ; mais si la réserve de ces jurisconsultes est bonne pour le temps et le pays où ils écrivaient, aujourd'hui et en France, quand le droit romain tout entier n'a plus que cette autorité purement doctrinale, nous croyons que la Novelle 162 a la même force que les Novelles glosées.

§ II. — Des obstacles à la confirmation.

103. Les principales causes qui s'opposaient à la confirmation en vertu du sénatus-consulte étaient : la révocation par le donateur, le prédécès du donataire, sa captivité, le

---

(1) Savigny, § CLXIV.

divorce, l'émancipation et quelques autres faits dont nous parlerons.

104. *I. De la révocation.* Pour des étrangers, les causes de révocation des donations entre-vifs étaient spécialement déterminées; les donations à cause de mort, au contraire, étaient essentiellement révocables au gré du donateur; entre époux, toutes donations, même celles faites entre-vifs, devaient être au moins aussi révocables : la révocation en pouvait être expresse ou tacite; du reste, en cas de variations successives dans la volonté du donateur, on s'en tenait à la dernière manifestation (L. 32, § 3); si la volonté de révoquer était douteuse, la donation était maintenue (*ib.*, § 4). Parcourons les principaux cas de révocation tacite.

105. Depuis Justinien, quand on instituait héritier son propre esclave, l'institution le rendait libre et héritier nécessaire; quand on instituait l'esclave d'autrui, il restait esclave, et l'hérédité était acquise à son maître (1); lors donc qu'un époux avait ainsi institué l'esclave qu'il avait donné à son conjoint, devait-on voir là une révocation de la libéralité, en sorte que l'esclave serait devenu libre et héritier pour lui-même, ou bien y voir l'institution d'un esclave d'autrui avec profit pour le maître? Ulpien (L. 22) adoptait ce dernier avis; réciproquement, si la donation avait été faite à l'époux après l'institution, il y voyait pour l'esclave une révocation de la liberté, en sorte que l'hérédité devait appartenir au donataire.

106. L'engagement ou l'hypothèque de la chose donnée contenaient-ils une révocation tacite? On l'admit pendant longtemps, par la raison que le donateur avait conféré à son créancier un droit peu compatible avec le maintien de la donation (L. 32, § 5). C'était, ce nous semble, outrer son intention, car bien peu des débiteurs qui donnent gage ou hypothèque prévoient qu'un jour la vente de leurs biens peut

____

(1) Instit., II, 14, § 1er.

devenir nécessaire (*sæpe enim de facultatibus suis plus quam in his est sperant homines*) (1). Au moins on admettait la preuve d'une intention favorable au maintien de la donation ; on admettait même que si la dette hypothéquée était inférieure à la valeur du bien donné, le donataire pouvait le conserver en donnant satisfaction au créancier. Bien plus, Ulpien semble permettre au donataire de repousser l'action du créancier s'il ne veut pas céder ses actions contre le donateur ou ses héritiers (*ibid., in fine*). Enfin Justinien a décidé formellement (2) que l'hypothèque des choses données ne vaudrait jamais révocation par elle-même ; c'était une conséquence de ce qu'il avait déjà presque entièrement (*fere per omnia*) assimilé les donations à cause de mort au legs (3).

Il est clair qu'une aliénation quelconque du bien, soit entre-vifs, soit par testament, emportait révocation de la première libéralité (L. 32, § 15).

107. *II. Du prédécès du donataire.* Pour que la mort du donateur pût confirmer la donation, il fallait naturellement que le donataire fût lui-même vivant ; autrement la donation eût commencé à être valable au moment où elle eût été inutile au donataire.

Si les deux époux étaient morts dans le même événement, comme dans un naufrage, et de telle sorte qu'on ne pût savoir lequel avait survécu, on décidait que la donation était confirmée, par cette raison que le donateur ne survivait pas pour agir en restitution (4), ou qu'il n'était pas prouvé que le donataire fût prédécédé (L. 32, § 14) ; il en était de même, et à plus forte raison, pour les donations mutuelles (5).

108. Le prédécès du donataire opérait par lui-même la caducité de la donation, en sorte qu'elle ne pouvait être évitée

---

(1) Instit., I, 6, § 3.
(2) Nov. 162, cap. 1", § 1".
(3) Instit., II, 7, § 1" ; 20, § 12.
(4) D., L. 8, *De reb. dub.*
(5) D., *ibid.*, et L. 26, *De mort. c. donat.*

que par une confirmation expresse du donateur au profit des héritiers (L. 32, § 10); une donation réciproque qu'il eût faite auparavant, mais qui eût été dissipée par le survivant, n'eût pas permis d'en opposer à celui-ci la compensation (L. 32, § 9, *in fine*) [à la différence de ce que nous avons vu, n° 66], non plus que des legs faits au donateur par le prédécédé, si considérables qu'ils fussent (L. 48.).

109. Quand la donation avait été faite par la femme au père du mari, il était question de savoir si la confirmation en était soumise à la survie du père ou à celle du mari réputé donataire véritable; pour cela on faisait une distinction : si le mari était l'unique héritier de son père, comme évidemment il avait recueilli la libéralité, si d'ailleurs la femme ne réclamait pas, on disait qu'il se formait une nouvelle donation soumise aux mêmes règles que la précédente; si, au contraire, le mari ne succédait pas, ou ne succédait que pour partie, la donation était infirmée pour le tout ou pour ce que ne recueillait pas le mari (L. 32, § 18).

110. L'esclavage étant assimilé à la mort, si le donataire devenait esclave, la donation était infirmée (L. 32, § 6), et l'affranchissement, selon nous, ne l'eût pas fait revivre; il aurait fallu la réitérer.

111. *III. De la captivité de l'un des époux.* Quant à la captivité chez l'ennemi, deux fictions imaginées par l'orgueil romain l'empêchaient d'exister juridiquement : si le captif rentrait dans ses foyers, la fiction du *postliminium* le faisait considérer comme n'ayant jamais été prisonnier (1); s'il ne revenait pas, il était, par l'effet de la loi Cornélia, réputé mort au moment même de sa captivité, c'est-à-dire dans la plénitude de ses droits de citoyen (2). Mais par une exception qu'on ne pourrait justifier que par l'intérêt de l'accroissement de la population, le mariage était immédiatement dissous par

---

(1) D., L. 12, § 6; L. 16, *De capt. et postl. revers.*
(2) D., L. 18, *ibid.*

la captivité; seulement, si, au retour du captif, son conjoint n'était pas engagé dans un nouveau lien, et ne voulait pas *instaurare matrimonium*, il était puni des peines infligées au divorce (1).

A l'égard des donations entre époux, l'effet de la captivité rentrait dans les deux règles précédentes, il était subordonné aux événements ultérieurs : ainsi, au cas de captivité du donateur, la donation n'était définitivement confirmée que s'il ne revenait pas, ou s'il mourait dans la cité avant le donataire; au cas de captivité du donataire, elle n'était infirmée que par sa mort chez l'ennemi ou dans la cité, avant celle du donateur (2).

112. La question était plus délicate pour le cas où les deux époux avaient été pris en même temps; Ulpien (L. 32, § 14), avant de la résoudre, examine le cas que nous avons déjà vu [n° 107] où les deux époux, dont l'un avait fait donation à l'autre, sont morts dans le même événement, et il décide que le doute de la survie se résout en faveur du donataire, parce que les termes de l'*oratio* ne déclarent la donation infirmée que si le donataire est prédécédé; or, du moment que cette antériorité du décès est le point douteux, la donation subsiste. La question posée se trouve ainsi résolue d'elle-même au moyen des deux fictions : si aucun des époux ne revient, ils sont censés morts en même temps, le jour de leur captivité, et la donation subsiste; si un seul est revenu, il est par là même censé avoir survécu, et la donation est confirmée ou infirmée suivant qu'il est le donataire ou le donateur (*ibid*).

113. *IV. Du divorce.* Nous avons vu [n° 47] que les époux avaient la faculté de se faire une donation à cause du divorce, et qu'en général elle était faite par l'époux qui le demandait, comme indemnité de la séparation, et seulement au cas de divorce *bonâ gratiâ*. Nous avons à voir ici si le divorce mettait

---

(1) D., L. 8; L. 14, § 1er, *De capt. et postl. revers.*
(2) C., L. ult., *De don. int. vir. et ux.*

obtacle à la confirmation des donations entre-vifs. Mais préalablement quel était son effet sur les véritables donations à cause de mort qu'avaient pu se faire les époux conformément à l'ancien droit? Un texte d'Ulpien (L. 11, § 10) déclare formellement que la donation à cause de mort est infirmée par le divorce et n'est pas en suspens jusqu'à la mort du donateur : *Julianus scripsit infirmari donationem, nec impendere;* en effet, il n'y avait guère lieu de douter que le donateur eût l'intention de révoquer, l'*animus donandi* ne pouvait survivre au divorce; nous ne pensons même pas qu'il y eût à distinguer si le divorce avait eu lieu *bonâ gratiâ* ou *cum animi irâ et offensâ.* Cette distinction eût été rationnelle assurément, mais difficile, et d'ailleurs eût nécessité de sous-distinguer si les torts étaient ou non du côté du donateur; aussi Ulpien disait-il (L. 32, § 10), sans distinguer, que, pour prévenir l'infirmation résultant du divorce, il fallait une confirmation expresse de la part du donateur.

114. L'effet du divorce était-il le même sur les donations entre-vifs que la faveur du sénatus-consulte transformait en donations à cause de mort? Plusieurs textes l'établissent à n'en pas douter (1), notamment une constitution d'Aurélien et de Maximien (2) qui, énumérant les causes qui s'opposent à la confirmation, y compte le divorce, sans distinguer. Mais si le mariage avait été rétabli et que la volonté du donateur ne semblât pas changée, sa mort, pendant le mariage, confirmait la donation (L. 32, § 11).

115. Depuis Antonin le Pieux, et Marc-Aurèle, il ne fut plus permis au père d'un des époux de dissoudre le mariage *bene concordans* qui avait été contracté avec son consentement (3); toutefois l'envoi du *repudium* par le beau-père

---

(1) D., L. 32, § 19; L. 62, § 1er, h. t. — Cod., L. 5, h. t.
(2) Cod., L. 18, h. tit.
(3) Paul, Sent., V, 6, § 15. — D., L. 1, § 5; L. 2, *De lib. exhib.* — Cod., L. 5, *De repud.*

n'était pas sans effet. Ainsi de même que les donations faites par lui au gendre ou à la bru étaient censées faites par l'époux qu'il avait sous sa puissance, de même, les révocations émanées de lui étaient censées émanées de l'époux (L. 32, § 19); enfin, si les deux beaux-pères s'étaient donné l'un à l'autre, le *repudium* produisait infirmation (*ib.*, § 20, *init.*).

116. Des froideurs entre les époux (*friguscula*) ou une habitation séparée, n'auraient pas plus mis obstacle à la confirmation par la mort qu'elles n'auraient empêché la nullité de la donation avant le sénatus-consulte, car les froideurs se dissipent aisément, et l'habitation séparée, nécessitée souvent par les fonctions du mari, n'empêche pas l'affection conjugale (*ib.*, § 12 et 13).

117. *V. De l'émancipation et de quelques autres obstacles à la confirmation.* Si l'un des beaux-pères avait donné à son gendre ou à sa bru, ou à l'autre beau-père, et que les époux ou l'un d'eux eussent été émancipés, la donation ne pouvait plus être confirmée, parce que l'émancipation enlevant aux enfants leurs droits de succession civile et détruisant cette confusion juridique de personnes qui motivait la prohibition ou la confirmation, on ne se trouvait plus dans les termes ni de l'une ni de l'autre (*ib.*, § 21).

118. D'après les principes généraux, l'empiétement de la donation sur la quarte Falcidie ou sur la quarte légitime (*a*), mettait obstacle à la confirmation, au moins pour ce que la donation avait d'excessif (1); de même elle était révocable par l'action Paulienne si elle avait eu lieu en fraude des créan-

---

(a) Nous croyons, avec M. Ortolan (*Expl. hist. des instit.*, liv. ii, tit. 18, § 3), que la Légitime n'est autre chose que la Falcidie étendue et qu'il en faut suivre les règles pour l'imputation et le calcul des libéralités : une constitution de Théodose II et Valentinien III, de 426, (Cod., Théod., XVI, 8, L. 28, *De Judæis, Cœlic. et Samarit.*) la nomme formellement *la Falcidie*.

(1) D., L. 32, § 1er, *h. t.*; — Cod., L. 12, *Ad leg. Falcid.*

ciers du donateur (1); enfin nous avons vu déjà [n° 85] que le défaut d'insinuation mettait obstacle à la rétroactivité de la confirmation.

CHAPITRE III.

DES SECONDES NOCES.

119. Quand Auguste eut porté les fameuses lois Julia et Papia Poppæa, les seconds mariages étaient non moins favorables que les premiers; l'intérêt des mœurs et de la population parlait plus fort que l'intérêt des enfants d'un premier lit. Seulement la veuve ne put, sans être notée d'infamie, convoler à de secondes noces dans les dix premiers mois du deuil. Les empereurs chrétiens agirent dans un sens opposé : en 382, Théodose Ier, dans une constitution connue sous le nom de *Fœminæ quæ* (a), ordonna que les veuves conservassent à leurs enfants du premier mari les biens qu'elles tenaient de celui-ci. En 444, cette disposition fut étendue aux hommes veufs par une constitution dite *Generaliter*, de Théodose II et de Valentinien III (2). Plus tard, en 469, une autre constitution non moins célèbre, *Hâc edictali* (3), de

---

(a) Cod., V, 9, 3, *De sec. nupt.* Cette ancienne manière de désigner par leur premier mot les constitutions, les lois et jusqu'aux paragraphes, est heureusement abandonnée; cependant il est de ces constitutions si connues sous des dénominations de ce genre qu'il vaut mieux les leur conserver; telles sont les constitutions *Assiduis, Si unquam* et les trois qui vont nous occuper: *Fœminæ quæ, Generaliter* et *Hâc edictali.*

(1) D., L. 9, § 11, *Quæ in fraud. cred.*
(2) Cod., L. 5, pr. *De sec. nupt.*
(3) *Ibid.*, L. 6, pr.

Léon et d'Anthémius, limita à une part d'enfant le moins prenant, ce que l'époux binube pourrait donner à son nouvel époux. L'Église, dans le concile de Néocésarée (an 314), punit les secondes noces et prohiba les troisièmes (1), enfin, au commencement du IXe siècle, Constantin Porphyrogénète prohiba les troisièmes noces, seulement au cas d'enfants d'un précédent lit, et les quatrièmes dans tous les cas (2).

Nous nous bornerons à examiner les peines portées par les trois Constitutions précitées et les modifications successives que les Novelles de Justinien ont apportées à ces constitutions, car elles seules ont laissé des traces.

§ 1er. — Des constitutions *Fœminæ quæ* et *Generaliter* et des Novelles qui les ont modifiées.

120. En 381, les empereurs Gratien, Valentinien II et Théodose Ier avaient porté de dix mois à un an le temps de deuil pendant lequel la veuve ne pouvait, sans infamie, contracter un nouveau mariage (3). En 382, les mêmes empereurs édictèrent la constitution *Fœminæ quæ*.

La veuve remariée après l'an de deuil dut garder intégralement à tous les enfants du premier mari, ou à celui d'entre eux qu'elle choisirait, les biens reçus de celui-ci par dons de fiançailles, donations à cause de noces ou à cause de mort, institutions d'héritier, legs, fidéicommis, ou même par donations entre-vifs, soit dans les cas où la prohibition ne s'y opposait pas, soit dans ceux où la confirmation avait lieu en vertu du sénatus-consulte de Caracalla. Elle ne put désormais aliéner ces biens, et si elle l'avait fait, elle en devait récompense à ses enfants sur ses propres biens. Toutefois elle gardait l'usufruit de tous ces gains (C., *ib.*, 3, pr.); de même, elle ne

---

(1) Leon., Novell. 90.
(2) V. M. Laboulaye, *De la condition des femmes*, p. 53-55.
(3) Cod., L. 2, *De sec. nupt.*

pouvait garder que l'usufruit des biens qu'elle recueillait dans la succession d'un de ses enfants du premier lit, mort depuis le convol, et elle devait en restituer la nue propriété aux autres enfants; ce n'est qu'à leur défaut qu'elle restait pleine propriétaire, avec le droit de tester sur tous ces biens (C. 3, § 1er, *in fine*).

En 422, Théodose II et Honorius voulurent que, par une juste réciprocité, les enfants du second lit partageassent seuls les biens provenus à leur mère du second mari (C. 4).

121. La constitution *Generaliter*, déjà citée, de Théodose II et de Valentinien III, étendit aux hommes veufs les dispositions de la constitution *Fœminæ quæ* (C. 5, pr.); de plus, elle dispensa les enfants d'être héritiers du prémourant pour jouir du bénéfice qu'elle leur donnait : il leur suffit désormais d'être héritiers du survivant (*ib.*, § 1er).

122. Justinien, dans ses Novelles, bouleversa toutes ces dispositions: ainsi d'abord, la Novelle II, ch. 1er, enleva au survivant remarié le droit de choisir parmi les enfants du premier lit celui qui bénéficierait des biens réservés, et la Novelle XXII, ch. 25, établit une complète égalité entre ces enfants.

La Novelle II, ch. 2, déclara aussi que les aliénations de ces biens réservés, quoique antérieures au convol, seraient révoquées par ce convol, ou qu'au moins la validité en serait suspendue, pour n'être confirmée que si aucun enfant ne survivait à l'époux aliénateur.

123. Une constitution de Théodose II et de Valentinien III (an 426), *Mater quæ* (1), avait déjà modifié la constitution *Fœminæ quæ* au profit de la mère succédant à ses enfants, car elle n'était plus privée de la nue propriété, qu'autant qu'il s'agissait de biens de son premier mari, recueillis dans leur succession; pour les autres biens, elle y succédait sans réserve, *pleno jure*, soit par testament, soit *ab intestat*. La

---

(1) Cod., L. 5, *Ad. S.-C. Tertyll.*

même Novelle II (ch. 3, § 1er) enchérit, au contraire, sur la sévérité primitive : elle priva la mère de l'usufruit même des biens du premier mari, qu'elle trouvait dans la succession de son enfant.

Plus tard, la Novelle XXII, ch. 46, revint à des dispositions plus douces : elle arrêta *définitivement* que la mère succéderait par testament à tous les biens indistinctement, *pleno jure* (§ 1er), et *ab intestat*, à tous les biens étrangers au premier mari, *pleno jure* également ; mais pour tous les biens provenus de lui, en usufruit seulement (§ 2). Ces dispositions édictées pour la mère devaient, sans doute, s'appliquer également au père.

124. La nécessité de conserver aux enfants les gains nuptiaux n'exista d'abord que pour le cas où le mariage était dissous par la mort. Justinien avait ensuite voulu qu'il en fût de même au cas de dissolution, par le divorce, quoique intervenu *bonâ gratiâ* (C. 9, *Quoniam*). Dans la Novelle XXII, ch. 30, il confirma cette extension.

125. Léon et Anthémius (C. 6, § 2) avaient donné aux enfants une hypothèque tacite sur les biens de la mère remariée, pour la garantie de la restitution à eux due ; Justinien étendit cette hypothèque aux biens du père remarié (C. 8, § 4).

126. D'après la constitution *Generaliter*, il suffisait que les enfants fussent héritiers de l'un ou l'autre de leurs auteurs, pour recueillir ainsi les gains nuptiaux du premier mariage ; la Novelle XXII (ch. 26, § 1er), n'exigea plus même qu'ils le fussent d'un seul.

127. Justinien décida encore (C. 8, pr.) que si les enfants prédécédés avaient laissé des descendants, ceux-ci recueilleraient la part afférente à leur auteur dans les gains nuptiaux, à l'exclusion de l'époux remarié. S'ils n'avaient pas laissé de postérité, cet époux prenait la part qui avait été convenue entre lui et le donateur pour le cas d'*orbitas* (C. 11). Cette convention, connue sous le nom de *pactum non existentium*

liberorum (1), devint très-usitée quand la Novelle XCVIII,
ch. 1er, eut décidé que les gains nuptiaux n'appartiendraient
jamais qu'en usufruit à l'époux survivant, *même non remarié*,
la propriété de ces gains étant acquise aux enfants aussitôt après
le décès du donateur prédécédé et transmissible à leurs héritiers, même externes.

128. Déjà auparavant, Justinien, après une constitution
(C. 8, § 2) dans laquelle il déclarait que l'époux *non remarié*
avait pu exclure ses enfants de la succession aux gains nuptiaux, par une disposition testamentaire *générale*, détruisant
lui-même son propre ouvrage, avait décidé dans la Novelle XXII,
(ch. 2, § 2), qu'à moins d'une disposition *expresse* au profit
d'étrangers, les enfants seraient toujours exclusivement appelés à ces biens.

129. Toutefois la Novelle XCVIII, précitée, n'est pas encore le dernier état du droit de Justinien : l'infatigable et peu
constant législateur, pour rétablir entre le convol et la fidélité au
premier lien une différence qu'il n'aurait jamais dû supprimer,
a voulu, dans la Novelle CXXVII, ch. 3, que l'époux *non remarié* eût dans les gains nuptiaux une part égale à celle de
chacun de ses enfants.

130. Enfin, dans la Novelle XXII, ch. 32, Justinien abroge
une constitution publiée en 392 par Valentinien II, Théodose Ier et Arcadius, et par laquelle la femme (a) à qui son
mari avait donné un usufruit perdait ce droit par le convol ;
toutefois l'Empereur veut encore qu'on respecte la volonté du
donateur, s'il avait stipulé que l'usufruit fît retour à la nue propriété, en cas de secondes noces.

(a) . . . . et sans doute aussi le mari, car la Novelle dit :
Vir uxori, aut conjux marito.

(1) Nov. 11, ch. 2; — Nov. XXII, ch. 26, pr.

§ II. — De la constitution *Hac edictali* et des Novelles qui s'y rattachent.

131. Ce n'était pas encore assez protéger les enfants du premier mariage que de leur assurer la propriété des gains nuptiaux qu'en avait recueillis l'époux survivant ; il fallait encore empêcher que celui-ci ne les dépouillât inconsidérément de ses autres biens au profit d'un nouvel époux, soit par des libéralités auxquelles la prohibition générale ne s'appliquait pas, comme des constitutions de dot ou des donations à cause de noces, des donations à cause de mort ou des libéralités testamentaires, soit par des actes entre-vifs qu'aurait confirmés le sénatus-consulte de Caracalla.

132. Historiquement, la première peine pécuniaire des secondes noces est dans ce sens : en 380, deux ans avant leur constitution *Fœminæ quæ*, les empereurs Théodose Ier et Valentinien II (C. 1), avaient ajouté une peine à l'infamie qui frappait déjà la veuve remariée dans les dix mois de deuil (*a*) : en général, la femme pouvait se constituer tous ses biens en dot (1), sauf le droit des créanciers (2), la restitution *in integrum* des mineures de vingt-cinq ans (3) et la plainte d'inofficiosité (4), et cela sans qu'on dût y voir une libéralité [n° 32]. D'après la constitution précitée, la veuve *infamis* ne put donner en dot à son nouveau mari plus d'un tiers de ses biens ; de même elle ne put lui laisser plus du même tiers par testament ou donation à cause de mort.

133. Statuant plus généralement, c'est-à-dire pour la veuve

(*a*) En 381, ils portèrent ce délai à un an (C. 2).

(1) D., L. 72, pr., *De jure dot.* ; — Cod., L. 4, *ibid.*
(2) D., *Ibid.*
(3) D., L. 9, § 1er, *De minor. XXV ann.*
(4) Cod., L. un. *De inoff. dot.*

qui ne craignait pas l'infamie comme pour celle respectueuse de son deuil, statuant aussi pour l'homme veuf comme pour la veuve, les empereurs Léon et Anthémius, par la constitution *Hâc edictali* (an 469) défendirent à l'époux, remarié de donner à son nouvel époux, par donation à cause de noces ou par constitution de dot, par testament ou par donation à cause de mort, une portion de biens plus considérable que celle que recueillerait chaque enfant de l'un ou de l'autre lit, et même que celle du *moins prenant*, au cas où, par suite d'avantages, ils auraient des parts inégales (C. 6, pr.). Si cette portion avait été excédée, la réduction devait en être opérée au profit exclusif des enfants du premier lit (Pr. *in fine*), la libéralité conservant son effet à l'égard des enfants du second mariage, sauf leur droit à la légitime ordinaire.

134. Justinien, au contraire, voulut *d'abord* que le profit de la réduction fût partagé également entre les enfants des deux mariages (C. 9, pr.) (*a*). Plus tard, dans la Novelle XXII, ch. 27, il rendit la préférence aux enfants du premier lit, par cette seule raison : *Hoc tamen etiam nunc nobis non placet.*

135. Dans la même Novelle, ch. 8, il décida aussi (ce qui pourtant ne devait pas faire doute) qu'on s'attacherait au moment de la mort de l'époux remarié pour fixer, d'après le nombre des enfants et l'état du patrimoine, la part d'enfant qu'il avait pu donner à son nouveau conjoint.

136. Enfin, dans la même Novelle XXII, ch. 31, il défendit que l'époux remarié pût diminuer la dot ou la donation à cause de noces, sous le prétexte qu'elle excéderait le taux de la constitution *Hâc edictali.* C'était encore protéger les enfants du premier lit, car depuis qu'il avait refusé au mari de gagner la dot, et à la femme, la donation à cause de noces,

---

(*a*) Cette constitution de Justinien, connue sous le nom de *Quoniam*, est datée, ainsi que la suivante (C. 10), de l'an 480. La plupart des éditeurs ont conservé, sans observation, cette date qui est évidemment une erreur de copiste : Justinien n'ayant été empereur qu'en 527.

Spangenberg a proposé de lire : an 529.

par le fait seul de la survie (1), et qu'il avait accordé aux enfants du premier lit le droit exclusif à ces gains nuptiaux, en permettre, pendant le mariage, la diminution et le retour au donateur, c'eût été rendre disponibles au détriment de ces enfants, des biens qui leur étaient déjà assurés.

CHAPITRE IV.

DROIT BARBARE ET LOI SALIQUE. — PREMIER DROIT COUTUMIER FRANÇAIS.

137. Nous ne suivrons pas le droit de Justinien à Constantinople, où, refondu au IXe siècle dans les lois de l'empereur Basile, il continua à régir l'Empire d'Orient jusqu'à la conquête de Mahomet II ; d'ailleurs nous le retrouverons bientôt dans le midi de la France. Mais pour arriver à la législation de notre pays, il nous faut un instant rechercher ce que devinrent nos donations entre époux dans les lois et les mœurs toutes nouvelles de ces barbares du Nord, qui après avoir saccagé, comme une immense inondation, la plus grande partie du monde civilisé, y fondèrent des États qui ont servi de souches aux nationalités modernes.

§ Ier. — Droit Barbare et Loi Salique.

138. *I. De la dot.* Chez les barbares d'origine germanique, la femme était pendant toute sa vie en la puissance d'autrui : jusqu'à son mariage cette puissance (*mundium*) appartenait

---

(1) Cod., L. un., § 6, *De rei uxor. act.*

au père, et à défaut du père au plus proche parent mâle ; le *mundium* passait ensuite au mari, qui toutefois devait le payer ; au veuvage, la puissance sur la veuve restait dans la famille du mari, soit au fils majeur, soit aux autres parents mâles (1). Le prix du *mundium* donné par le mari avait des noms divers chez chaque peuple : les Visigoths l'appelaient *dos* ou *arrhæ* (2) ; les Burgondes, *wittemon* (3) ; les Lombards, *meta* (4) ; les Anglo-Saxons, *gift* (5) ; d'autres l'appelaient *mund, pretium nuptiale, sponsalia* ; quand la femme avait été épousée sans le consentement de ses parents, le prix d'achat s'appelait *whergeld*, et rappelait ainsi la composition pécuniaire par laquelle on réparait le rapt comme tous les crimes.

139. Le prix payé aux parents comme indemnité du *mundium*, dont le mari les dépouillait en devenant le *mundwald*, fut ensuite payé à la femme, d'abord en partie, puis en totalité (6) ; il prit alors plus particulièrement le nom de *dos*. Le taux n'en était pas fixé par toutes les lois barbares : ainsi la loi Salique ne s'expliquait, ni sur le prix d'achat primitif, ni sur la dot nouvelle ; mais il ressort d'autres textes (7) et de ce que dit la loi elle-même touchant le rachat d'une veuve, *reipus* (ce dont il sera parlé plus loin à l'occasion des seconds mariages), que le prix était d'un *solidus* et d'un *denarius* pour une vierge. Du reste, ce prix ne pouvait plus être que symbolique : il se donnait sans doute encore aux parents, mais il devait déjà se cumuler avec la dot donnée à l'épouse. La loi Ripuaire (8), qui était aussi une loi Franque, fixait la dot, à défaut de convention, à 50 *solidi* sur les biens du mari et au tiers

---

(1) *L. Longob. Rothar.*, ch. 181-183, 205.
(2) *L. Visigoth.*, liv. iii, tit. 1er, n° 9.
(3) *L. Burgund.*, tit. 52 ; 66 ; 69, § 2.
(4) *L. Rothar.*, ch. 178.
(5) *L. Adelb.*, ch. 70.
(6) *L. Burg.*, loc. cit.—*L. Ripuar.*, tit. 37, § 1-2.
(7) V. Canciani, *Barbarorum Leges*, tom. II, p. 476, 498, 632 ; — *Bignonianæ formulæ*, 5.
(8) *L. Ripuar.*, loc. cit.

de ses conquêts ; celle des Alemans (1) à 40 *solidi* ; elle élevait encore le taux du *whergeld* à 80 *solidi*, pour le cas où le mari n'avait pas acheté le *mundium* aux parents (2) ; la loi des Bavarois (3) la fixait aussi, mais à un taux aujourd'hui inconnu ; celle des Burgundes (4) au double, au triple ou au sextuple de l'ancien *wittemon* ; enfin la loi Lombarde de Luitprand limite la dot au maximum de 300 *solidi*, excepté pour les juges, lesquels peuvent donner jusqu'à 400 *solidi* (5).

140. Quand il y avait des enfants du mariage, la dot était réduite à l'usufruit de la somme fixée ; elle n'était pas perdue par le prédécès de la femme ni par son nouveau mariage, sauf l'*achasius*, dont il est parlé plus loin (6). Ainsi la dot, à cette époque, n'a rien de commun avec la dot romaine, et ce que la femme peut apporter à son mari n'est pas appelé *dos*, mais *faderfium* (7) ou *maritagium* (8).

141. *II. Du Morgengabe et du Douaire.* Chez tous les peuples, soit grossiers, soit policés, la formation du mariage est toujours l'occasion de quelques donations d'un époux à l'autre. La dot dont nous venons de parler n'avait pas un caractère purement gratuit de la part du mari, puisqu'en échange il acquérait le *mundium* ; aussi était-elle le plus souvent accompagnée d'une véritable libéralité qu'il faisait à l'épousée le lendemain des noces, et que, pour cela, on appelait *morgengabe*, don du matin. Considéré comme *pretium virginitatis*, il ne pouvait être donné aux veuves ; mais on avait admis pour elles un don du soir, *abendgabe* (9).

---

(1) *L. Aleman.*, tit. 55.
(2) *L. Alem.*, *ibid.*
(3) *L. Bajuv.*, VII, 14, 2 ; XIV, 7, 2.
(4) *L. Burg.*, tit. 12.
(5) *L. Long. Luitpr.*, ch. 88.
(6) V. M. Ginoulhiac, *Hist. du régime dotal*, p. 192-196.
(7) *L. Longob.*, II, 1, 14.
(8) V. Ducange, *Gloss. inf. latinitatis*, V° *Maritagium*.
(9) V. M. Laboulaye, *Recherches sur la condition des femmes*, p. 124. — V. M. Ginoulhiac, *op. cit.*, p. 202.

142. Le *morgengabe*, dont les Grecs du Bas-Empire nous offrent eux-mêmes quelque image dans le θεώρετρον (*præmium pulchritudinis*) et dans l'ὑπόβολον (*augmentum dotis*) (1), paraît avoir été usité chez tous les peuples d'origine germanique (*a*). Il y jouissait d'une grande faveur : ainsi, tandis que les contestations sur les autres intérêts étaient souvent l'occasion du combat judiciaire, la femme était crue sur son affirmation, *per pectus*, pour le montant de son *morgengabe* (2).

143. Pendant quelque temps, ce don n'eut pas, non plus que la dot, de taux fixe ou légal : le mari était aussi libre de le faire considérable que de s'en affranchir entièrement. On le limita ensuite à la moitié des biens du mari (3); la loi Lombarde de Luitprand (ch. 7) le réduisit au quart des biens laissés par lui à son décès. On pouvait aussi le faire consister seulement en usufruit : il commença dès lors à prendre le caractère d'un *don de survie*. Pendant quelque temps encore il fut facultatif jusqu'à ce qu'il devînt obligatoire sous le nom de *douaire légal* ou *coutumier* (4).

144. L'époque de cette transformation du *morgengabe* en *doarium* ou *dotalitium* n'est pas certaine, et la fixation en divise les auteurs. Suivant les uns (5), le douaire coutumier daterait du VIIIᵉ ou IXᵉ siècle; il aurait été le résultat d'une

(*a*) C'est évidemment le *morgengabe* que la loi Saxonne (tit. 8 et 9) désigne sous le nom de *dos;* la loi Burgonde (tit. 24, § 1ᵉʳ) ne semble désigner rien autre chose que le *morgengabe* sous le nom de *nuptialis donatio.*—Nous avons trouvé un grand secours pour les sources et les textes de lois barbares, dans un travail plein de vues et d'érudition (*Mémoire sur le développement de la société humaine*), publié par M. Kœnigswarter dans le journal *l'Institut*, 2ᵉ section, 1840, p. 70. — La *Revue de législation* l'a publié aussi dans la même année, tom. 34, p. 145.

(1) V. Ducange, *Gloss. inf. græcitatis;* vᵇ ΘΕΩΡΕΤΡΟΝ et ΥΠΟΒΟΛΟΝ.

(2) V. M. Laboulaye, *op. cit.,* p. 125.

(3) V. M. Laboulaye, *ibid.,* et les autorités par lui citées.

(4) V. M. Laboulaye, *op. cit.,* p. 126-263.

(5) M. Laboulaye, *op. cit.,* p. 119. — M. Ginoulhiac, *op. cit.,* p. 208 à 213.

combinaison de la dot, obligatoire comme prix d'achat, avec le don du matin jusque-là facultatif, et c'est ce dernier élément qui aurait fait dire : « Au coucher femme gagne son douaire (1). » Suivant d'autres auteurs (2), le douaire n'apparaîtrait comme obligatoire, c'est-à-dire *légal*, que sous Philippe-Auguste, au commencement du XIIIe siècle ; on se fonde dans cette opinion sur un passage de Beaumanoir (3), où il est dit que, jusqu'à cette époque, le douaire se constituait à la porte de l'église, en présence du prêtre, le mari adressant à la fiancée ces mots : « *Du douère qui est devisé entre mes amis et les tiens je te doue;* » d'où l'on conclut que si le douaire légal eût déjà existé, cette cérémonie eût été inutile, à moins que ce ne fût pour augmenter la valeur du douaire, ce qui, à cette époque, devait être peu fréquent, si même ce n'était défendu.

145. Une autorité comme celle de Beaumanoir nous avait d'abord fait pencher pour cette dernière opinion ; mais l'examen de plusieurs textes signalés dans un remarquable travail de M. Kœnigswarter, sur les origines du droit français (4), nous a convaincu qu'un douaire légal existait bien avant Philippe-Auguste : outre la loi Ripuaire déjà citée, les lois des Saxons, des Visigoths, des Bavarois et des Burgondes (5), en fixant un taux à la dot, quand le mari ne l'avait pas fixé lui-même, semblent bien avoir créé pour la femme un gain *légal* de survie ; mais ce qui est surtout convainquant, c'est un passage des Assises de Jérusalem (6), lesquelles rédigées, comme on sait, pour l'usage des croisés français établis en Palestine,

---

(1) *Coutume de Normandie*, art. 367.

(2) Pothier, *Du Douaire*, n° 2. — M. Troplong, *Contrat de mariage*, Préface, p. cx.

(3) *Coutumier du Beauvoisis*, ch. 13.

(4) *Études historiques sur le droit civil Français.* — V. *Revue de législation*, tom. 17, p. 410 et s.

(5) Voir les textes cités par M. Kœnigswarter, *ibid.*

(6) HAUTE COUR, *Livre de Geofroy le Tort*, art. 16, édit. Beugnot, 1841, p. 449.

contiennent les coutumes françaises de la fin du XI° siècle; or il nous semble bien résulter de ce texte que la femme avait déjà un douaire, indépendamment de toute convention. Ce qu'aurait fait alors Philippe-Auguste, ce serait d'avoir généralisé une coutume déjà répandue et d'en avoir fixé à la moitié en usufruit des biens du mari le taux qui n'était peut-être que du tiers.

146. Pour résumer tout ce qui précède, nous dirons, avec M. Kœnigswarter (1) : chez les peuples naissants, l'homme ravit sa compagne; plus civilisé, il paya aux parents le prix de la puissance qu'il leur enlevait; l'amour inventa le *morgengabe*; enfin, la reconnaissance de l'époux et la prévoyance du père trouvèrent une heureuse combinaison du prix d'achat et du don du matin, laquelle, favorisée par les Conciles et les Capitulaires, devint le *douaire*, d'abord conventionnel; puis légal ou coutumier.

147. Pendant qu'au nord le morgengabe se transformait ainsi en douaire, au midi, sous l'influence des vestiges du droit romain, il se fondait avec la donation *propter nuptias*. En Suisse, au XV° siècle, il en restait encore des traces, et ce n'est pas sans raison que M. Laboulaye (2), s'autorisant d'Eichhorn, prétend qu'en Allemagne il n'est pas encore entièrement abandonné par les nobles et les paysans plus fidèles que la bourgeoisie aux traditions féodales.

148. Une autre espèce de libéralité également faite par le mari à la femme, c'est l'*osculum*, don qui se faisait sans doute après le baiser pour ainsi dire *officiel* des fiançailles; il se confondit aussi avec le douaire (3).

149. *III. Des donations pendant le mariage*. Jusqu'ici nous avons parlé des libéralités qui accompagnaient la formation même du mariage, il reste à savoir si les lois barbares

---

(1) *Mémoire cité suprà*, V. l'*Institut*, 2° sect., 1849, p. 73; — *Revue de législation*, 1849, tom. 34, p. 170.

(2) *Op. cit.*, p. 180.

(3) V. Ducange, *Gl. inf. lat.*, v° *Osculum.*—V. M. Laboulaye, *op. cit.* p. 180.

autorisaient encore d'autres libéralités pendant sa durée. Ce point est très-obscur aujourd'hui, le plus grand nombre des lois gardant le silence à cet égard.

Cependant la loi Lombarde de Luitprand (ch. 102) défendait au mari de donner quoi que ce fût à sa femme, en dehors de la dot et du *morgengabe*. La loi des Ripuaires, au contraire (tit. 48), admettait manifestement la possibilité des donations entre époux; la loi des Visigoths, par cela seul qu'elle défendait aux époux de se rien donner dans l'année qui suivait le mariage, le leur permettait évidemment ensuite. La loi Salique, plus attentive à prévoir et à punir les crimes qu'à régler les intérêts privés (ce qui l'a justement fait qualifier de *code pénal*) (1), était moins explicite. Néanmoins M. Pardessus, dans son beau travail sur ce monument de nos origines nationales (2), tire de différents textes, rapprochés de Formules à peu près contemporaines, des inductions que nous croyons pouvoir résumer ainsi : 1° les donations étaient permises entre époux chez les Francs Saliens ; 2° la réciprocité n'en était pas nécessaire, quoiqu'en fait, elle se rencontrât le plus souvent ; 3° les donations pouvaient porter sur les biens quelconques du donateur, propres ou acquêts; 4° ces dons étaient irrévocables; 5° ils ne consistaient qu'en usufruit, car l'époux survivant ne pouvait les transmettre à ses héritiers; 6° il pouvait cependant en faire des legs pieux.

150. *IV. Des seconds mariages.* Les peuples germaniques n'étaient pas favorables aux seconds mariages. Tacite (3) nous dit dans son beau langage, en parlant de ce qui avait lieu dans les *meilleures villes* : « *Tantum* VIRGINES *nubunt et cum spe voloque uxoris* SEMEL *transigitur;* UNUM *accipiunt maritum nec tanquam maritum, sed tanquam matrimonium amant.* » La loi Salique, dans le titre VII des *capita extravagantia*,

---

(1) V. M. Guizot, *Hist. de la civilisat. en France*, 9e leçon.
(2) *Textes de la loi Salique*, 1845, p. 678-679.
(3) *Germania*, c. 19.

rappelle le droit romain et la constitution *Fœminæ quæ* : en cas de convol de la femme survivante, elle attribuait exclusivement aux enfants du premier mariage les biens provenus à la femme de son mari décédé. Il s'agit évidemment ici des biens *donnés pendant le mariage* (et c'est un argument qu'on pourrait invoquer dans la question précédente, en faveur de la validité des donations entre époux pendant le mariage), car pour la *dot*, ou prix d'achat, n'étant pas donnée gratuitement, elle devait rester à la femme en cas de second mariage, sauf l'*achasius* dont il va être parlé. Quant au *morgengabe* il était certainement perdu en cas de répudiation légitime (1); l'était-il au cas de nouveau mariage? La question est douteuse. M. Pardessus (2) penche pour l'affirmative, comme rentrant tout à fait dans l'esprit de la loi; la loi des Bavarois (3) la décidait même expressément; mais la loi des Burgondes (4), au contraire, décidait que le *morgengabe* n'était pas perdu par le convol. Mais pour le douaire coutumier, quoiqu'il eût avec le *morgengabe* un grand lien d'origine, il restait à la femme, même remariée (5).

151. Un mot enfin sur le *reipus* et l'*achasius* déjà mentionnés. Celui qui épousait une veuve devait donner au plus proche parent mâle du premier mari trois *solidi* et un *denarius* pour prix du *mundium* qu'il acquérait sur elle; ce prix s'appelait *reipus*. De son côté, la veuve remariée payait aux mêmes parents une valeur proportionnelle au montant de la dot qu'elle avait reçue, ordinairement un *solidus* sur dix; on l'appelait *achasius* (6); c'était comme la réparation d'une injure faite à la mémoire du mari (7).

---

(1) V. M. Ginoulhiac, *op. cit.*, p. 102. — *L. Burg.*, tit. xxxiv, 2.
(2) *Op. cit.*, p. 688.
(3) Tit. xv, ch. 6 et 7.
(4) Tit. xxiv, 1.
(5) V. Loysel, *Institutes coutumières*, 1, 3, 40.
(6) V. M. Pardessus, *Loi Salique*, p. 687.
(7) V. M. Pardessus, *Mém. sur les orig. du droit cout. en France*, p. 58; — *Loi Salique*, tit. xlvii.

§ 11. — Premier droit coutumier Français.

152. Nous avons assisté à la formation du douaire coutumier, le *morgengabe* et la *dot* du mari n'existent plus. Il nous reste à voir si les donations furent encore permises pendant le mariage quand les lois barbares eurent cessé de régir les *Francs* devenus *Français*.

153. Les plus anciens monuments de notre premier droit coutumier présentent à cet égard une grande divergence qui se perpétuera jusqu'à notre législation moderne. Pierre Desfontaines et Beaumanoir reconnaissent, en termes formels, que la donation est valable entre époux comme entre toutes autres personnes : « Ce qu'on peut lessier à estrange persone, » dit Desfontaines, on puet en lessier à un de ses enfanz et à se » feme meisme (1). »

« Il est costume bien approvée, dit Beaumanoir, que li » hom, toutes ces cozes dessus dictes, pot lessier à se feme ou » la feme à son seignour (2). »

154. Au contraire, les *Établissements* de saint Louis, subissant davantage l'influence du droit romain qui ne s'est jamais entièrement éteint en France, sont plus sévères et ne permettent les avantages entre époux que par testament et seulement quand il n'y a pas d'enfant mâle :

« Dame ne puet rien donner à son seignour en aumosne » tant come soit siene que li dons fuest estables, car, par avan- » ture, ele ne l'auroit pas fait en bone volonté; ains li auroit » doné pour qu'il ne li en fist pis, ou par le grant amor que ele » auroit à li et pour ce ne li puet-ele doner de son mariage; » mes avant que ele l'eust pris ele li porroit bien doner le tiers » de son héritage, ou à sa mort, quand ele seroit malade, » pour qu'il n'y eust hoir masle (3). »

---

(1) *Conseil à un amy*, ch. xxxiii, édit. Marnier, 1846, p. 386.
(2) *Coutumier du Beauvoisy*, ch. xii, 4.
(3) *Établissements*, I, ch. 112, 114.

Les Assises de Jérusalem contenaient des dispositions semblables : « Biên sachés que nus hôm ne puet faire don à sa
» moulier puis que il l'a prise, se il ne le faict à sa mort ou
» en son testament, et, se autrement le faict, ne vaut riens
» celui don pour ce que la choze est ausi soue come se ne
» l'eust ya donée ; et la puevent recovrer les hoirs dou mort
» par droit de tous seaus qui tenront la choze, se seaus qui la
» tienent ne l'ont tenue an et jour, etc..... (1). »

155. Mais un *don mutuel* entre époux est permis depuis longtemps déjà :

« Homs et femes conjoincts par mariage, dit Desmares, ne
» puevent rien doner l'un à l'autre en leur testament par
» voie directe, combien qu'ils puessent faire entre vifs don
» mutuel de leurs meubles et conquets, et non autrement (2). »

Bouteillier dit : « Mais par autre raison se puevent faire
» dons et amendements entre dessusdicts mari et feme que
» laiement on appelle *revestissements*, et aussi est ainsi appelé
» parce que autant en amende l'un que l'autre (3). »

Enfin le *Grand Coulumier* porte : « Possumus invicem facere donationem mutuam omnium bonorum quæ quidem donatio valet et tenet, non exstantibus liberis, aliàs non (4). »

---

(1) *Cour des bourgeois*, ch. CLIII, édit. V. Foucher, 1839, p. 318.
(2) Desmares, *Décision* 233°.
(3) *Somme rurale*, I, 99.
(4) Fol. 69, *Sec. consuet. Paris.* — V. M. Ginoulhiac, op. cit., p. 321 et s.

DEUXIÈME PARTIE.

—

ANCIEN DROIT FRANÇAIS.

156. Nous examinerons dans un premier chapitre l'état de la législation sur les donations entre époux dans les pays de Droit écrit et dans les pays de Coutumes ; dans un second chapitre, nous nous occuperons du Don mutuel entre époux ; un troisième sera consacré aux Secondes noces et à l'Edit célèbre dont elles furent l'objet en 1560 ; enfin un quatrième au Droit Intermédiaire.

CHAPITRE PREMIER.

DES DONATIONS ENTRE ÉPOUX DANS LES PAYS DE DROIT ÉCRIT ET DANS LES PAYS DE COUTUMES.

§ Ier. — Des donations entre époux dans les pays de Droit écrit.

157. En même temps que, sous l'influence d'une puissante organisation féodale, les lois barbares faisaient place au droit coutumier dans les pays septentrionaux, le droit romain

qu'elles avaient affaibli, sans l'étouffer, commençait à refleurir en Italie et dans le midi de la France, et la renaissance du droit devançait et préparait la renaissance des lettres et des arts.

Ce serait une tâche intéressante que de rechercher les causes de cette conservation du droit romain dans le midi; mais les bornes de notre travail ne nous permettent pas de pareilles digressions. Nous pensons seulement que les Romains étant plus fortement établis dans le midi de la Gaule que dans le nord, cette région fut moins profondément pénétrée par l'invasion; de là, que les lois étant alors personnelles et non territoriales, la loi romaine continua ainsi à s'appliquer à un plus grand nombre d'habitants que dans les contrées du nord; qu'enfin les Visigoths et les Bourguignons qui occupèrent d'abord le midi et l'est de la Gaule, ayant composé des lois romaines pour les vaincus (a) avec des fragments de jurisconsultes de l'époque classique et du code Théodosien, entretinrent l'usage légal du droit romain; il est même à remarquer que l'un de ces recueils, le *Breviarium Alaricianum*, resta en vigueur jusqu'aux IX° et X° siècles, c'est-à-dire longtemps après la chute du royaume des Visigoths (1).

Le droit de Justinien devait donc se plier facilement aux mœurs et aux intérêts d'un peuple auquel le droit romain n'avait jamais entièrement cessé d'être appliqué; aussi, quand la prise d'Amalfi par Lothaire II, en 1135, amena la découverte d'un manuscrit des Pandectes, l'enseignement de ce droit ressuscité prit un grand essor sous l'impulsion d'Irnérius de Bologne, les tribunaux le pratiquèrent dans tout le midi et il se répandit sur divers points de l'Europe où il

---

(a) M. Pardessus, *Mémoire sur les origines du droit coutumier en France* (1834), paraît d'avis, p. 20, que le *Breviarium Alaricianum* se serait appliqué aussi aux vainqueurs; mais il est moins explicite, page 42.

(1) V. Savigny, *Hist. du dr. rom. au moyen âge*, ch. 6, § 97.

devait bientôt servir de base aux législations modernes (a). Toutefois il ne put renverser les coutumes déjà formées dans le nord de la France, sous l'influence plus forte des idées germaniques et d'une organisation féodale plus énergique : la France se trouva ainsi régie, sous un même sceptre, par deux législations qui n'avaient ni même origine, ni mêmes principes, ni mêmes tendances.

158. La Loire semble avoir été la ligne séparative des deux grands domaines de chacune de ces législations, et cette division se justifie encore par la domination des Francs au nord, des Burgondes à l'est, et des Visigoths au midi. Ainsi, les pays soumis au droit romain (et pour cela appelés pays de droit écrit) étaient : à l'ouest, le ressort du parlement de Bordeaux, moins la partie septentrionale de la Saintonge ; au sud, le Lyonnais, une partie de l'Auvergne et tout le ressort du parlement de Toulouse ; à l'est, celui de Grenoble et une partie de celui de Dijon. Le reste de la France était pays coutumier. Cette division n'empêchait pas que les pays du midi, comme Bordeaux, Bayonne, Toulouse, eussent leurs coutumes, pendant que les coutumes d'Orléans, de Bourgogne, de Bourbonnais, d'Auvergne et autres, se référaient expressément au droit romain. Cependant il y avait encore là une grande dissemblance : au midi la coutume ne faisait que compléter et faciliter l'application du droit romain aux peuples nouveaux ; au nord, la coutume dominait : le droit romain, quoique appelé *raison écrite*, était seulement supplétif. Mais ne tranchons pas d'un mot une controverse qui, grossie d'une question d'amour-propre national, ne cessa de diviser les Romanistes et les Coutumiers jusqu'à ce que la Révolution y mit

(a) Savigny (*Op. cit.*, ch. 5, § 35, 37 et 164) et d'autres auteurs ont contesté que la renaissance du droit de Justinien n'ait été que la suite de cette découverte.—Nous ne nions pas qu'il y ait eu auparavant quelque usage des *Constitutions* de Justinien ; mais l'enseignement d'Irnérius et la véritable renaissance du droit romain offrent une trop frappante coïncidence avec la découverte du manuscrit des Pandectes, pour qu'il soit nécessaire de sacrifier une conjecture si plausible à celles qu'on a proposées pour la combattre.

un terme en donnant raison aux deux écoles, c'est-à-dire en absorbant les deux éléments opposés dans un seul Code applicable à toute la France régénérée.

159. De ce qui précède, il résulte que dans les pays de droit écrit les donations entre époux se retrouvèrent sous l'empire de l'ancienne prohibition mitigée par le sénatus-consulte de Caracalla, et qu'au cas de secondes noces on appliqua les Novelles de Justinien analysées plus haut (a).

La dot aussi reprit son ancien rôle : elle fut constituée par la femme, pour être rendue, lors de la dissolution du mariage, soit à elle, soit à ses héritiers.

160. En même temps s'introduisit une institution nouvelle : outre sa dot, la femme survivante put prendre dans la succession de son mari une valeur qui variait suivant le montant et la nature de cette même dot, et qu'on appela pour cela *augment de dot* (b). Cette valeur était ordinairement du tiers de la dot si elle était immobilière, et de la moitié si elle était mobilière (1).

S'il ne restait pas d'enfants du mariage, l'augment était de pleine propriété ; dans le cas contraire, il ne consistait qu'en usufruit, sauf la réserve d'une part d'enfant ou part virile, en pleine propriété, avec faculté pour la veuve d'en disposer à son gré : pourvu encore qu'elle ne se remariât pas, car alors elle se trouvait sous l'empire de la constitution *Fœminæ quæ* (2). D'un autre côté, la femme qui épousait un homme veuf ne pouvait jamais prendre dans sa succession plus d'une part d'enfant le moins prenant par application de la loi *Hâc edictali*.

161. Il existait au profit du mari survivant un droit analogue

---

(a) L'article 3 de l'Ordonnance de 1731 prohibait, il est vrai, les donations à cause de mort par toute la France ; mais suivant nous, et quoi qu'en ait dit Pothier, l'article 46 de la même ordonnance exceptait les donations entre époux aussi formellement que possible.

(b) C'est l'ὁπόϐολον du Bas-Empire dont nous avons parlé [n° 142].

(1) V. Argou, *Instit. au dr. Franç.*, lv. III, ch. x.
(2) V. Argou, *ibid.*

sur la dot de la femme, droit appelé, pour cette raison, *contre-augment*, et soumis à peu près aux mêmes règles que l'augment.

Du reste, nous indiquons là le droit commun, car comme ces institutions étaient presque nouvelles et étrangères au droit romain, elles étaient empreintes de toutes les variétés coutumières. De plus, les époux pouvaient, par leur contrat de mariage, restreindre ou détruire cette disposition.

162. Mais au cas où la femme n'avait pas été dotée, il ne pouvait être question d'augment : on appliquait alors la Novelle 53, ch. 6, de Justinien, laquelle donnait au conjoint pauvre le droit à un quart de la succession du prémourant. La Novelle 117, ch. 5, avait bien retiré au mari ce droit d'abord ouvert aux deux époux, mais elle n'était pas suivie en France, et l'on s'en tenait à la plus généreuse.

§ II. — Des donations dans les pays de Contumes.

163. Dans les pays de coutumes, la séparation des fortunes était moins complète entre les époux : la communauté des biens meubles et des conquêts immobiliers assurait toujours au conjoint plus pauvre une portion des biens du plus riche, aussi la Novelle 53 n'avait-elle nulle application. La femme, plus intimement associée au mari, avait aussi besoin d'une moindre protection ; cependant les dangers qu'avait pour elle l'administration presque souveraine du mari à l'égard des biens communs, avaient fait introduire en sa faveur le *douaire* légal ou *coutumier* à la formation duquel nous avons assisté précédemment ; ce droit pouvait être aussi préfix ou *conventionnel*, s'il était stipulé par le contrat de mariage ; mais, dans tous les cas, il ne pouvait consister qu'en usufruit, sans quoi il devenait une donation véritable.

Le douaire rappelait l'augment de dot, mais rien ne motivait pour le mari un avantage analogue au contre-augment, aussi ne trouve-t-on rien de pareil dans les pays coutumiers.

164. A l'égard des donations faites pendant le mariage, nous avons déjà signalé une grande divergence entre les monuments du premier droit coutumier, nous avons remarqué que la prohibition y dominait, et qu'une seule libéralité y était généralement admise, c'était *le don mutuel.*

165. Ne pouvant suivre pas à pas la lente formation des coutumes, nous les prendrons maintenant à l'époque de leur entier développement : lorsqu'elles sont toutes rédigées, et quelques-unes même réformées; lorsqu'elles sont enfin éclairées, notamment en ce qui concerne notre sujet, par les grands travaux de Ricard (an 1678), de Lebrun (an 1708) et de Pothier (an 1772).

166. Nous allons d'abord jeter un coup d'œil rapide sur les divergences qu'offraient les coutumes relativement aux diverses libéralités entre époux, même au don mutuel; puis nous fixerons l'étendue de la prohibition générale, comme nous l'avons fait pour le droit romain.

Pothier (1) divise en quatre classes les coutumes qui réglaient diversement les donations entre mari et femme.

167. La *première classe* comprenait les coutumes qui défendaient entre époux toute espèce de libéralités, soit entre-vifs, soit testamentaires, sauf le don mutuel. Dans cette classe étaient les coutumes de Paris et d'Orléans ; et le plus grand nombre des autres.

168. Dans la *deuxième classe* étaient rangées les coutumes qui, outre le don mutuel, permettaient les donations par testament; mais elles offraient de nouvelles différences : ainsi, pour la validité des legs entre époux, les unes, comme celle de Mantes, exigeaient qu'il n'y eût pas d'enfants; celle d'Amiens, au cas d'enfants, réduisait seulement le legs à l'usufruit des choses léguées; les autres ne distinguaient pas, comme celles de Chartres, Dreux, Châteauneuf, Péronne, Ponthieu et Reims. En outre, cette dernière ne permettait

---

(1) *Traité des donations entre mari et femme*, n° 7 à 14.

de léguer en propriété que des meubles et des conquêts : pour les autres biens, l'usufruit seul en était disponible; au contraire, les autres coutumes précitées permettaient de donner autant au conjoint qu'à un étranger. On pouvait ranger dans cette seconde classe toutes les coutumes qui, prohibant expressément les donations entre-vifs, se taisaient sur les libéralités testamentaires : ce dernier mode de disposer étant de droit commun, et presque de droit naturel, ne pouvait être enlevé que par une disposition formelle de la coutume; d'ailleurs la facile révocabilité des legs laissait peu craindre la suggestion ou la captation.

169. La *troisième classe* comprenait des coutumes qui, semblables au droit romain, permettaient les donations entre-vifs confirmées par le prédécès du donateur et transformées ainsi en donations à cause de mort : de ce nombre étaient celles de Poitou et de Touraine; cette dernière exigeait du moins qu'il n'y eût pas d'enfants (*a*).

170. Enfin, dans la *quatrième classe* se trouvaient les coutumes qui, plus favorables aux époux, leur permettaient de se faire de véritables donations entre-vifs irrévocables, mais avec quelques restrictions quant à la nature et à la quotité des biens, pour le cas où il y avait des enfants : telles étaient les coutumes d'Angoumois, de Montfort, de Noyon, de Saint-Jean-d'Angély; la coutume d'Auvergne faisait une distinction très-remarquable, elle permettait au mari de faire à sa femme donation entre-vifs de tous ses biens, sauf le droit des légitimaires, mais elle défendait à la femme toute disposition en faveur du mari.

170 *bis*. Une telle diversité dans les coutumes rendait intéressante la question de savoir si toutes ces dispositions réglaient la *disponibilité des biens* ou la *capacité des personnes*, c'est-

---

(*a*) C'est à tort, selon nous, que Pothier considérait ces coutumes comme modifiées à cet égard par l'article 3 de l'ordonnance de 1731; il oubliait l'article 46 [V. p. 82, note (*a*)].

à-dire si elles constituaient des *statuts réels* ou des *statuts personnels*. Ricard (1) semblait voir là une question de capacité et un statut personnel; mais comme la conservation des biens dans les familles était l'esprit dominant des coutumes, et que d'ailleurs les époux étaient capables, en général, de tous les autres actes de la vie civile, il ne faut voir, selon nous, dans la prohibition, qu'un statut réel dont voici les conséquences: les époux qui avaient leurs biens immeubles dans une coutume prohibant les donations, ne pouvaient pas se soustraire à la prohibition en transportant leur domicile dans une coutume plus favorable; réciproquement, ceux qui avaient leurs biens dans une coutume favorable n'éprouvaient aucun préjudice de transférer leur domicile à Paris, par exemple, où la prohibition était absolue; pour que ce droit des époux fût modifié, il eût fallu une mutation territoriale de leurs biens par échanges ou ventes et achats.

Mais la translation de domicile n'était pas indifférente, car les meubles n'ayant pas d'assiette, et suivant leur propriétaire partout où il se fixe, la disponibilité de ces biens *se promenait* en quelque sorte comme la capacité de leurs propriétaires et suivait, comme elle, les variations du domicile.

Nous pensons avec Pothier (*loc. cit.*, n°s 20-21), que ces translations de domicile, quoique faites par les époux en vue de se faire des donations, avait tout leur effet, pourvu qu'elles fussent durables, au moins dans l'intention.

Le testament ne produisant d'effet qu'à la mort, il est clair que c'est à ce moment qu'il fallait se placer pour apprécier l'effet de la situation des biens et du domicile des personnes.

171. La coutume de Paris formant par son importance une sorte de droit commun des coutumes, nous ne suivrons plus qu'elle désormais, sauf à signaler les divergences importantes des autres coutumes.

____

(1) *Don mutuel*, n° 328.

§ III. — De la prohibition portée par l'article 282 de la coutume de Paris.

172. L'art. 282 de la coutume de Paris était ainsi conçu :
« Homme et femme conjoints par mariage, constant icelui,
» ne se peuvent avantager l'un l'autre par donation entre-vifs,
» par testament ou ordonnance de dernière volonté, ne au-
» trement, directement, ne indirectement, sinon par don
» mutuel, comme il est dit aux articles 280 et 281. »

173. *I. Des personnes atteintes par la prohibition.* La prohibition atteignait trois catégories de personnes : 1° celles unies par un mariage légitime et valable; 2° celles unies par un mariage annulable; 3° celles unies par un simple concubinage; ces dernières n'étaient pas comprises dans les termes de la prohibition, mais son esprit les atteignait encore davantage : car la captation est encore plus à craindre dans une union fortuite et fragile où le peu de sécurité de l'avenir invite le plus avare à capter le plus égaré et à rendre le lien d'autant plus lucratif qu'il est moins honorable. Du reste, depuis une Ordonnance de Louis XIII, rendue en 1629, laquelle défendit formellement (art. 132) les donations entre ces personnes, l'axiome *don de concubin à concubine ne vaut*, fut universellement admis. Il est même à remarquer que les coutumes exceptionnelles qui permettaient les dons entre époux les défendaient expressément entre concubins (1).

Comme il n'y avait rien dans le droit coutumier qui ressemblât à la puissance paternelle des Romains, nous ne voyons pas la prohibition étendue aux membres de la famille de chaque époux ; seulement la proximité en parenté faisait quelquefois présumer une interposition dont il sera parlé plus loin [n° 181].

---

(1) *Cout. de Tours*, 246. — V. Pothier, *op. cit.*, n° 31.

174. *II. Des libéralités comprises dans la prohibition.* Pour ne pas reproduire toutes nos distinctions du droit romain, nous ramènerons, avec Pothier, les libéralités défendues, à deux catégories : les libéralités *directes* et les libéralités *indirectes.*

175. *1re Catégorie. — Libéralités directes.* Les donations de pleine propriété, d'usufruit, de possession, les legs, la remise gratuite d'une dette ou d'une servitude, ainsi que la restitution anticipée de la dot et des reprises matrimoniales de la femme, constituaient, comme en droit romain, des libéralités directes prohibées. Pour le payement anticipé d'une dette valable, le prêt à usage, la remise d'une hypothèque et les petits présents d'usage, ils étaient valables à cause du peu d'avantage qu'ils procuraient.

176. Il est à remarquer que la prohibition avait le même fondement qu'à Rome : *ut non sit conjugalis amor venalis,* disait Dumoulin : c'était l'intérêt des époux eux-mêmes et non celui de leurs héritiers présomptifs, aussi le concours de ceux-ci à l'acte ne l'eût-il pas préservé de la nullité; il eût été d'ailleurs trop facile d'obtenir ce concours, surtout quand les héritiers étaient les enfants des époux. Une seule coutume, celle de Bretagne, déclarait valables les traités ou donations intervenus entre mari et femme et auxquels avaient consenti les plus proches parents, c'est-à-dire les successibles (1).

177. Passons à la sanction de la prohibition. A cet égard il y a plusieurs cas à examiner :

1er Cas. — La donation était d'un immeuble : la propriété n'avait pas été transférée malgré la tradition; le donateur et ses héritiers avaient la revendication contre le donataire et les tiers acquéreurs, avec cette différence que les derniers pouvaient prescrire par dix, vingt ou trente ans, suivant les cas, tandis que le donataire ne le pouvait jamais; ils avaient aussi

____

(1) V. Pothier, n° 44.

une action personnelle pour faire exécuter l'obligation de rendre l'objet donné ou sa valeur.

2ᵉ **Cas.** — La donation était de meubles : le donateur avait les mêmes actions, sauf que la prescription était acquise aux tiers par trois ans.

3ᵉ **Cas.** — La donation était d'une somme d'argent : il n'y avait jamais lieu qu'à une action personnelle, et l'on ne distinguait pas, comme en droit romain, si la somme avait ou non profité au donataire (1).

4ᵉ **Cas.** — La donation était d'une créance sur un tiers : elle permettait au tiers cédé de payer valablement à l'époux donataire; mais le donataire avait contre ce dernier une action réelle ou personnelle, suivant que la chose donnée en payement était un corps certain ou une somme d'argent.

5ᵉ **Cas.** — La donation consistait en la remise d'une dette : elle était non avenue, les droits et actions restaient au donateur et à ses héritiers.

6ᵉ **Cas.** — Une promesse seulement avait été faite : elle n'était pas obligatoire, ce qui eût été payé en exécution de cette promesse, eût pu être répété comme indû; toutefois le payement fait par les héritiers du donateur était inattaquable par eux; ils étaient considérés comme ayant exécuté une obligation naturelle (2).

7ᵉ **Cas.** — Même décision pour un legs volontairement exécuté par les héritiers du testateur.

178. 2ᵉ *Catégorie.* — *Libéralités indirectes.* Pothier (nᵒ 77) distinguait quatre espèces de libéralités indirectes; nous n'en voyons que trois bien distinctes : 1° les actes qui, sans s'annoncer comme donations, contiennent cependant des avantages ostensibles; 2° les actes qui, onéreux en apparence, sont gratuits en réalité; 3° les libéralités qui, faites à des tiers

---

(1) V. Pothier, nᵒ 70.
(2) V. Pothier, nᵒ 76.

interposés, s'adressent véritablement à l'époux et lui parviennent.

179. 1re Espèce. — Nous avons vu [n° 49] comment, au moyen d'une théorie subtile et peu rationnelle, les jurisconsultes romains séparaient les actes par lesquels on s'appauvrit de ceux par lesquels on manque à s'enrichir, et arrivaient ainsi à valider la renonciation à une hérédité ou à un legs consentie par un époux dans le but d'enrichir l'autre de tout l'émolument répudié ; les coutumes ne faisaient pas cette distinction et permettaient au renonçant d'agir contre l'époux avantagé, pour tout le montant de l'hérédité ou du legs ; Pothier cependant pensait (n° 88) qu'on pouvait faire une autre distinction pour le cas où la répudiation n'avait d'autre mobile qu'une louable générosité tendant à laisser les biens du testateur à ceux auxquels ils devaient revenir naturellement : ainsi, un époux eût pu valablement renoncer au profit de son conjoint, quand ce dernier était appelé de préférence dans l'ordre légal des successions ; mais s'il eût répudié une vocation légale pour avantager son époux appelé seulement à son défaut, l'avantage eût été prohibé.

Les coutumes ne permettaient, en général, de léguer que le cinquième des biens propres ; si un testateur avait légué tous ses propres au conjoint de son héritier et que celui-ci s'abstînt de l'action en réduction *des quatre quints*, il y avait donation prohibée.

La libéralité indirecte, sans fraude, pouvait avoir lieu dans d'autres cas, mais une des manières faciles de la faire chez les Romains n'existait plus dans les pays coutumiers : la prescription ne courant plus entre époux, il est clair que la négligence d'une action personnelle ou réelle par l'un des époux ne pouvait ni libérer l'autre ni lui faire acquérir.

180. 2e Espèce. — Le droit coutumier, plus méticuleux encore que le droit romain, défendait toute espèce de contrats entre les époux, à moins qu'ils n'eussent une cause légitime ; les coutumes de Normandie et de Nivernais s'en expliquaient

formellement, les autres suivaient tacitement le même principe.
Dumoulin disait sur l'ancienne coutume de Paris (art. 150) :
Nullum contractum etiam reciprocum facere possunt conjuges nisi ex necessitate.

Malgré cette défense, beaucoup de moyens restaient aux époux de s'avantager en fraude de la coutume : on peut citer, entre autres, l'exagération ou la diminution mensongère des biens échus à l'un des époux pendant le mariage et dont la communauté devait lui tenir compte à sa dissolution (*a*); de même la suppression volontaire de pièces justificatives constatant les droits et reprises d'un époux ou les récompenses par lui dues à l'autre époux ou à la communauté.

181. 3ᵉ Espèce. — A la différence de ce qui avait lieu en droit romain, certaines personnes étaient *présumées* interposées entre un époux auquel elles étaient liées par la parenté et l'autre époux. Ainsi, dans les coutumes de Bourbonnais et d'Auvergne, un époux ne pouvait faire aucun contrat *profitable* avec les parents quelconques dont l'autre époux était héritier présomptif. Dans les coutumes où il n'existait pas de semblables dispositions on s'accordait à regarder comme personnes interposées les père et mère des époux, tant à cause de leur affection qui devait les porter aisément à se prêter à des fidéicommis tacites, qu'à cause de la certitude où était le donateur que la libéralité profiterait tôt ou tard à son conjoint (1); enfin, dans la plupart des coutumes, les enfants qu'un des conjoints avait eus d'un premier mariage étaient compris dans la prohibition comme interposés entre les époux. La coutume de Paris, seule peut-être, était moins rigoureuse, car elle ne défendait de donner aux enfants du premier lit de l'autre époux, que

---

(*a*) Pothier, nᵒˢ 79-83, donne deux exemples relatifs aux *apports*, et qui, selon nous, font trop penser à des avantages que se feraient les époux par le contrat de mariage, c'est-à-dire à un moment où ils peuvent s'avantager librement.

(1) V. Pothier, nᵒ 110.

quand le donateur avait lui-même des enfants, soit communs, soit d'un premier lit également (art. 283).

Il ne paraît pas que les coutumes se fussent expliquées sur la force de toutes ces présomptions d'interposition, en sorte qu'on aurait pu présenter des preuves contraires, mais ie juge n'aurait dû les admettre qu'avec une grande réserve.

Remarquons enfin qu'outre les cas où l'interposition était légalement présumée, il était permis aux parties intéressées de la prouver partout où elle existait: tout moyen de preuve était alors admis, comme contre toute fraude.

CHAPITRE II.

DU DON MUTUEL ENTRE ÉPOUX.

182. Nous avons vu que les coutumes n'admettaient généralement entre les époux qu'une seule espèce de libéralité, appelée don mutuel; nous allons maintenant en traiter avec quelques détails.

Expressément reconnu par les plus anciens monuments du droit coutumier qui nous soient parvenus [n° 153 et s.], il paraît même remonter plus haut et n'avoir pas été inconnu sous les Rois de la première race, ainsi que le font croire deux formules de Marculfe (1). Il se licrait ainsi aux premières origines de la communauté en France : en effet il avait pour but d'intéresser chaque époux à la conservation et à l'extension des biens communs par l'espérance d'obtenir un jour la jouissance totale de ces biens.

---

(1) Lib. I, *form.* 12; Lib. II, *form.* 7.

183. Malgré ce que nous avons dit de la généralité de cette institution, elle présentait encore une grande diversité dans les coutumes : Pothier en comptait jusqu'à huit variétés ; nous les ramènerons à quatre : la première, quant à *l'admission* même du don mutuel ; la deuxième, quant aux *conditions* exigées des époux pour en jouir ; la troisième, quant à *l'étendue* du don mutuel ; le quatrième, quant à *l'exercice* du droit qu'il confère.

184. *1re Variété.* Tandis que le plus grand nombre des coutumes, comme Paris et Orléans, admettaient le don mutuel sous certaines conditions, d'autres l'admettaient sans aucune condition et dans tous les cas, comme celles de Reims et de Péronne ; d'autres, au contraire, ne l'admettaient aucunement, comme celle de Chartres qui disait formellement *don mutuel n'a point de lieu*, comme celle d'Auvergne, qui permettait au mari de donner à sa femme, mais non à la femme de donner à son mari, c'est-à-dire que le don n'était rien moins que *mutuel* ; celles de Mantes et de Poitou ne permettaient qu'un don absolument révocable du vivant du donateur, mais encore cette disposition était-elle considérée, à tort, selon nous, comme abrogée par l'article 3 de l'Ordonnance de 1731 qui prohibait les donations à cause de mort ; la coutume de Dunois (dont nous parlerons plus loin avec quelques détails) exigeait que le don mutuel fût confirmé par un testament, *mutuel* également. Enfin la coutume de Normandie, dont Pothier ne dit rien, défendait à « gens ma-
» riés de se céder, donner ou transporter l'un à l'autre quelque
» chose que ce soit, directement ni indirectement (art. 410). »

185. *2e Variété.* Le plus grand nombre des coutumes, et notamment celle de Paris et d'Orléans, ne permettaient le don mutuel que lorsque les époux ne laissaient pas d'enfants à leur mort ; d'autres exigeaient en outre qu'il n'y eût pas entre les époux une différence d'âge supérieure à 15 ans

---

(1) V. Pothier, nos 118-120.

(Auxerre) ou même 10 ans (Nivernais) (1); d'autres enfin, comme celle de Bretagne et de Châteauneuf, exigeaient que le survivant ne se remariât pas (2).

186. 3° *Variété*. Paris, Orléans, et le plus grand nombre des coutumes, restreignaient le don mutuel aux biens de communauté; d'autres permettaient de donner tous les meubles, propres ou conquêts; d'autres, même les propres immeubles (3), mais dans ce cas le don ne pouvait jamais consister qu'en usufruit pour les biens de communauté, c'était même le droit commun, mais quelques coutumes permettaient de donner en propriété les conquêts meubles et immeubles; d'autres les meubles seulement; d'autres distinguaient, pour cela, s'il y avait ou non des enfants (4).

L'égalité parfaite était encore une condition générale du don mutuel; cependant les coutumes d'Anjou et de Tours se contentaient que les deux époux eussent à donner chacun des biens de même espèce (5).

187. 4° *Variété*. A Paris et à Orléans il fallait une délivrance du don mutuel par les héritiers; dans le Bourbonnais, le donataire était saisi de plein droit par le décès du prémourant; dans d'autres coutumes il ne l'était que du jour où il avait présenté caution. A l'égard de la caution, il y avait encore variété, car les coutumes de Paris et d'Orléans exigeaient toujours une caution; celle de Blois l'exigeait seulement en cas de convol du survivant; d'autres se contentaient d'un simple serment (6).

188. Nous nous attacherons désormais à la coutume de Paris exclusivement.

Outre le don mutuel ordinaire et par acte exprès, cette coutume en admettait un autre qui pouvait se faire dans l'acte

---

(1) V. Pothier, n° 124.
(2) V. Pothier, n° 127.
(3) V. Pothier, n° 121.
(4) V. Pothier, n° 122.
(5) V. Pothier, n° 123.
(6) V. Pothier, n°⁵ 125-126.

de mariage des enfants. Nous traiterons de ces deux espèces de dons dans deux sections; nous en consacrerons une troisième à une remarquable disposition de la coutume de Dunois.

SECTION PREMIÈRE.

DU DON MUTUEL ORDINAIRE OU PAR ACTE EXPRÈS.

189. Nous verrons dans cette section, 1° la nature et les caractères du don mutuel ordinaire; 2° ses conditions, son objet et ses formes; 3° ses effets, ses charges et son extinction.

§ Ier. — De la nature et des caractères du don mutuel.

190. L'article 280 de la Coutume de Paris était ainsi conçu : « Homme et femme conjoints par mariage *étant en* » *santé*, peuvent faire donation *mutuelle* l'un à l'autre *éga-* » *lement* de tous leurs meubles et conquêts faits durant et » constant leur mariage, et qui sont trouvés à eux appartenir et » être *communs entre eux* à l'heure du trépas du premier mou- » rant desdits conjoints, *pour en jouir* par le survivant, sa vie » durant, en baillant caution suffisante de restituer les biens » après son trépas; *pourvu qu'il n'y ait enfants*, soit des » deux conjoints ou de l'un d'eux, lors du décès du premier » mourant. » En face des termes de cet article, on se demande tout d'abord si cette condition d'égalité et de mutualité n'était pas destructive de toute idée de libéralité et si elle ne consti- tuait pas plutôt un contrat aléatoire, onéreux de part et d'autre; Ricard, qui écrivait avant l'Ordonnance de 1731, était d'avis (1) que le don mutuel parfaitement égal était un contrat

______

(1) *Don mutuel*, n°s 2 et suiv.

onéreux soustrait, en général, aux règles restrictives des donations, sauf qu'à l'égard des époux, il se trouvait subir, dans une certaine mesure, l'influence de la prohibition générale ; Pothier, plus explicite, pensait (n° 130) que ce qui fait la nature d'un acte, au point de vue de la gratuité, c'est la commune intention des parties, or, qu'il était toujours présumable que le don mutuel n'avait pas été inspiré aux époux par un calcul sur les chances de vie et de mort, mais bien par une affection réciproque et par le désir de se faire l'un à l'autre un avantage réellement gratuit ; d'ailleurs l'Ordonnance de 1731, en le soumettant à l'insinuation (art. 20), ne laissait plus de doute à cet égard.

191. Le don mutuel devait réunir trois caractères : irrévocabilité, égalité des choses données, égalité d'espérance de la recueillir.

192. *I. Irrévocabilité.* La mutualité devait faire écarter tout soupçon de captation, de là l'irrévocabilité du don mutuel ; mais il faut l'entendre en ce sens qu'un seul des époux n'eût pas pu détruire le contrat à son gré, même quand il s'en fût expressément réservé le droit : une pareille réserve eût rendu le contrat entier inutile et de nul effet ; du reste, d'un commun accord, les époux pouvaient remettre les choses en l'état primitif, quand le don mutuel ne faisait pas partie d'un contrat de mariage.

193. Les parties pouvaient excepter du don mutuel une partie de leurs biens meubles ou conquêts immeubles, pour en disposer par testament ; mais le défaut de disposition au jour du décès ne faisait pas comprendre dans la donation les biens réservés : *ab initio*, ils en avaient été retirés.

Une pareille réserve eût été nécessaire pour disposer entre vifs d'une partie des mêmes biens : Pothier, qui semble d'abord le nier (n° 133), par cette raison qu'on n'a donné que les biens qu'on laisserait au décès, modifie bientôt (n° 140) ce que son assertion avait de trop absolu, en disant que ce droit ne doit pas être exercé en fraude du don mutuel : ce qui équivaut à dire, selon nous, qu'on ne pourra faire entre vifs que des dons rémunératoires ou des munuscules.

194. Une grave question de révocabilité s'élevait à l'occasion de l'article 284 qui, exigeant l'insinuation dans les quatre mois du contrat, déclarait le don irrévocable après cette insinuation, à moins qu'il n'y eût consentement des deux conjoints : il s'agissait de savoir si, jusqu'à l'insinuation, le don mutuel était révocable au gré d'un seul. Si l'argument *a contrario* est admissible, c'est, au moins lorsqu'à son défaut, la loi semblerait n'avoir aucun sens; aussi l'affirmative était-elle admise par Duplessis et Lemaître.

La négative cependant était soutenue par Ricard (n° 72) et par Pothier (n° 173). D'abord il ne pouvait être question de révocation par le mari, puisqu'il était lui-même chargé de l'insinuation; quant à la femme, elle se trouvait sous l'application du principe général formulé plus tard par l'Ordonnance de 1731 (art. 17) : qu'un donateur n'est pas recevable à opposer lui-même contre sa donation le défaut d'insinuation. Ricard, qui écrivait avant l'Ordonnance, expliquait alors l'article 284, en ce sens que le principe qui précède n'étant pas encore suffisamment avéré lors de la réformation de la coutume de Paris, on s'était borné à déclarer le don mutuel irrévocable après l'insinuation, laissant entière la question de savoir s'il était révocable auparavant.

L'insinuation donnait lieu à d'autres difficultés, mais nous les résoudrons à l'occasion des formes du don mutuel.

195. *II. Égalité des choses données.* L'égalité n'était pas moins de l'essence du don mutuel que l'irrévocabilité : il fallait que les époux eussent autant de biens à se donner l'un que l'autre, sinon au moment de la réalisation (au décès), au moins au moment de la formation même du contrat. A défaut d'une égalité parfaite, le don mutuel n'était pas seulement nul pour ce dont la plus forte libéralité excédait la plus faible, il était nul pour le tout (*a*) : ainsi quand un époux avait déjà donné par contrat de mariage une partie de ses biens futurs à l'autre époux, il ne pouvait consentir un don mutuel par lequel il aurait donné ce qui lui restait de disponible et reçu la part entière des biens de l'autre, le don eût été nul, comme devant lui procurer plus qu'il ne donnait (1). De même, si le contrat de mariage avait modifié l'égalité du partage de la communauté, le droit de se faire le don mutuel était modifié dans la même mesure, et, pour ne pas le rendre inutile, il aurait fallu prendre garde à ne pas le faire pour une part supérieure à la part de l'époux le moins prenant au partage (2).

196. Mais si l'un des époux ne devait avoir qu'une somme fixe pour tout droit de communauté, Ricard (n° 164) et Pothier (*b*) prétendaient que le don mutuel était défendu en ce cas parce qu'il n'y avait pas égalité, et ce, quand bien même on aurait ajouté que le don ne pourrait excéder la somme allouée comme forfait : ils en donnaient pour raison qu'il n'était pas sûr que l'autre époux eût à donner une somme égale à ce forfait. Nous avons peine à comprendre cette rigueur, et il nous

---

(*a*) Cette nullité totale étonne au premier abord, quand on voit les *legs* excessifs être seulement réductibles; Ricard (n° 217), suivi par Pothier (n° 167), en donnait à peu près cette raison : que l'on ne court jamais le danger de fausser l'intention d'un testateur en réduisant sa libéralité, tandis que rétablir l'égalité dans un don que les parties savaient inégal et faisaient inégal à dessein, serait aller contre leur volonté.—Toutefois, certaines coutumes, comme celle de la Marche, n'admettaient pas cette rigueur et se bornaient à une réduction.

(*b*) Dans son *Introduction* au tit. xv de la coutume d'Orléans (n° 122), Pothier donne la même raison que Ricard; mais dans son *Traité des donations entre mari et femme*, suivant la coutume de Paris, il ne se tient pas à cette première raison, et il ajoute (n° 148) que le don mutuel ne pouvant être que de meubles et de conquêts immeubles, communs au jour du décès, la créance résultant du forfait de communauté n'a jamais été commune entre les époux; nous croyons cependant que le forfait de communauté, représentant pour celui qui l'a stipulé son droit dans les biens communs, était susceptible du don mutuel comme ces biens eux-mêmes.

(1) V. Pothier, n° 141.
(2) V. Ricard, n° 166; Pothier, n° 142.

semble qu'on devait pouvoir donner jusqu'à concurrence de la somme la plus faible, c'est-à-dire dont l'un et l'autre des époux pouvaient disposer, et, en général, nous pensons que toute clause tendant à détruire l'égalité du partage devait s'interpréter en ce sens, tandis qu'au contraire toute clause tendant à établir l'égalité des apports, comme l'ameublissement et la réalisation, n'empêchaient aucunement la donation mutuelle ; à plus forte raison, le don fût demeuré valable, quoiqu'en fait l'égalité eût cessé par la suite, comme, par exemple, si le mari avait contracté des dettes personnelles considérables que, faute de biens propres, il ne pouvait acquitter que sur sa part de communauté, tandis que la femme avait conservé sa part intacte.

197. *III. Égalité d'espérance.* Le don n'eût pas été mutuel si l'un des époux eût eu, par son âge ou sa santé, plus de chances de survie que l'autre : aussi beaucoup de coutumes exigeaient-elles que l'inégalité d'âge n'excédât pas dix ou quinze ans et que la donation ne fût pas faite dans l'état de maladie ; la coutume de Paris ne s'expliquait pas sur l'âge, mais elle était formelle pour la seconde condition.

Par les mots *étant en santé*, elle n'exigeait pas l'absence de toute maladie, mais seulement de celles qui eussent compromis l'existence.

198. Mais au cas où le don mutuel avait été fait dans cet état de maladie et où le donateur était revenu à la santé, on n'était pas d'accord sur sa valeur. Ricard (n° **127**) pensait qu'il n'était pas nul absolument, que sa validité dépendait du retour à la santé, et que le silence du donateur valait alors confirmation. Pothier, au contraire, était d'avis (n° **151**) que le don mutuel, dans ce cas, était nul *ab initio*, et restait nul.

D'autres auteurs, parmi lesquels Lemaitre, se fondant sur les coutumes de Vermandois, Montfort, Laon, Châlons et d'autres, allaient plus loin que Ricard, et déclaraient que le don mutuel était parfaitement valable, par cela seul que le donateur était revenu à la santé et indépendamment de toute ratification ; ils pensaient que cette guérison était une preuve que la vie n'avait pas été gravement compromise. Ce dernier système nous paraît doublement inexact. D'abord les Esculapes de l'époque devaient protester contre l'assertion de Lemaître : dire que le retour à sa santé est une preuve que la maladie ne compromettait pas l'existence, c'est nier purement et simplement l'art de la médecine; ensuite pourquoi la coutume voulait-elle que le don mutuel ne fût fait qu'en état de santé ? C'est apparemment pour que les chances de survie fussent égales de chaque côté; or, il était bien à croire que le don fait par un époux en danger véritable ou apparent, était fait dans l'intention d'avantager illégalement l'autre époux.

§ II. — Des conditions, des objets et des formes du don mutuel.

199. *I. Conditions du don mutuel.* Pour se faire le don mutuel, les époux devaient : 1° être conjoints par un mariage légitime et valable ou au moins putatif; 2° être communs en biens; 3° n'avoir pas d'enfants au décès.

200. Nous disons : 1° qu'un mariage putatif permettait le don mutuel; en effet, il était déjà admis qu'un mariage nul, contracté de bonne foi, produisait, pour les époux et leurs enfants, tous les effets civils (1); si même la bonne foi n'existait que d'un côté, nous pensons que l'effet utile du don mutuel n'était pas perdu pour l'époux de bonne foi, quoique l'égalité d'espérance n'existât pas en fait.

201. Nous disons : 2° qu'il fallait être communs en biens, or cela doit s'entendre d'une communauté prolongée jusqu'à la dissolution du mariage; si donc il y avait eu séparation judiciaire de biens, nous pensons qu'il n'y avait pas lieu au don mutuel.

202. Deux questions délicates s'élevaient à l'occasion de la renonciation à la communauté par la femme survivante, ou

____

(1) V. Pothier, n° 146.

par ses héritiers, si elle prédécédait : au premier cas avait-elle droit à l'usufruit des biens qui cessaient d'être communs? au deuxième cas, le mari survivant avait-il l'usufruit des apports de la femme si la reprise en avait été stipulée?

203. Sur la première question il faut remarquer d'abord qu'elle ne se présentait, comme la seconde, qu'au cas où la femme avait stipulé la reprise de ses apports; car sans cela, ou bien la communauté était insolvable; et alors le don mutuel aussi n'eût été que nuisible à la femme, qui aurait eu, par les intérêts des dettes, plus de charges que d'émoluments; ou bien la communauté eût présenté quelque excédant d'actif, et alors la femme n'eût pas renoncé; mais si elle avait stipulé des reprises assez considérables, il est clair que, dans le cas même d'un excédant d'actif commun, elle pouvait avoir intérêt à renoncer, et que le don mutuel d'usufruit lui eût encore été avantageux; mais alors avait-elle droit à l'usufruit de tous les biens abandonnés aux héritiers du mari; ou seulement à l'usufruit de la moitié de ces biens? Pour ce dernier avis, on disait que l'autre moitié ne représentait plus la part du mari dans la communauté, et dès lors ne pouvait faire partie du don mutuel : c'était, en effet, l'avis de Ricard (n°ˢ 175-176), qui le justifiait par ce motif que le mari n'avait pas pu donner à sa femme plus qu'il n'avait pu en recevoir; mais l'avis de Ricard ne prévalait pas, et avec raison, selon nous. En effet, on pouvait répondre que, par suite de la renonciation, les apports de la femme étaient considérés comme représentant sa part de communauté, que, par conséquent, le don mutuel devait porter sur le reste qui était devenu la part du mari (1).

204. La deuxième question se résout par la même considération : les apports de la femme renonçante étant considérés comme sa part de communauté, le mari survivant devait en avoir l'usufruit comme donataire mutuel.

---

(1) V. Pothier, n° 166.

205. Nous avons dit : 3° qu'il fallait que les époux n'eussent pas d'enfants au moment de leur décès. On aurait pu prétendre que cette condition étant imposée dans l'intérêt des enfants du prémourant, il suffisait que lui seul n'en eût pas ; mais comme le don mutuel devait offrir une complète égalité d'espérance, il ne fallait pas que la donation pût être valable pour l'un des époux sans l'être pour l'autre. La donation n'eût pas été valable au cas de prédécès du conjoint ayant des enfants, elle ne devait pas l'être, au cas de sa survie (1).

206. A la différence de l'enfant posthume qui mettait obstacle au don mutuel, s'il naissait viable, les enfants frappés de mort civile, les enfants naturels et les enfants justement exhérédés n'ayant aucun droit aux biens des époux n'étaient pas comptés et n'y portaient aucune atteinte ; mais pour ces derniers il fallait qu'ils fussent exhérédés par les deux époux, sans quoi le don n'eût pas été égal (2).

207. Quant aux enfants renonçants, Pothier (n° 192) se contentant de l'aptitude à succéder et considérant qu'ils avaient été *saisis* au décès, et appelés à la succession, les déclarait un obstacle au don mutuel ; mais c'était établir une différence arbitraire entre eux et les filles dotées, renonçantes par leur contrat de mariage, et qui certainement ne mettaient pas obstacle au don mutuel. Nous sommes donc d'avis que les renonçants, perdant tout droit à la succession, n'étaient pas plus comptés que s'ils n'eussent pas existé.

208. Il y avait aussi quelque doute sur cette question : si les enfants existant au décès d'un prémourant mouraient eux-mêmes sans postérité, avant le survivant, le don mutuel s'ouvrait-il alors pour ce dernier ? Pour l'affirmative, on disait que le seul motif de la nullité n'existait plus ; pour la négative, on disait que le don ayant été nul *ab initio* ne pouvait devenir valable ; que d'ailleurs cette possibilité, si elle était admise,

---

(1) V. Pothier, n° 182.
(2) V. Pothier, n° 191.

causerait un préjudice aux enfants qui ne pourraient jamais aliéner les biens qu'avec une réduction du prix, fondée sur l'éventualité du droit de l'époux survivant.

Ricard pensait même (n° 114) qu'on n'eût pas pu convenir expressément que le don mutuel vaudrait même dans ce cas de prédécès des enfants, sans postérité.

209. Mais si les parties ne pouvaient dispenser leur don mutuel des conditions légales, elles pouvaient, au contraire, les multiplier, par exemple, en le subordonnant à la condition de prédécès des ascendants ou de certains collatéraux,

210. *II. Objets du don mutuel.* D'après l'art. 280, le don mutuel ne pouvait avoir pour objet que *l'usufruit* des biens *communs*. Du reste, à propos de l'égalité, nous avons déjà examiné [n°° 194-195] les difficultés que faisaient naître les conventions modificatives de la communauté légale, ainsi que l'effet de la renonciation de la femme avec reprise de ses rapports.

211. *III. Formes du don mutuel.* Le don mutuel se faisait devant notaire et par un seul et même acte. Ricard pensait néanmoins (n°° 135 et 136) qu'il était permis de le faire en deux actes séparés se référant l'un à l'autre; et, dans ce cas, il ne croyait pas, avec raison selon nous, que la femme eût besoin de l'autorisation maritale, car on ne pouvait rétorquer contre le mari une exigence établie en sa faveur (n°° 60 et s.). Pothier, au contraire, croyait l'autorisation du mari nécessaire (1).

212. Relativement à l'insinuation, nous avons déjà examiné [n° 193] la question de révocabilité qu'elle faisait naître; mais il nous reste à examiner pourquoi elle était exigée et ce qu'il advenait si elle n'était pas faite dans les quatre mois.

On pouvait s'étonner, en effet, que l'insinuation fût nécessaire pour un acte qui ne pouvait nuire ni aux créanciers, ni aux héritiers, puisqu'il entraînait une contribution aux dettes

---

(1) *Op. cit.*, n° 78 et *Traité de la puissance maritale*, n° 42.

[*voir ci-après*]. La meilleure raison qu'on en ait donnée nous semble être celle de Ricard (n° 71): l'insinuation, se faisant au greffe du domicile des époux, empêchait une fraude du mari, en effet, il eût pu faire recevoir l'acte par un notaire inconnu de sa femme, afin qu'au cas où elle survivrait, celle-ci n'en pût retrouver la trace.

213. Maintenant, si l'insinuation devait avoir lieu dans les quatre mois depuis le contrat, comme l'exigeait l'art. **284**, ce n'était pas à dire pour cela que, passé ce délai, elle ne fût plus possible et que le don fût caduc : imposée au mari, elle pouvait être requise par lui, tant que vivait sa femme ; si même elle était morte dans les quatre mois, le mari conservait le reste du délai ; mais, après les quatre mois, les héritiers de la femme prédécédée pouvaient lui opposer le défaut d'insinuation et lui faire ainsi perdre le bénéfice de la survie.

§ III.—Des effets, des charges et de l'extinction du don mutuel.

214. *I. Effets du don mutuel.* L'art. **284** de la coutume de Paris portait : « Un don mutuel de soi ne saisit, ainsi est » sujet à délivrance » et l'art. **285** : « Le donateur ne gagne les » fruits que du jour qu'il a présenté caution suffisante. » Ces deux dispositions étaient de rigueur ; ainsi le don mutuel ne portant que sur des biens futurs, il n'était pas même permis aux époux de recourir à la clause de *dessaisine-saisine*, ni au *constitut* ou au *précaire* (1). Ils ne pouvaient pas non plus de se décharger mutuellement de la caution : c'eût été se faire une libéralité plus grande que celle permise ; aussi n'était-ce qu'en contrat de mariage qu'une pareille dispense pût avoir lieu (2).

215. La question de savoir si la mort civile donnait ouverture au don mutuel faisait difficulté : un arrêt rendu dans un

---

(1) V. Pothier, n° 200.
(2) V. Pothier, n° 205.

lit de justice tenu par Henri II, en 1549, avait bien décidé que la mort civile n'ayant pu être prévue par les parties ne donnait pas ouverture au don mutuel : c'était aussi l'avis de Ricard (n° 116). Mais quand l'ordonnance de 1747, sur les substitutions, fut venue décider, par son art. 24, que la substitution s'ouvrirait par la mort civile, la question fut de nouveau agitée pour le don mutuel; et la jurisprudence, qui tendait depuis longtemps à se réformer, assimila la mort civile à un véritable décès (1).

216. *II. Charges du don mutuel.* Un principe qui est de toutes les législations, parce qu'il est de toute équité, c'est qu'une libéralité qui porte sur l'universalité ou sur une quotepart d'un patrimoine doit supporter proportionnellement les charges de ce patrimoine; en d'autres termes, être diminuée de tout ou partie des dettes qui le grèvent (*non sunt bona nisi deducto œre alieno*). Le don mutuel, portant sur toute la part du prémourant dans les biens communs, devait supporter toute la part de celui-ci dans les dettes communes; mais, comme il ne consistait qu'en *l'usufruit* des dits biens, il ne supportait que les *intérêts* de ces dettes : étant de principe qu'un bon père de famille paye les intérêts de ses dettes avec le revenu de ses biens.

217. Il y avait pour le donataire mutuel plusieurs manières d'accomplir son obligation aux dettes. D'abord celle indiquée par l'art. 286 de la coutume : en avancer le payement, de ses propres deniers, pour en retenir le montant à la fin de l'usufruit, sur les biens sujets à restitution : il se trouvait ainsi avoir été privé des intérêts de la somme déboursée; ou bien, en laisser faire l'avance aux héritiers du prémourant, sauf à leur tenir compte annuellement des intérêts du capital déboursé; si, enfin, ni le donataire, ni les héritiers du donateur ne pouvaient ou ne voulaient faire l'avance, les créanciers faisaient vendre une portion de biens suffisante pour être payés,

---

(1) V. Pothier, n° 181.

et, de cette manière, tous les intérêts étaient réglés : les héritiers perdaient le capital, et le donataire les intérêts et les fruits (a).

218. Quoiqu'en principe, le donataire ne contribuât ainsi qu'aux dettes de la communauté, il devait aussi, par exception, avancer les dettes des funérailles, dettes qui pourtant n'avaient jamais été communes; en sens inverse, il supportait seul, en capital et intérêts, toutes les charges d'un usufruit ordinaire (art. 282). Mais il ne supportait rien des dettes propres, lesquelles restaient entièrement à la charge des héritiers, successeurs aux biens propres.

219. Quant aux legs, qui étaient également une charge de la succession, le donataire mutuel n'avait pas non plus à en faire l'avance, quoique le prémourant n'eût laissé que des biens communs et point de propres : l'irrévocabilité du don mutuel s'opposait à ce que le donateur le diminuât ainsi à son gré. Par exception, la coutume de Bar-le-Duc (art. 163) imposait au donataire l'avance des legs de choses mobilières; et celles de Sens, Laon, Châlons, Bourbonnais et quelques autres, l'avance seulement des legs modiques. Mais, dans les autres coutumes, il restait à savoir si les légataires devraient attendre la fin de l'usufruit du donataire pour avoir la pleine jouissance de leur legs ou s'ils pouvaient immédiatement en demander l'équivalent à l'héritier; nous pensons avec Pothier (n° 230) qu'il y avait là une question de circonstances et d'intention et, dans le doute, qu'on devait présumer que le défunt n'avait pas voulu dépouiller *doublement* ses héritiers en les obligeant encore à une avance aux légataires.

220. Le douaire de la femme, soit légal, soit coutumier, étant une dette du mari et non de la communauté, devait, se-

---

(a) Ces deux derniers moyens n'étaient pas indiqués par la coutume de Paris, nous n'hésitons pas cependant à les croire applicables; ils étaient trop naturels et, sans doute, trop nécessaires pour n'être pas pratiqués; le Code Napoléon, en les consacrant (art. 612), n'a sans doute pas innové.

lon nous, être payé intégralement à la femme sur les biens propres du mari, et non se confondre avec l'usufruit qu'elle pouvait avoir en vertu du don mutuel.

221. *III. Extinction du don mutuel.* L'usufruit du donataire s'éteignait par toutes les causes d'extinction d'un usufruit ordinaire ; il n'était pas perdu par le convol en secondes noces, à moins d'une convention expresse lors de la donation. On décidait même que la mention dans l'acte « que la donation était faite pour subvenir au survivant pendant sa viduité n'emportait pas condition de ne pas se remarier (1). »

SECTION DEUXIÈME.

DU DON MUTUEL DANS LE CONTRAT DE MARIAGE DES ENFANTS.

222. L'art. 281 de la coutume de Paris portait : « Père » et mère, *mariant leurs enfants*, peuvent convenir que » leursdits enfants laisseront jouir le survivant desdits père » et mère des meubles et conquêts du prédécédé, la vie durant » du survivant, *pourvu qu'il ne se remarie*, et n'est réputé » tel accord avantage entre lesdits conjoints. »

C'était pour les époux un nouveau mode de se faire le don mutuel des biens communs ; on l'avait permis dans le but d'encourager les parents à marier et doter leurs enfants ; ceux-ci recevaient ainsi une dot, du vivant de leurs parents, et l'auteur survivant était assuré de subsister convenablement lors de la dissolution de la communauté.

Cette sorte de don mutuel présentait de graves différences avec celui qui vient de nous occuper ; aussi, pour ne pas reproduire les divisions de notre précédente section, nous pro-

---

(1) V. Pothier, n° 253.

céderons ici par indication de ces différences, en ayant soin de résoudre sous chacune d'elles les principales questions qui s'y rattachaient.

223. 1° *Différence.* Tandis que le don mutuel ordinaire ne pouvait avoir lieu qu'autant que les époux n'avaient pas d'enfants, celui-ci supposait nécessairement la présence d'un ou plusieurs enfants communs.

224. A cette occasion on agitait la question de savoir si le bénéfice de l'article 281 s'appliquait au cas où des ascendants mariaient leur petit enfant né d'un fils prédécédé ou même encore vivant. D'abord il y avait peu à hésiter, selon nous, pour le cas où le fils était prédécédé : le petit-fils représentait alors son père et devait être pour ses ascendants l'occasion des mêmes avantages. On objectait que les dispositions des coutumes, surtout en matière de donations *permises* entre époux, étaient de droit étroit, comme dans toute exception ; mais on peut répondre avec Pothier (n° 273) que la *prohibition* elle-même des donations entre époux était, au contraire, l'exception à la règle générale suivant laquelle chacun peut à son gré disposer de ses biens, et que toute disposition coutumière qui tendait à rentrer dans la règle devait être favorablement interprétée.

225. Le cas où le fils était encore vivant, quand on mariait le petit-fils, était plus délicat, car le don mutuel résultait de la promesse que faisait l'enfant marié de ne pas provoquer l'époux survivant au partage des biens communs ; or, dans l'espèce ce n'était pas au petit-fils à faire cette promesse, puisqu'il n'était pas le successible ; à cela la réponse était que la renonciation pouvait se faire par le fils lui-même, intervenant au contrat ; on répliquait que le fils, n'étant pas celui qu'on dotait, semblait n'avoir aucun motif ni aucune qualité pour renoncer au partage ; mais la réplique était mal fondée, car le fils n'était pas sans intérêt à renoncer, puisque la dot donnée à son enfant par les ascendants tournait à sa propre décharge, au point que c'était un principe que le fils rapportait à la succession de l'aïeul les biens donnés au petit-fils (*donatum patri, donatum filio videtur*) (1).

226. Une autre question plus douteuse était celle de savoir si, au cas de plusieurs enfants, et quand un seul, ayant été doté, avait renoncé à réclamer sa portion au survivant de ses auteurs, la demande de partage formée par les autres enfants ne le relevait pas de sa promesse. Les partisans de l'affirmative se fondaient sur le principe de l'égalité des parts entre cohéritiers d'un même rang, et aussi sur les termes mêmes de l'article, qui semblaient supposer les père et mère mariant *tous* leurs enfants et imposant à ceux-ci la condition de respecter le don mutuel. Dans une autre opinion on répondait : 1° que l'égalité entre les enfants n'était pas violée par le maintien de la renonciation, puisque l'enfant doté avait, en compensation de ce qu'il abandonnait, la jouissance de la dot reçue depuis longtemps peut-être et par préférence aux autres; 2° que d'ailleurs les termes de la coutume pouvaient s'entendre *distributivè*, c'est-à-dire pour le cas où l'on avait doté *un* ou *plusieurs* enfants. Ce dernier avis qu'adoptait Pothier (n° 287) nous semble bien préférable à l'autre.

227. 2° *Différence.* Tandis que le don mutuel ordinaire pouvait avoir lieu dans toute circonstance et à toute époque, pendant la durée du mariage, celui dont parle l'article 281 ne pouvait se faire que dans le contrat de mariage des enfants. En effet, comme toute convention sur une succession future, elle devait être limitée au cas favorable pour lequel elle avait été admise : une augmentation de dot, offerte à l'enfant après son mariage, ne l'eût pas autorisée, car elle n'était pas établie en faveur des dots, mais bien en faveur du mariage. Pothier cependant admettait (n° 265) que l'augmentation de dot, accompagnée d'une renonciation de l'enfant au partage des biens communs, était censée subordonnée à la condition qu'il ne provoquerait pas le survivant au partage, en sorte

---

(1) V. Pothier, n° 275.

que le don mutuel se trouvait indirectement établi, ou que, si l'enfant demandait le partage, la dot était perdue pour lui.

228. 3ᵉ *Différence.* Tandis que l'égalité absolue de choses données et d'espérance de les recueillir devait se rencontrer dans le don mutuel ordinaire, celui qui nous occupe pouvait produire son effet, quoique inégal; mais ce n'était encore qu'indirectement, en ce sens que l'enfant doté perdait sa dot s'il provoquait au partage le survivant de ses père et mère: ceux-ci étant censés ne l'avoir doté que sous la condition qu'il respecterait le don tel qu'il était fait.

229. Nous avons toujours supposé qu'une dot avait été constituée à l'enfant; mais il est à remarquer que la coutume disait: *en mariant leurs enfants*, d'où l'on aurait pu douter qu'une constitution de dot fût nécessaire, d'autant plus que (comme nous le disions tout à l'heure), ce don mutuel exceptionnel avait été établi en faveur du *mariage* plutôt que des *dots;* mais il ne faut pas oublier que la coutume avait eu surtout pour but d'indemniser les parents de la privation qu'ils s'imposaient en dotant leurs enfants. D'ailleurs, dans un langage usuel qui a bien pu se glisser dans la rédaction de la coutume, *marier* un enfant, ce n'est pas seulement donner à son union un consentement dont il pourrait tôt ou tard se passer, c'est aussi, et surtout, faire tout ce qui est nécessaire pour rendre son mariage possible et utile, c'est le *doter.* C'est sans doute en ce sens que les premières coutumes appelaient *mariage avenant* la dot de la femme et que de nos jours on appelle encore *mariage* les apports de la femme.

230. 4ᵉ *Différence.* Le don mutuel ordinaire n'était pas soumis à la condition que le survivant ne se remarierait pas; il en était autrement de celui fait avec le concours de l'enfant doté.

Mais il s'élevait une question à cet égard: le second mariage faisait-il cesser le don mutuel pour l'avenir seulement, ou bien l'époux remarié devait-il rendre les fruits et intérêts perçus depuis son veuvage? Les termes de la coutume: *pourvu qu'il ne se remarie*, autorisaient jusqu'à un certain point cette seconde opinion ; mais nous pensons avec Pothier (n° 278) que la coutume n'avait pas voulu obliger l'époux remarié après un long veuvage à rendre les fruits et intérêts consommés depuis longtemps sans prévision, sans doute, d'un second mariage ; d'ailleurs, l'intention des époux n'avait pu être de punir rétroactivement le convol du survivant, mais seulement pour l'avenir et à partir du nouveau lien.

231. Mais nous ne sommes pas de l'avis de Pothier sur une autre face de la question : il pense (n° 279) qu'au cas où, par l'effet du second mariage, le don mutuel était perdu pour le survivant, celui-ci pouvait toujours reprendre à l'enfant la part qu'il avait fournie dans la dot, comme l'ayant donnée pour une cause qui avait cessé (*ob causam non secutam*). Suivant nous, la position n'est pas la même que dans les deux cas examinés plus haut [n°ˢ 227-228], où le don mutuel était inégal ou postérieur au mariage : là on avait bien pu considérer *la dot* comme conditionnelle ; ici au contraire, c'est *le don mutuel* qui était conditionnel : il ne devait être respecté par l'enfant que si le survivant des père et mère ne convolait pas en secondes noces ; l'enfant avait satisfait à son obligation, mais le survivant avait fait défaillir la condition de son droit ; il ne pouvait pas, pour cela, priver son enfant de la dot par lui constituée.

232. Dans les pays qui n'avaient pas de disposition semblable à celle de l'article 281 de la coutume de Paris, on y suppléait par des conventions analogues dans les contrats de mariage des enfants ; ainsi l'enfant doté qui avait promis de ne pas provoquer le survivant à partage, devait, s'il ne tenait pas son engagement, imputer la dot qu'il avait reçue sur la part exclusive du prédécédé dans les biens communs ; de cette manière le survivant recouvrait, à défaut du don mutuel, la portion de dot qu'il avait fournie.

SECTION TROISIÈME.

D'UNE DISPOSITION TOUTE PARTICULIÈRE A LA COUTUME DE DUNOIS.

233. L'article 68 de la coutume de Dunois, locale de celle de Blois, contenait une disposition remarquable dont Pothier semble avoir été le premier interprète; nous en dirons aussi quelque chose d'après lui.

Voici d'abord l'article 68 lui-même :

« Homme et femme, conjoints par mariage, *sains d'enten-*
» *dement*, peuvent donner *à toujoursmais* l'un à l'autre,
» par don mutuel fait entre-vifs et *confirmé par testament*
» seulement *fait ensemblement* tous et chacuns leurs *biens*
» *meubles et acquérements immeubles, tant en propriété*
» *qu'en usufruit*, qu'ils auront lors du trépas du premier dé-
» cédé d'eux deux, et *l'usufruit* de tous leurs héritages *pro-*
» *pres*, la vie durant du survivant seulement; et vaut ladite
» donation, *soit qu'ils aient enfants ou non*, à la charge tou-
» tefois de nourrir, entretenir, pourvoir et assigner leurs en-
» fants durant leur minorité, ou qu'ils soient mariés ou autre-
» ment pourvus; et payer les dettes, legs et funérailles du
» premier décédé, ensemble les charges foncières que doivent
» lesdits héritages, et iceux entretenir; et *demeure ledit dona-*
» *taire saisi*. »

234. Pothier remarque avec raison (*Appendice, n° 1*) que la disposition de cette coutume rappelle l'état du droit romain avant le sénatus-consulte de Caracalla. En effet, nous avons vu [n° 85] que, jusqu'à cette époque, les donations entre-vifs n'étaient valables qu'autant qu'elles étaient confirmées par un testament; mais elles ne valaient toujours que comme libéralités testamentaires; du reste, la mutualité du testament n'était pas exigée comme dans la coutume de Dunois.

235. Pothier examine aussi (n° 2) si cette coutume se trouve ou non abrogée par l'Ordonnance de 1735, sur les testaments, laquelle a défendu les testaments mutuels ; mais la question ne semblait pas douteuse, selon nous, en face de l'article 77, qui portait que rien n'était encore innové à l'égard des libéralités entre époux, se référant de plus à l'article 46 de l'Ordonnance de 1731 qui faisait la même réserve ; c'est même en vertu de ce formel article 46 que nous n'avons par partagé les hésitations de Pothier sur deux questions examinées précédemment [n°° 159 (a) et 169 (a)].

236. Ainsi qu'il apert à la seule lecture de l'article 68, la coutume de Dunois était à la fois plus restrictive et plus extensive que celle de Paris à l'égard des donations entre époux : restrictive en ce qu'elle exigeait la confirmation par testament mutuel, mais surtout extensive en ce qu'elle permettait aux époux de se donner en toute propriété leurs biens de communauté et leurs propres en usufruit ; elle ne distinguait pas non existait ou non des enfants du mariage.

237. Comme tout acte de dernière volonté, ce testament mutuel était révocable au gré des testateurs, et même la révocation faite par l'un d'eux, empêchant la libéralité d'être mutuelle, détruisait tout ce qui avait été fait. Toutefois, et pour cette raison-là même, la révocation ne pouvait être faite par un époux dans la maladie dont il était mort peu de temps après ; c'était l'avis de Ricard (1), qui se fondait sur ce qu'il y aurait eu fraude à révoquer une libéralité mutuelle au moment où l'on avait lieu de croire n'en jamais profiter soi-même.

238. Ricard (2) exigeait encore, pour la validité de la révocation, qu'une notification en fût faite à l'autre époux, afin de prévenir une autre fraude ; car un époux eût pu révoquer clandestinement, pour dissimuler ensuite la révocation

---

(1) *Don mutuel*, n° 237.
(2) *Ibid.*, n° 240.

s'il survivait, ou la faire représenter par ses héritiers s'il prédécédait. Et pour la même raison que plus haut, la notification ne pouvait avoir lieu valablement pendant la maladie dont était mort celui qui révoquait.

Pothier (n°* 12-14) partageait l'avis de Ricard sur ces trois points.

239. L'article 68 exigeait qu'on fût sain *d'entendement*, sans demander qu'on le fût *de corps*; mais il est clair que si l'un des époux eût été en état de maladie grave, le don eût été inégal et partant eût cessé d'être mutuel; mais *quid* si les deux époux étaient tous deux en danger de mort au moment du don mutuel? Pothier était d'avis (n° 19) qu'à la différence du don mutuel des autres coutumes, celui-ci, n'étant pas entrevifs mais purement testamentaire, pouvait avoir lieu entre moribonds.

240. A la différence encore des autres coutumes, celle de Dunois n'exigeait pas absolument que les époux fussent communs en biens; il est vrai qu'ils ne pouvaient se donner *en propriété* que leurs biens *communs;* mais, en dehors de toute communauté, il n'y avait pas d'obstacle à ce qu'ils pussent se donner *l'usufruit* de leurs *propres*, meubles ou immeubles; c'était l'avis de Pothier (n° 20); il pensait toutefois (n° 21) que, si l'importance des biens des époux était très-inégale, ceux-ci devaient mesurer sur les *revenus* du moins riche l'étendue de leur don mutuel, sous peine de le voir nul pour la totalité; car quoique l'article 68 ne parlât pas d'égalité, elle était sous-entendue d'après le droit commun des coutumes en matière de don mutuel.

241. L'article 68 porte, en propres termes, qu'il n'importait pas que les époux eussent ou non des enfants.

242. Les charges de ce don mutuel étaient très-différentes, suivant qu'il était en propriété ou en usufruit : s'il était en usufruit, le donataire devait seulement *avancer* le montant des dettes, des frais funéraires et des legs modiques, comme dans dans la coutume de Paris; s'il était en pleine propriété et de la

totalité des biens, le donataire *payait* INTRA VIRES, les dettes, les frais funéraires, les legs, l'entretien et l'établissement des enfants.

CHAPITRE III.

DE L'ÉDIT DES SECONDES NOCES.

243. Jusqu'ici nous n'avons parlé que des donations entre époux *pendant* le mariage, de la prohibition générale qui les atteignait et des cas exceptionnels dans lesquels elles étaient permises. Mais, *avant* le mariage et dans le contrat de mariage même, les futurs époux, ayant encore toute leur liberté, pouvaient se faire toute espèce de libéralités ; ils jouissaient même à cet égard d'une plus grande latitude que les étrangers.

Mais il était une situation où cette latitude pouvait offrir de graves dangers : c'est lorsqu'un des futurs époux avait déjà des enfants d'un précédent mariage.

244. Nous avons vu déjà les empereurs du Bas-Empire protéger tout particulièrement ces enfants contre les entraînements du convol. En 1560, un célèbre Édit de François II, rendu sous l'inspiration de l'illustre chancelier l'Hôpital, remit en vigueur dans toute la France les sages dispositions des trois Constitutions impériales connues sous les noms de *Fœminæ quæ*, *Generaliter* et *Hâc edictali*, depuis longtemps suivies dans le Midi.

L'Édit des secondes noces n'avait guère d'application qu'aux donations faites avant le mariage ; car, après le mariage, il y avait la défense beaucoup plus complète dont nous avons parlé ; le don mutuel, d'ailleurs, soit parce qu'il supposait, en général, l'absence d'enfants, soit parce qu'il ne consistait qu'en usufruit, n'était pas atteint par l'Édit ; l'Édit avait cependant une véritable application *pendant le mariage* dans les pays de droit écrit, et dans les rares coutumes qui, comme celles de Dunois, d'Auvergne et quelques autres, ne défendaient pas absolument les libéralités entre époux.

245. Cet Édit avait deux chefs, dont le premier reproduisait la constitution *Hâc edictali*, et le second les constitutions *Fœminæ quæ et Generaliter*. Les coutumes de Paris et d'Orléans avaient, en outre, donné au second chef de l'Édit une extension qui ne se trouvait pas dans les autres coutumes.

Nous examinerons dans trois sections chacun des chefs et l'extension coutumière donnée au second.

SECTION PREMIÈRE.

DU PREMIER CHEF DE L'ÉDIT.

246. Voici les termes du premier chef : « Ordonnons que
» FEMMES VEUVES, *ayant enfants*, ou enfants de leurs enfants,
» si elles passent à nouvelles noces, ne peuvent et ne pourront,
» en quelque façon que ce soit, donner de leurs biens, meu-
» bles, acquêts, ou acquis par elles *d'ailleurs que de leur
» premier mari*, ni moins leurs propres, A LEURS NOUVEAUX
» MARIS, *père, mère, ou enfants desdits maris*, ou autres per-
» sonnes qu'on puisse présumer être par dol ou fraude inter-
» posées, PLUS QU'A L'UN DE LEURS ENFANTS, *ou enfants de
» leurs enfants*, et s'il se trouve *division inégale* de leurs
» biens faite entre leurs enfants, ou enfants de leurs enfants,
» les donations par elles faites à leurs nouveaux maris seront
» réduites et mesurées à la raison de celui des enfants qui en
» aura le moins. »

Nous verrons sous ce premier chef : 1° quelle était *l'étendue* de la prohibition qu'il portait ; 2° quelle en était *la sanction*; 3° quel était l'effet particulier de *la donation d'une part d'enfant.*

§ Ier.—De l'étendue du premier chef.

247. *I. Application aux personnes.* Les premiers mots de ce chef nous montrent qu'il n'avait été fait que pour les *femmes veuves*, à la différence de la constitution *Hâc edictali*, qui statuait positivement pour les hommes comme pour les femmes; mais la jurisprudence des Parlements combla bientôt cette lacune (1). Cette extension aux hommes n'avait pas laissé de faire quelque difficulté, à cause du principe que les peines ne doivent pas être étendues par interprétation ; mais on répondait que l'Édit contenait bien moins une peine pour les époux qu'une faveur et une protection pour les enfants du premier lit; d'ailleurs, le Préambule de l'Édit se référait à la constitution de Léon et d'Anthémius, en l'approuvant, et le second chef s'appliquait formellement aux hommes, comme on le verra plus loin; une différence à cet égard, entre les deux chefs, eût donc été injustifiable.

248. Certaines personnes, à cause d'une présomption d'intersition, ne pouvaient non plus recevoir de l'époux convolant en secondes noces : c'étaient, suivant l'Édit, le père, la mère et les enfants du nouvel époux. Là s'arrêtait la présomption *légale.* Pothier cependant pensait (2) qu'elle devait être étendue aux autres ascendants. Il argumentait pour cela de deux fragments du titre *De verborum significatione*, au Digeste, où il est dit, en effet, que les mots *parens* et *pater* compren-

---

(1) *Arrêt de règlement*, du 18 juillet 1587.
(2) *Traité du Contrat de mariage*, n° 539.
N. B. C'est à ce traité que se référeront désormais les citations de Pothier placées dans le texte.

nent les ascendants de tout degré; mais nous croyons qu'en matière de présomptions légales il ne faut pas sortir des termes de la loi quand on n'en peut tirer un *à fortiori* pour le cas non prévu; d'ailleurs, les deux fragments invoqués par Pothier pouvaient bien être une interprétation des termes ordinaires de la loi ou des actes privés, mais ils ne pouvaient avoir trait à des présomptions légales d'interposition de personnes, car une semblable théorie n'était guère dans les idées romaines; aussi en repoussons-nous l'autorité pour le cas qui nous occupe. Du reste, si nous n'étendons pas les présomptions *légales* d'interposition, nous admettons sans difficulté qu'on pouvait reconnaître, *en fait*, toute espèce d'interposition, mais il n'y avait rien de *prouvé d'avance*, la preuve tout entière était à faire pour les enfants du premier lit en faveur desquels l'Édit était porté.

249. Quant aux enfants présumés interposés, il ne s'agissait évidemment que de ceux que le nouvel époux aurait eus lui-même d'un précédent mariage, et non des enfants communs qui avaient, par leur seule qualité, des titres suffisants à l'affection et aux libéralités de chacun de leurs auteurs; mais, d'ailleurs, le plus souvent, ils n'étaient pas nés au moment de la donation par contrat de mariage, à moins qu'on ne supposât un mariage destiné à légitimer des enfants naturels. Dénisart pensait même (1) que la donation faite par le contrat de mariage aux enfants à naître était véritablement faite au nouvel époux, parce que les enfants à naître, ne pouvant être l'objet d'aucune affection, n'avaient aucun titre sérieux à la libéralité.

250. Il est clair, au surplus, que toutes les susdites personnes pouvaient recevoir, soit après la dissolution du nouveau mariage, puisqu'aucune fraude n'était plus possible, soit après la mort, sans postérité, des enfants du premier lit, puisque la prohibition n'avait plus sa raison d'être.

251. *II. Application aux actes juridiques.* Il n'y a aucune

---

(1) V° *Noces (secondes)*, n° 20 et s.

difficulté à l'égard des donations *directes*; celles-là tombaient *de plano* sous l'application de l'Édit. Les donations *réciproques et d'égale valeur* (a), quoiqu'elles offrissent à chaque époux les mêmes avantages et qu'elles dépendissent d'une condition purement casuelle et fortuite, comme la survie, n'étaient pas exceptées. Ce point avait fait quelque doute, dans le principe, mais un arrêt de mai 1586 fixa la jurisprudence. Pothier (n° 546) justifie l'arrêt par deux motifs dont l'un, tiré de l'esprit de l'Édit, est que le sort des enfants du premier lit ne devait pas être livré, par la témérité de leur auteur, au hasard d'une survie.

252. L'Édit atteignait encore toutes donations *indirectes*, notamment celles qui résultaient des conventions matrimoniales, bien que, hors le cas de secondes noces, ces conventions fussent regardées comme étant à titre onéreux.

La supériorité des apports de l'époux qui se remariait et celle des successions mobilières qui lui échéaient pendant le mariage, augmentant la communauté et, par là même, la part de son nouvel époux, constituaient des avantages indirects que l'Édit ne permettait pas. Pothier (n° 553) et Lebrun (1) contestaient pourtant que la communauté de ces successions constituât un avantage prohibé, parce que, disaient-ils, il n'y avait rien là qui fût *le fait* de l'époux remarié; mais nous ne partageons pas son avis, par la raison que l'époux ne pouvait guère ignorer quelles successions devaient lui échoir dans l'avenir, et que l'adoption expresse ou tacite de la communauté était un fait volontaire de sa part et destiné à avantager le nouvel époux. Il fallait, d'ailleurs, s'attacher au fait plus qu'à l'intention.

A plus forte raison, le *préciput* conventionnel était-il un avantage sujet à l'application de l'Édit.

(a) Il ne s'agit pas du *don mutuel*, puisqu'il supposait, en général, l'absence d'aucun enfant.

(1) *Communauté*, liv. III, ch. II, sect. V. dist. VI, n° 14.

253. Au contraire, le *douaire* même conventionnel, quand il n'excédait pas le douaire coutumier, n'était pas considéré comme un avantage, mais bien comme l'acquittement d'une dette du mariage : ainsi l'avaient jugé deux arrêts rapportés par Ricard (1). A cette occasion, le même auteur émet (n° 1224) une opinion que Pothier (n° 558) repousse avec grande raison, selon nous : c'est que la femme d'une condition inférieure à celle du mari se serait trouvée avantagée contrairement à l'Édit, quand son mari, l'épousant en secondes noces, *n'aurait pas restreint* pour elle le douaire coutumier; cette distinction entre les conditions de la femme répugne à l'égalité que le mariage doit établir entre les époux, et surtout elle était contraire au but du douaire, qui était justement de permettre à la veuve de soutenir l'honneur et le rang de la maison du mari; or, si elle était pauvre, le douaire ne lui en était que plus nécessaire pour cette fin.

§ II. — De la sanction du premier chef.

254. Le premier chef défendait de donner au nouvel époux plus d'une part d'enfant le moins prenant : la sanction était la réduction à cette quotité.

Nous avons à examiner ici : 1° quelle était la quotité disponible ; 2° à quels enfants appartenait l'action en réduction ; 3° quels étaient la nature, la forme et les effets de cette action.

255. *I. Quotité disponible.* Lorsque les enfants du donateur, c'est-à-dire de l'époux remarié, étaient tous au premier degré et héritiers, et lorsque l'égalité des parts entre eux n'était pas détruite par une disposition testamentaire (a), par le

---

(a) Nous ne parlons pas, cette fois, pour les coutumes de Paris et d'Orléans qui, on le sait, n'admettaient pas les avantages préciputaires en faveur des enfants (V. Cout. de Paris, art. 300 et 301 ; Cout. d'Orléans, art. 288.

(1) *Traité des donations*, n° 1220.—*N. B.* C'est à ce traité que se référeront désormais nos citations de Ricard.

droit d'aînesse ou par la substitution légale dont il sera parlé sous le second chef de l'Édit, le nouvel époux était compté comme un enfant de plus et prenait avec eux une part *virile*.

Dans ce nombre, on comptait aussi bien les enfants communs que ceux du premier lit.

Si les enfants n'étaient pas tous du premier degré, le partage se faisait alors par souches et le nouvel époux prenait pareillement une part égale à celle de chaque souche. Mais il y avait difficulté au cas où il ne restait que des petits-enfants nés d'un fils unique prédécédé : fallait-il alors apprécier la part du nouvel époux d'après celle d'un des petits-enfants ou d'après celle qu'aurait eue l'auteur commun s'il eût vécu? Ricard pensait (n° 1272) que l'époux n'avait droit qu'à une part de petit-enfant, parce qu'il n'y avait pas alors partage par souche ; Lebrun (1) et Pothier (n° 565) étaient du même avis.

Malgré ces trois graves autorités nous adoptons l'avis contraire, parce qu'autrement il faudrait admettre qu'une renonciation volontaire de l'enfant du premier degré eût également fait venir les petits-enfants de leur chef et par tête, et qu'il en fût résulté un moyen trop facile et souvent frauduleux de réduire l'époux à une part bien moindre que celle qu'il eût dû avoir ; et dans le cas de mort de l'enfant unique, il eût été non moins injuste d'en faire souffrir l'époux. Au surplus, un arrêt du Parlement de Toulouse, du 16 mai 1619, avait décidé dans notre sens.

On pouvait, dans le sens que nous combattons, tirer des termes mêmes de l'Édit un argument que Ricard ne fait qu'indiquer et que néglige Pothier ; l'Édit, en effet, met trois fois sur la même ligne *les enfants* ou ENFANTS DE LEURS ENFANTS ; cependant nous repoussons cet argument : selon nous, l'Édit, par ces mots, faisait allusion à des petits-enfants, descendant *chacun* d'une souche *différente*.

256. Pour apprécier la part d'enfant, on ne comptait pas

---

(1) *Successions*, liv. ii, ch. vi, sect. 1, dist. v, n° 22.

les enfants indignes ni les renonçants, mais seulement les enfants *héritiers*, car l'Édit parlait (*in fine*) de celui qui *aurait* le moins ; or, dans les pays de coutume, à la différence des pays où l'on suivait le droit romain, pour *avoir* quelque chose dans une succession il fallait être héritier ; « *apud nos*, » disait Dumoulin (suivi en cela par Ricard, Lebrun et Pothier) « *non habet legitimam nisi qui heres est.* » Enfin au cas où l'égalité de parts n'avait pas lieu entre les enfants, l'époux ne recevait ou ne conservait pas plus que celui des enfants *qui avait le moins*, ce qui, du reste, ne pouvait jamais être inférieur à la légitime de l'enfant.

257. *II. A quels enfants appartenait l'action en réduction.* Nous avons vu que, d'après la constitution *Quoniam* de Justinien, modificative de la constitution *Hâc edictali*, l'action en réduction ou retranchement appartenait aussi bien aux enfants du second mariage qu'à ceux du premier : *in capita* INTER OMNES *dividi sancimus.* Il y avait cela de remarquable dans la constitution *Quoniam* que les enfants du second lit n'avaient pas droit au retranchement par eux-mêmes, mais seulement par leur concours avec ceux du premier. Mais dans la Novelle 22, ch. 27, Justinien, se réformant lui-même, comme tant de fois, avait rendu ce droit aux enfants du premier lit exclusivement (*et inter* EOS SOLOS *dividitur, ut oportet*).

Dans les pays de droit écrit, on suivait la Novelle, comme dernier état du droit romain ; dans les pays de coutume on s'en tenait à la loi *Quoniam*, comme plus juste et comme source de l'Édit (1).

258. Fallait-il être héritier pour exercer l'action en réduction ? Cette importante question était négativement résolue par Ricard (n° 1301), Lebrun (2), Pothier (n° 568) et la gé-

---

(1) V. Ricard, n° 1288. — Lebrun, *Successions*, liv. ii, ch. vi, sect. i, dist. iii, n°° 11-16.

(2) *Successions*, liv. ii, ch. vi, sect. i, dist. iii, n° 2.

néralité des auteurs ; ils prétendaient qu'il n'y avait pas, dans le droit au retranchement, un droit successoral, mais un bénéfice particulier résultant de l'Édit, lequel n'en avait pas subordonné la jouissance à la qualité d'héritier ; ils ne distinguaient pas même entre les enfants du premier lit et ceux du second, et cependant ils ne pouvaient pas dire que l'Édit eût voulu conférer aussi un bénéfice aux derniers ; s'il fallait les admettre à l'action en retranchement, c'était pour ne pas détruire l'égalité naturelle au partage des successions. Mais alors comment les admettre à un autre titre que celui d'*héritiers*? La légitime n'était-elle pas en droit coutumier une part assurée de la succession? L'Édit n'avait-il pas pour but d'assurer une plus forte réserve aux enfants du premier lit, en se fondant sur le danger qu'ils couraient d'un dépouillement trop considérable? Mais si ce n'était pas un droit successoral que ce bénéfice de l'Édit, pourquoi Ricard (n° 1305) et Pothier (n° 569) ne l'accordaient-ils ni à l'enfant exhérédé, ni à la fille dotée qui renonçait par son contrat de mariage à la succession de son auteur? Pourquoi Pothier (n° 590) admettait-il le partage par souches des biens retranchés? Pourquoi Ricard (n° 1390) et Pothier (n° 593) admettaient-ils que l'aîné des enfants y prît son droit d'aînesse? Ces auteurs reconnaissaient donc une liaison intime entre les deux droits? Ils auraient dû aller jusqu'au bout.

Pour nous, nous croyons fermement que le bénéfice de l'Édit était une extension spéciale de la légitime, et que les enfants du premier ou du second lit n'y étaient admis qu'autant qu'ils n'étaient ni indignes, ni incapables, ni renonçants; en un mot, qu'autant qu'ils étaient héritiers.

259. *III. Nature; formes et effets de l'action en réduction.* L'action en réduction était de celles qu'on appelait personnelles-réelles, c'est-à-dire qu'elle pouvait être intentée tant contre le donataire lui-même que contre les tiers acquéreurs des biens donnés, car le donataire n'avait pu transférer qu'un droit résoluble comme le sien.

260. La réduction se faisait d'après la valeur qu'aurait eue les biens, s'ils fussent restés dans le patrimoine de l'époux donateur; en effet, c'était de cette valeur qu'il avait dépouillé les réservataires. Pour la connaître, on recherchait d'abord rétroactivement quelle avait été la valeur des biens au jour de la donation, ensuite on examinait si la différence de valeur actuelle résultait d'améliorations ou de détériorations faites par le donataire ou ses ayants cause : au premier cas, on déduisait à leur profit la plus-value ; au second, ils restaient débiteurs de la moins-value.

261. L'action réelle avait lieu surtout pour les donations d'immeubles, car celles d'effets mobiliers et surtout de sommes d'argent ne laissaient guère aux enfants qu'une action personnelle contre le donataire ou ses héritiers. Cette action était-elle au moins revêtue de l'hypothèque légale des femmes sur les biens du mari, au cas où c'était la femme qui avait convolé et ᵒnné à son nouveau mari ? Pothier admet sans hésiter l'affirᵣ. ᵃtive (n° 589); nous ne partageons pas son avis : suivant nous, l'hypothèque légale des femmes mariées ne garantit en faveur de leurs héritiers que les créances qu'elles auraient pu exercer elles-mêmes; or il est clair que la donatrice n'aurait jamais pu faire réduire la donation.

262. Quant aux effets de la réduction opérée, les anciens auteurs étaient en désaccord sur le point de savoir si l'époux donataire avait aussi une part d'enfant dans les biens dont il venait de subir la réduction. Renusson (1) et Lebrun (2) soutenaient l'affirmative, par la raison qu'autrement l'époux n'aurait pas la part d'enfant que lui accordait l'Édit. Au contraire, Ricard (n° 1319) et Pothier (n° 594) soutenaient la négative, se fondant : 1° sur la loi *Hâc edictali*, laquelle portait (pr., *in fine*) que ce qui excéderait une part d'enfant serait considéré comme non donné et partagé entre les enfants :

---

(1) *Communauté*, part. iv, ch. iii, n° 67.

(2) *Successions*, liv. ii, ch. vi, sect. i, dist. iii, n° 19-21.

tanquàm non donatum, ad personas deferri LIBERORUM *et inter eos dividi jubemus;* 2° sur la Novelle 22, ch. 27 (déjà citée), qui est plus explicite et porte : ..... *competit* FILIIS *et inter eos* SOLOS *ex æquo dividitur*; enfin, 3° ils répondaient à l'argument de Renusson par leur très-contestable principe : que les enfants ne prenaient pas la portion retranchée à titre de succession et comme venant de leur mère, mais en vertu de l'Édit, qu'au contraire, c'était sur la part *de succession* de l'enfant le moins prenant que l'époux donataire mesurait la sienne, et qu'ainsi il n'y avait pas violation de l'Édit à laisser exclusivement aux enfants cette portion retranchée.

263. Quant à nous, il nous semble que la question devait se résoudre dans le sens opposé et par un raisonnement bien simple.

Commençons par écarter les trois arguments de Ricard, et d'abord le dernier : il est fondé sur cette fausse idée qu'il n'était pas nécessaire d'être héritier pour exercer l'action en réduction, idée que nous avons déjà combattue et dont Ricard fait encore ressortir l'inconséquence en disant que : bien que l'enfant n'exerce pas un droit de succession, c'est cependant sur sa part *de succession* que sera mesurée la portion disponible en faveur du nouvel époux. Pour les deux autres arguments tirés des textes précités, nous prétendons que les mots LIBEROS SOLOS qui en font toute la force, n'avaient nul trait à l'époux donataire, mais étaient employés par opposition aux enfants du second lit que la Novelle 22 excluait formellement au profit de ceux du premier, contrairement aux Constitutions *Hâc edictali et Quoniam.*

264. Voici maintenant comment nous justifions notre solution : selon nous, les biens donnés au nouvel époux devaient être fictivement remis, par une sorte de rapport, dans la masse des biens existants : sur cette masse on devait chercher la part afférente à chaque enfant, en comptant le nouvel époux comme un enfant de plus; la portion de ce dernier ainsi connue, on y réduisait la donation à lui faite; mais alors, bien entendu,

cette réduction ne profitait plus qu'aux enfants, et cependant, en définitive, ils n'avaient pas plus que le nouvel époux. Si parmi les enfants il y en avait un qui dût prendre plus que les autres, notamment à cause du droit d'aînesse, alors, pour ne pas donner à l'époux plus qu'à l'enfant le moins prenant, on eût déduit des biens existants le montant du droit d'aînesse, et l'on eût opéré comme précédemment.

263. Nous venons de faire faire à l'époux donataire une sorte de rapport en faveur des enfants avec lesquels il devait partager ; voyons maintenant s'il pouvait exiger d'eux un semblable rapport des biens qu'ils avaient reçus en avancement d'hoirie, ou si on lui appliquait rigoureusement le principe général que le rapport n'est dû qu'aux cohéritiers. D'abord il ne pouvait être question que du rapport des avancements d'hoirie faits aux enfants avant la donation faite à lui-même ; car, pour ceux faits plus tard, sans nul doute, ils ne pouvaient nuire à une donation irrévocable de sa nature, soit qu'elle fût de biens à venir et indéterminés, comme *une part d'enfant* (libéralité dont il sera parlé ci-après), soit qu'elle consistât en biens présents et certains.

Lebrun (1) et Pothier (n° 603) décidaient que l'époux, ayant droit à une part d'enfant, devait, pour l'obtenir, avoir les mêmes voies et moyens qu'un enfant ; qu'il pouvait donc exiger le rapport *réel* des avancements d'hoirie faits aux enfants. Mais ces auteurs assimilaient trop, selon nous, le nouvel époux à un enfant : donner *une part* d'enfant, ce n'est pas donner *des droits* d'enfant : le nouvel époux n'était toujours qu'un donataire, il ne devait donc, ni exiger le rapport, ni en profiter. Denisart (2) était plus exact quand il disait que l'époux ne pouvait exiger des enfants qu'un rapport *fictif* qui servait à calculer la part d'enfant. Voici donc comment se conciliaient les deux principes en apparence opposés : à savoir, que l'époux

---

(1) *Successions*, liv. III, ch. VI, sect. II, n°° 59-66.
(2) V° *Rapport*, n° 11.

devait obtenir une part d'enfant et que le rapport n'avait lieu qu'entre cohéritiers : sans demander le rapport pour lui-même, l'époux *représentait* aux enfants qu'au moyen du rapport qu'ils pouvaient se demander mutuellement, leur part était de *telle* valeur, et il demandait pour lui-même une part semblable , soit à retenir sur les biens donnés, soit à prendre sur les biens existants au décès, suivant la nature de la donation; seulement, dans ce dernier cas , si les biens à lui donnés ou existants au décès étaient insuffisants pour lui fournir cette part, il ne pouvait rien prétendre sur les biens rapportés; c'est ainsi qu'il *invoquait* le rapport *sans en profiter*. Le rapport, *réel* pour des enfants, n'était que *fictif* pour lui.

§ III. — De la donation d'une part d'enfant.

266. Pour donner le plus possible et éviter les difficultés de la réduction, l'époux qui se remariait donnait souvent au nouvel époux une part d'enfant le moins prenant. Nous avons à voir : 1° la nature de cette libéralité, 2° son effet au cas où il ne restait aucun enfant.

267. C'était une donation de biens à venir, une institution contractuelle, puisqu'elle donnait droit à une part des biens laissés au décès; en conséquence elle obligeait à payer les dettes du défunt, proportionnellement à la part recueillie, et elle était caduque si le donataire ne survivait pas au donateur.

Pothier pensait cependant (n° 597) que les enfants étaient tacitement substitués à l'époux donataire, à l'exemple de ce qui avait lieu au cas d'une donation de biens à venir faite par un étranger à l'un des époux dans le contrat de mariage; mais nous croyons qu'il allait trop loin et que la situation n'était pas du tout la même. Sans la substitution vulgaire, les enfants communs devaient toujours retrouver les biens composant la donation dans la succession du donateur auquel elle aurait fait retour, ce qui n'aurait pas eu lieu pour une donation faite à l'époux par un tiers et ce qui dès lors motivait la substitution vulgaire. Tout au plus admettrions-nous, pour le cas qui nous occupe, qu'on eût pu *exprimer* cette substitution.

268. Quand il ne restait pas d'enfants du premier ni du second lit, la donation d'une part d'enfant devait-elle comprendre la totalité des biens ou une portion moindre? Lebrun (1) soutenait l'affirmative, mais nous croyons plutôt, avec Ricard (n° 1281) et Pothier (n° 598), que cette part ne devait être que de moitié : ces auteurs s'appuyaient sur une loi romaine disant : *Si non fuerit portio adjecta, dimidia pars debetur* (2); mais nous croyons qu'il fallait surtout considérer l'intention du donateur. Or, il semble bien qu'en ne donnant pas tous ses biens, mais seulement une part d'enfant, le donateur avait supposé qu'il y aurait au moins un enfant: dans sa pensée, la donation n'avait donc pu être que d'une moitié au plus.

269. Une dernière question, qui ne s'élevait même pas en droit romain, que nous trouverons au contraire très-débattue sous le Code Napoléon, faisait déjà quelque doute sous l'empire de l'Édit : il s'agissait de savoir si au cas de plusieurs convols successifs, l'époux remarié pouvait donner une part d'enfant à *chaque* nouvel époux ou seulement à tous les époux *réunis.* La constitution *Hâc edictali* disait formellement (*in pr.*) : *Si ad secunda vel tertia vel repetita vota migraverit...* ce qui semblait bien prévenir et résoudre notre question; l'Édit, suivant nous, n'était pas moins explicite, car il parlait expressément de *nouvelles noces* et de *nouveaux maris.* Du reste, Ricard (n° 1321), Pothier (n° 566) et le plus grand nombre des auteurs, admettaient que la part d'enfant ne pouvait être donnée qu'une fois.

---

(1) *Successions*, liv. ii, ch. vi, sect. i, dist. v, n° 14.
(2) D., L. 164, § 1er, *De verb. signif.*

SECTION DEUXIÈME.

DU SECOND CHEF DE L'ÉDIT.

270. Voici les termes du second chef : « Et au regard des
» biens à icelles veuves acquis par dons et libéralités de leurs
» défunts maris, elles ne peuvent et ne pourront en faire
» *aucune part* à leurs nouveaux maris ; mais elles seront
» *tenues de les réserver* aux enfants communs d'entre elles
» et leurs maris de la libéralité desquels iceux biens leur seront
» advenus. Le semblable voulons être gardé ès biens qui
» seront venus *aux maris* par dons de leurs défuntes
» femmes..... »

Ce second chef contenait en substance les Constitutions
Fœminœ quœ et *Generaliter* ; seulement l'Édit ne reproduisait
pas une disposition de la Constitution *Fœminœ quœ* (§ 1er), qui
mettait sur la même ligne que les biens venus du mari défunt, ceux recueillis par la femme dans la succession des enfants qu'elle avait de lui. Du reste les nombreuses variations
qu'avaient subies cette disposition dans les Novelles de Justinien que nous avons rapportées (nos 123 et suiv.), l'avaient
fait négliger dans le droit coutumier (1), les pays du midi
l'observaient peu, et l'Édit n'en parla pas.

Deux dispositions capitales restaient encore dans le second
chef, c'était : 1° la défense pour le survivant de rien donner
au nouvel époux des biens provenus du conjoint prédécédé,
2° l'obligation de conserver ces mêmes biens aux enfants
nés du premier mariage. Nous consacrerons deux paragraphes
à ces dispositions, et, dans un troisième, nous examinerons
une remarquable extension donnée au second chef de l'Édit
par les coutumes de Paris et d'Orléans.

---

(1) V. Lebrun, *Successions*, liv. II, ch. VI, sect. II, dist. I, n° 11.

§ Ier. — De la défense de donner au nouvel époux aucune portion des biens acquis du premier époux.

271. Quoique l'Édit ne parlât que des biens acquis par dons et libéralités, expressions qui semblaient n'avoir trait qu'aux donations proprement dites ou aux dispositions testamentaires, on s'accordait généralement à les étendre aux avantages résultant pour l'époux remarié de sa précédente *convention matrimoniale*. Ainsi le préciput conventionnel, ordinairement réputé à titre onéreux, prenait dans le second mariage un caractère purement gratuit, et tombait sous l'application de l'Édit, quoiqu'il fût réciproque et mutuel. L'inégalité des apports originaires ou des successions mobilières échues pendant le mariage, était également atteinte par l'Édit quand elle était profitable au nouvel époux.

Le douaire *légal*, au contraire, avantage fait par la coutume plutôt que par le mari, n'était pas atteint par l'Édit.

272. Il y avait plus de difficulté pour le douaire *préfix* ou conventionnel donné par l'homme veuf à sa seconde femme, en biens provenus de la première. Il était bien évidemment nul pour la nue propriété, mais ne devait-il pas au moins valoir en usufruit jusqu'à concurrence du douaire coutumier ? Nous le pensons, quoique Ricard (n° 1343) et Pothier (n° 606) soutinssent qu'il était nul en totalité. Ces auteurs auraient dû admettre, au moins, qu'en l'absence du douaire conventionnel qu'ils annulaient, le douaire légal était dû à la femme, car il n'était pas possible que la femme n'eût aucun douaire parce que son mari avait voulu lui en donner un trop considérable.

273. Si, contrairement à la prohibition du deuxième chef, une donation avait été faite au nouvel époux, il est clair qu'il n'y avait pas lieu à une simple réduction, comme dans le cas du premier chef, mais à une nullité totale; cependant le donateur ne pouvait agir lui-même en répétition, quoiqu'il alléguât l'intérêt et le droit de ses enfants du premier lit, et ceux-ci ne le pouvaient, selon nous, qu'à la mort du donateur, malgré la substitution légale admise à leur profit et dont nous allons parler : c'est qu'en effet cette substitution n'était définitive et parfaite qu'autant qu'ils survivaient à l'époux remarié, eux ou leur postérité.

§ II. — De l'obligation de conserver les gains nuptiaux aux enfants du premier lit.

274. D'après les Constitutions romaines dont l'Édit s'était inspiré, l'époux remarié était dépouillé immédiatement, au profit des enfants du premier lit, de la propriété des biens à lui provenus de son premier époux : il n'en conservait que l'usufruit; l'Édit n'alla pas si loin, il laissa la propriété à l'époux remarié, mais il l'obligea à conserver les biens aux enfants qui furent ainsi appelés à une véritable substitution légale.

275. Quelques auteurs, même des modernes, ont contesté qu'il y eût une véritable substitution au profit des enfants : ils ont dit que cette charge de conserver n'était insérée dans l'Édit que comme développement et explication de la défense de donner les biens au nouvel époux; qu'en un mot, comme il n'était guère à supposer que le survivant voulût en faire donation à d'autres, on n'avait rien trouvé qui fît mieux opposition à des libéralités au nouvel époux que l'obligation de conserver les biens aux enfants du premier lit.

Quelque plausible que soit cette interprétation, nous ne pouvons nous y arrêter, puisqu'elle n'avait pas triomphé : la jurisprudence n'admettait pas même que l'époux décédé eût pu valablement *dispenser* le donataire de cette charge de conserver et de rendre aux enfants les biens donnés (1).

---

(1) *Arrêt de règlement*, du 19 août 1715, cité par Denisart, v° Noce *(secondes)*, n° 26.

Nous allons donc parler de la *substitution légale*, c'est-à-dire : 1° de ceux qui y étaient appelés, 2° de ses effets, et 3° de son extinction.

276. *I. Enfants appelés à la substitution.* En cas de prédécès d'un ou plusieurs des enfants du premier lit, leurs propres enfants étaient appelés à la substitution et exerçaient les mêmes droits; cela ne faisait aucun doute.

Mais ici, comme pour le premier chef de l'Édit, se présentait la question de savoir s'il fallait être *héritier*, sinon du donateur, au moins du grevé, pour participer à la substitution.

Pour nous, et par les raisons données plus haut [n° 258], l'affirmative n'est pas douteuse. Mais Ricard (n° 1308), Lebrun (1) et Pothier (n° 624), partant toujours de ce principe : qu'il y avait dans les bénéfices de l'Édit plus qu'une légitime spéciale et qu'un droit de succession, décidaient la négative. Les raisons qui les déterminaient sont justement les mêmes qui nous font adopter l'avis contraire au leur. Ainsi Ricard reconnaît que le but de l'Édit était de subvenir aux enfants contre le préjudice que leur causerait le convol d'un auteur trop oublieux de leurs intérêts; mais ce préjudice, en quoi consistait-il, si ce n'est en une diminution de la succession du donateur? Qui atteignait-il, si ce n'est ceux qui recueillaient cette succession? Aussi ces auteurs ne pouvaient-ils accorder le bénéfice de l'Édit aux enfants valablement exhérédés, ni aux filles dotées et comme telles renonçantes par contrat de mariage, ou exclues par leur coutume.

277. *II. Effets de la substitution.* D'après un principe général des substitutions, les enfants du premier lit étaient réputés tenir les biens non du donataire qui les leur conservait, mais du donateur originaire, *non a gravato, sed a gravante.* De là plusieurs conséquences : 1° les biens immeubles ainsi recueillis étaient des *propres*, paternels ou maternels, suivant la qualité du grevant; 2° ils s'imputaient sur la légitime par

---

(1) *Successions*, liv. II, ch. VI, sect. II, dist. I, n° 18.

lui due à ses enfants ; 3° les enfants du premier lit étaient tous, sans distinction, appelés à la substitution : aucun avantage ne pouvait être fait à l'un d'eux (1), comme cela eut lieu pendant longtemps dans le Bas-Empire d'après la Constitution *Fœminæ quæ*, qui n'admettait pas la substitution légale proprement dite ; 4° enfin, les enfants du nouveau mariage ne pouvaient rien prétendre sur ces biens, puisqu'ils ne venaient pas de leur auteur ; il ne paraît même pas qu'on appliquât dans les pays coutumiers la Constitution 4, *De secundis nuptiis*, qui, par réciprocité, attribuait exclusivement aux enfants du second mariage les biens provenus du nouvel époux au conjoint remarié ; ils n'auraient pu élever cette prétention qu'au cas d'un troisième mariage du même époux ; ce qui leur eût, en effet, donné la même position qu'aux enfants du premier lit et leur eût valu la même protection.

D'après la Novelle 2, ch. 2, les aliénations antérieures au convol étaient révoquées par ce convol ; Pothier (n° 117) décidait de même pour l'interprétation de l'Édit.

278. *III. Extinction de la substitution.* La substitution s'éteignait et les biens redevenaient libres dans les mains de l'époux remarié, si les enfants du premier lit mouraient avant lui, sans laisser de postérité : cela n'était pas douteux. Mais en devait-il être de même au cas d'un nouveau veuvage du grevé, les enfants du premier lit existant encore ?

Pothier (n° 627), tout en reconnaissant que la question était difficile, posait en principe que l'obligation de conserver ces biens, une fois née, se perpétuait et ne pouvait s'éteindre que par le prédécès des substitués : c'était, comme on voit, résoudre la question par la question. Duplessis et Lemaître, par lui combattus, admettaient l'extinction par le second veuvage. Lebrun (2) pensait que la substitution s'éteignait pour l'avenir, en ce sens que la veuve recouvrait la liberté de dis-

---

(1) V. Pothier, n°ˢ 613-620.
(2) *Successions*, liv. ii, ch. vi, sect. ii, dist. i, n° 15.

poser *des biens*, mais que les aliénations anciennes restaient nulles.

Pour nous, qui regardons déjà cette substitution légale comme l'effet d'une interprétation un peu forcée des termes de l'Édit, nous attachant d'ailleurs au véritable motif de l'Édit, nous n'hésitons pas à croire la substitution éteinte à la dissolution du second mariage qui seul l'avait produite, les enfants du premier lit ne courant plus d'ailleurs aucun danger d'être sacrifiés.

§ III. — De l'extension donnée au second chef de l'édit par les coutumes de Paris et d'Orléans.

279. La part que prenait la femme veuve dans la communauté dissoute n'était pas ordinairement considérée comme un avantage soumis au second chef de l'Édit, car c'était une acquisition plutôt onéreuse que gratuite.

Cependant la Coutume de Paris, après avoir reproduit (art. 179) la teneur du premier chef de l'Édit, enchérissait sur le second, en décidant « qu'à l'égard des *conquêts* faits avec ses précédents maris, la veuve ne pourrait en disposer aucunement au préjudice de ses enfants issus desdits maris; que néanmoins les enfants des subséquents mariages succéderaient auxdits conquêts avec les enfants des précédents mariages. »

280. La rédaction de cet article était très-défectueuse; elle semblait établir, au profit des enfants *des différents lits*, une nouvelle substitution légale pour les conquêts; mais, en réalité, elle n'allait pas si loin : il paraît (et Pothier le démontre très-bien, n° 636) que les rédacteurs de la coutume avaient à exprimer ces deux idées : 1° la femme remariée ne peut *aucunement* disposer de ses conquêts au profit *d'un nouveau mari*, 2° elle ne peut en disposer au profit *d'autres personnes*, *que sauf la part* des enfants du *premier* mariage dans lesdits conquêts. Or, la première de ces deux idées est introuvable dans l'article 279; mais, un peu plus tard, lors de la révision de la coutume d'Orléans, les rédacteurs songèrent à réparer l'obscurité de leur langage.

Le parallèle des deux dispositions met bien en évidence leur véritable et commune portée :

<table>
<tr><td>

Art. 203 de la coutume d'Orléans.

« . . . . Et quant aux conquêts faits avec ses précédents maris, » [femme convolant en secondes ou autres noces] « n'en peut AUCUNEMENT avantager *son second ou autre mari ;* toutefois PEUT DISPOSER d'iceux *à autres personnes,* sans que telle disposition puisse préjudicier aux *portions* dont les enfants desdits *premiers mariages* pourraient amender leur mère. »

</td><td>

Art. 279 de la coutume de Paris.

« . . . . . . Et quant aux conquêts faits avec ses précédents maris, » [femme convolant en secondes ou autres noces] « n'en peut disposer aucunement au préjudice des portions dont les enfants desdits premiers mariages pourraient amender leur mère....... »

</td></tr>
</table>

281. Il apparut bien alors que la coutume de Paris défendait deux choses très-distinctes : 1° toute disposition quelconque de conquêts en faveur du nouveau mari ; 2° la disposition des mêmes biens en faveur d'autres personnes, quand elle atteindrait la part des enfants du premier lit ; au premier cas, tous ces enfants, sans distinction de lit, pouvaient exercer l'action en réduction ; au second cas, les enfants du premier lit avaient seuls cette action, et seulement pour leur part héréditaire, dans les conquêts ; les autres, n'étant pas substitués, devaient respecter la disposition.

282. D'Aguesseau, dans son quarante-unième plaidoyer, mit très-bien en lumière la raison de cette double extension donnée à l'Édit par les coutumes de Paris et d'Orléans : les biens de la communauté, fruits des soins du travail du mari, ayant été acquis par lui en vue des enfants du mariage, devaient leur être conservés.

283. Nous examinerons maintenant : 1° quels biens étaient atteints par la double extension ; 2° quel en était l'effet ; 3° s'il fallait l'appliquer aux hommes.

284. *I. Biens atteints par l'extension.* Par le mot con-

quêts, la coutume n'avait-elle entendu parler que des immeubles, ou bien comprenait-elle aussi les biens meubles? La raison de douter était d'abord le sens ordinaire du mot *conquêts*, qui se disait surtout des *immeubles* communs, puis la nature rigoureuse et exorbitante de la disposition qui n'en permettait pas une application d'analogie.

285. D'Aguesseau réfuta encore admirablement ces deux objections dans son même plaidoyer sur lequel intervint un arrêt conforme du 4 mars 1697 qui a fondé la jurisprudence. Il démontra d'une manière évidente que l'extension n'avait rien de pénal à l'égard de la femme remariée, pas plus que toutes celles qui limitaient la disponibilité des biens en cas de secondes noces, mais qu'elle était toute de faveur pour les enfants. Quant au mot *conquêts*, il nia qu'il eût par lui-même un sens restreint aux immeubles, puisque la coutume, en parlant des immeubles de la communauté, employait *douze fois* l'expression CONQUÊTS IMMEUBLES, évidemment pour éviter, dans les cas dont il s'agissait, qu'on n'y comprît aussi les meubles. Il fit encore remarquer que l'extension était conçue dans le même esprit que l'Édit, et que personne n'avait jamais douté que les deux chefs de l'Édit s'appliquassent aussi bien aux meubles qu'aux immeubles; il ajoutait que beaucoup de fortunes, celles des commerçants surtout, ne consistaient qu'en meubles; enfin à cette objection : que les seconds mariages seraient entravés par une telle interprétation, il répondit que c'était là un bien public et le but même des efforts de l'Édit et de la Coutume.

286. Autre difficulté : l'extension s'appliquait-elle aux biens apportés en communauté par la femme elle-même? Les partisans de la restriction alléguaient que la coutume ne parlait que de conquêts *faits* avec les précédents *maris*, ce qui semblait bien exclure les apports de la femme; il paraît même qu'il existait des arrêts en ce sens (1). Mais le motif

---

(1) V. Pothier, n° 632.

attribué à la coutume par d'Aguesseau avait encore ici une partie de sa force : les biens communs étaient destinés par les époux aux enfants, ils étaient, par le fait de ce mariage, comme aliénés en leur faveur. Cette interprétation dominait dans la jurisprudence; toutefois une distinction, que nous trouvons arbitraire, tendait à s'établir entre les apports mobiliers proprement dits et les immeubles ameublis (1).

287. *II. Effets de la double extension.* La fâcheuse rédaction de l'article 279 de la Coutume de Paris avait donné lieu à des difficultés, au moins jusqu'à ce que la coutume d'Orléans, plus explicite, fût venue lever les doutes. Ainsi on demandait, sur la première extension : si la donation faite en conquêts par la femme *au nouveau mari*, était nulle pour le tout ou seulement jusqu'à concurrence de ce dont les enfants du premier lit pouvaient *amender* leur mère, c'est-à-dire de la part qu'en qualité d'héritiers, ils pouvaient réclamer d'elle dans les conquêts? Ce dernier sens, favorisé par la mauvaise rédaction de l'article 279 de la coutume de Paris, fut définitivement abandonné, quand, trois ans après, la coutume d'Orléans fut venue servir de commentaire légal à son aînée. Si, au décès de l'époux remarié, il ne restait aucun enfant du premier lit, l'action en révocation des avantages *quelconques* faits au nouvel époux ne s'ouvrait pour personne; s'il en restait un seul, elle s'ouvrait pour lui et pour tous les enfants du mariage subséquent, car l'article 279 de la coutume de Paris portait : « et néanmoins succèdent les enfants des subséquents mariages aux dits conquêts. » Ainsi il y avait, même pour ces derniers, une sorte de substitution légale, subordonnée seulement à la présence d'autres substitués plus favorables.

288. La seconde extension était moins absolue : elle ne protégeait plus que les enfants du premier lit contre les aliénations faites à de tierces personnes; ainsi la femme remariée, qui n'avait qu'un enfant, et du nouveau mariage, pouvait donner

---

(1) V. Pothier, n° 633.

tous les conquêts du premier mariage (sauf la légitime de l'enfant, s'il n'y avait pas d'autres biens pour la parfaire). Si elle avait en même temps un enfant du premier lit, elle ne pouvait pas donner à un étranger la part de conquêts qui devait revenir à cet enfant.

289. A la différence de ce qui avait lieu quand la donation de conquêts avait été faite au nouveau mari, ici, la réduction opérée par l'enfant du premier lit ne profitait pas à l'enfant du second; si le produit de la réduction avait dû se partager, il en serait résulté que l'enfant du second lit n'aurait pas eu sa part *entière* dans les conquêts, ce qu'avait, au contraire, voulu lui assurer la coutume. L'article 279 disait, il est vrai, que les enfants du second lit succédaient aux conquêts, mais il statuait, selon nous, pour les cas où ils n'avaient pas été aliénés ou bien l'avaient été au profit du nouveau mari, ce qui n'était *aucunement* permis.

290. On avait pendant quelque temps douté que la prohibition de *disposer* s'appliquât aux aliénations à titre onéreux; mais si la coutume de Paris employait un mot équivoque, celle d'Orléans l'éclaira bientôt encore : aussi admit-on que la défense ne concernait que les aliénations *gratuites*, et ce fut une différence avec la substitution légale créée par l'Édit lui-même.

291. Ici se présente encore une fois, et sous un nouvel aspect, la question de savoir si les enfants du premier lit devaient être *héritiers* de leur mère pour avoir droit à l'action révocatoire contre les tiers donataires ou contre le mari; Pothier persiste dans son système (n° 645), il y entraîne même Bourjon; et cependant la situation est encore plus favorable à notre opinion, à cause des termes de l'article 279 qui assure aux enfants du premier lit *les* PORTIONS *dont ils pourraient amender leur mère*, ce qui suppose évidemment qu'ils exerceraient *un droit de succession;* enfin nous dirons, et ceci nous paraît péremptoire : si l'on accordait, ce qui est incontestable, que les enfants *renonçants* n'eussent aucun droit dans les *conquêts* NON ALIÉNÉS, comment concevoir qu'une

ALIÉNATION DÉFENDUE leur donnât le droit de les revendiquer?

292. *III. De l'application aux hommes veufs de la double extension.* L'article 279 de la coutume de Paris et l'article 203 de celle d'Orléans ne parlaient, et nous n'avons parlé avec lui, que des veuves remariées ; la disposition de ces coutumes devait-elle être appliquée aux hommes veufs? La question avait fait doute pendant longtemps. Pour la négative on invoquait cet argument déjà réfuté, qu'il ne faut pas étendre les rigueurs, que d'ailleurs il n'y avait pas même motif : les biens de communauté étant plutôt le produit du travail de l'homme que de celui de la femme. Mais on répondait que l'Édit lui-même s'appliquant aux hommes comme aux femmes, son extension devait recevoir la même application ; que d'ailleurs il y avait là bien moins une peine pour les époux qu'une faveur pour les enfants ; qu'enfin si le mari *acquérait* par son travail, la femme *conservait* par ses soins ce qui est presque une seconde acquisition. Par ces motifs la jurisprudence s'était fixée dans le dernier sens, par l'arrêt précité de 1697 rendu sur les conclusions de d'Aguesseau.

293. Du reste, l'extension donnée à l'Édit par les coutumes de Paris et d'Orléans, à la différence de l'Édit lui-même, n'avait qu'un effet *local*, comme tout ce qui était coutumier. Elle constituait un statut réel, c'est-à-dire concernant la disponibilité des biens et non la capacité des époux. De là, l'époux qui se *remariait* à Paris ou à Orléans et s'y fixait, pouvait néanmoins disposer librement de ses conquêts immobiliers situés hors desdits ressorts ; réciproquement, l'époux fixé dans un ressort qui n'admettait pas d'extension à l'Édit ne pouvait cependant donner ses conquêts situés dans les ressorts de Paris ou d'Orléans.

APPENDICE.

294. Une Ordonnance célèbre de Henri III, rendue en 1579, à la suite des États de Blois et, pour cela, connue sous le nom

d'Ordonnance de Blois, contenait une peine toute particulière pour les femmes veuves ayant des enfants du premier lit et épousant des hommes *indignes de leur condition* : toutes donations et avantages faits à ces maris étaient *nuls et de nul effet*, et même les femmes qui les avaient conférés pouvaient être privées et *interdites* de la disposition de leurs biens (art. 182).

CHAPITRE IV.

DROIT INTERMÉDIAIRE.

295. La Révolution qui remplit la fin du dernier siècle remua trop profondément l'ordre politique pour ne pas réagir sur toutes les branches du droit civil ; aussi, les anciens principes sur la transmission et la disposition des biens se trouvèrent-ils, et plus que tous les autres, incompatibles avec les idées nouvelles.

L'Assemblée constituante avait promis à la France un Code de lois civiles uniformes (1) ; mais, absorbée toute entière par la mise en œuvre et la création, pour ainsi dire, des droits politiques dont la France était avide, elle ne put rien tenir de sa promesse.

Ce fut donc la Convention qui commença la réforme du droit privé.

D'après les principes bien connus de cette législature, surtout d'après son ardeur à détruire l'ancien édifice social et à faire circuler des biens séculairement concentrés dans les mêmes familles, on s'attendrait à la voir encourager les disposi-

---

(1) *Constitution de 1791, tit. 1er, in fine.*

tions gratuites. Cependant sa loi du 17 nivôse an II ne leur fut rien moins que favorable : c'est qu'elle avait à craindre que le père de famille ne disposât encore en faveur de ses proches et ne perpétuât ainsi l'état de choses qu'elle voulait proscrire ; c'est aussi, peut-être, que la faculté de disposer, même au profit d'étrangers, eût encore été pour le père un moyen de maintenir ses enfants dans le devoir par une crainte salutaire, et que tout ce qui rappelait la puissance paternelle déjà ruinée, lui portait ombrage.

296. Brisant donc, dans son article 1er, les droits les plus légitimement acquis ; violant les règles de l'équité naturelle et du droit positif universel, la loi de Nivôse annula toutes les donations entre-vifs de biens présents ou à venir faites depuis 1789 (a).

Dans son article 16, elle défendit de faire aucune libéralité aux successibles et de donner aux étrangers plus d'un dixième des biens, si le disposant laissait des ascendants ou des descendants, quel que fût leur nombre et leur degré, et plus d'un sixième, s'il ne laissait que des collatéraux.

297. Mais, chose étrange encore au premier aspect, cette loi, si hostile aux dispositions gratuites entre étrangers et même entre parents, les permit largement aux époux et créa pour eux un droit tout de faveur et d'exception. L'antique prohibition qui ne s'était guère affaiblie à travers les siècles et les législations successives depuis Auguste jusqu'à l'entier développement du Droit coutumier, fut levée tout à coup, et à l'époque même où le mariage était déjà dépouillé de sa dignité et où le divorce pour simple incompatibilité d'humeur lui avait enlevé le dernier caractère qui l'élevât encore au-dessus des autres contrats, l'indissolubilité.

(a) L'art. 1er de la loi du 17 nivôse an II n'était que la reproduction de l'art. 2 d'une loi du 5 brumaire de la même année. — Du reste, l'iniquité de cette rétroactivité fut réparée par une loi du 18 pluviôse an V, qui rétablit les donations antérieures à la loi de Nivôse.

Pour expliquer cette apparente anomalie, nous pourrions dire, nous reportant à l'origine de la prohibition chez les Romains, qu'établie pour maintenir le désintéressement dans la société conjugale, elle n'avait plus sa raison d'être quand le mariage n'était plus lui-même le *consortium omnis vitæ*; mais nous aimons mieux croire que c'est dans un autre sens que le divorce fut la cause de cette restitution aux époux du droit de s'avantager : soit qu'il parût juste que l'épouse abandonnée pût au moins quitter le toit conjugal avec un bien-être honorable, soit surtout que les gains de survie étant abolis, comme peu compatibles avec la dissolubilité, il fallait bien permettre aux époux d'y suppléer dans une certaine mesure.

298. Voici les faveurs qui furent accordées aux époux par les articles 13 et 14 de la loi du 17 nivôse an II : d'abord la nullité rétroactive des donations postérieures à 1789 ne les atteignit pas : on respecta des traités sur la foi desquels avait été contractée une société si onéreuse. En outre, il fut permis aux époux, au cas où ils ne laisseraient pas d'enfants, de se donner *irrévocablement* la *pleine* propriété de *tous* leurs biens, quelles qu'en fussent et la *nature* et l'*origine*, qu'ils fussent *communs ou propres*, *égaux ou inégaux* en valeur, en un mot, toutes les distinctions qu'accumulait l'ancienne prohibition furent abolies. Mais si les époux laissaient des enfants, ils ne pouvaient se donner que *l'usufruit de la moitié* de leurs biens ; les dons d'usufruit supérieurs à cette quotité y étaient réduits et ceux de propriété étaient réduits à *l'usufruit des objets donnés*, sauf, bien entendu, à n'excéder jamais l'usufruit de la moitié de tous les biens. Enfin, la loi n'ordonnant la réduction qu'au cas où il y avait des enfants (art. 13 et 14), nous croyons, quoique la question semble douteuse, que la présence d'ascendants ou de collatéraux n'eût pas empêché de donner à l'époux la *pleine* propriété de *tous* les biens, faveur plus exorbitante que les autres et qui n'est pas entièrement effacée dans notre Code.

299. Du reste, celui qui n'avait donné à son conjoint que

l'usufruit de la moitié de ses biens, pouvait encore en donner à un étranger le dixième ou le sixième, suivant qu'il avait des héritiers directs ou collatéraux : c'est ce que déclara plus tard une loi du 18 pluviôse an V (art. 6).

300. Ainsi se trouvèrent abolies dans toute la France les diversités que nous avons signalées entre les coutumes, toutes plus ou moins restrictives des libéralités entre époux.

Mais avec les prohibitions coutumières tombèrent aussi et l'augment de dot et le douaire et tous les gains de survie, en général ; une loi interprétative du 9 fructidor, an II, rendue pour la solution de questions qu'avait posées l'autorité judiciaire sur la loi de Nivôse, répondit, notamment (sur la 24ᵉ question), que le douaire coutumier était aboli.

301. La loi de Nivôse ne parla pas explicitement du convol. La question de savoir si l'Édit des secondes noces fut par elle abrogé s'éleva donc bientôt.

Pour le premier chef de l'Édit, celui qui défendait de donner au nouvel époux plus d'une part d'enfant, il fut évidemment abrogé par l'article 13 qui permettait de donner une moitié d'usufruit au cas où il y avait des enfants, soit communs, soit d'un précédent lit.

Il y avait plus de doute pour le second chef, qui ordonnait à l'époux binube de conserver aux enfants du premier mariage les gains nuptiaux provenus de ce mariage. Nous pensons toutefois, et malgré l'autorité de Chabot (1) et d'un arrêt de la Cour suprême (2), que l'article 61 de la loi de Nivôse, ayant abrogé toutes les lois, coutumes et statuts sur la transmission des biens par donation et successions, a, par là même, abrogé le second chef de l'Édit. On dit dans l'opinion contraire que ce chef contenait, avant tout, une peine contre les secondes noces, et que l'article 61 précité n'a point trait aux pénalités ; nous répondons que l'Édit contenait bien moins une

____

(1) *Questions transitoires*, vᵒ Noces (secondes).
(2) C. de Cassation, 2 mai 1808.

peine contre l'époux remarié qu'une protection et une faveur pour les enfants du premier lit, faveur se traduisant pour eux en une extension de la réserve et des droits successoraux, et tombant, par conséquent, sous l'application de l'article 61 de la loi de Nivôse.

302. Ne nous étonnons pas, au surplus, qu'une législation complaisante pour le divorce fût facile pour les seconds mariages : Auguste aussi remédia aux maux du divorce par des encouragements aux secondes noces, et les trois célèbres Constitutions du Bas-Empire n'eurent leur raison d'être que lorsque le divorce, condamné par le Christianisme, commença à trouver des entraves dans les lois.

303. Nous avons vu que si la loi de Nivôse fut favorable aux avantages entre époux, elle fut d'une rigueur difficile à justifier pour les dispositions gratuites entre étrangers ; mais une loi du 4 germinal an VIII, c'est-à-dire d'un temps déjà meilleur, vint restituer aux citoyens le droit de disposer de leurs biens dans une mesure plus rationnelle : ils purent désormais donner une part d'enfant, pourvu qu'elle n'excédât pas le quart de leurs biens ; du reste, la loi de Germinal n'augmenta pas le disponible entre époux, il resta tel que l'avait fixé la loi de Nivôse.

TROISIÈME PARTIE.

—

DROIT FRANÇAIS MODERNE.

304. Le Code Napoléon ne pouvait suivre tout à fait les errements de la loi de Nivôse, mais il pouvait encore moins retourner à l'ancienne prohibition des avantages entre époux : si l'extrême facilité de la loi révolutionnaire, à cet égard, assurait peu la dignité du mariage, la rigoureuse protection dont le vieux droit prétendait la garantir était devenue incompatible avec le divorce que le Code Napoléon ne voulait pas rejeter. Il maintint donc le principe de la loi de Nivôse, mais il le corrigea : les époux conservèrent le droit de s'avantager pendant le mariage, mais en même temps une garantie leur fut donnée contre l'entraînement de la passion, l'ingratitude ou la captation, ce fut la faculté de révoquer en toute liberté. C'est là une de ces dispositions du Code Napoléon qui témoignent de l'esprit de transaction qu'il apporta dans toutes les dissidences du droit ancien et du nouveau. Malheureusement, les quelques articles qu'il a consacrés aux avantages entre époux sont d'un laconisme regrettable : beaucoup de questions, et des plus graves, sont restées indécises, et depuis bientôt cinquante ans que le Code Napoléon est médité, discuté et appliqué, les intérêts les plus sérieux des familles sont

encore livrés aux divergences de la doctrine (a) et aux fluctuations de la jurisprudence.

305. La qualification de *donation entre époux* ne convient véritablement qu'aux libéralités faites *pendant* le mariage; c'est pourquoi nous avons peu parlé, en droit romain et en droit coutumier, de celles faites en vue du mariage, mais antérieurement. Cependant, comme le Code Napoléon a exposé dans un même chapitre, et quelquefois dans les mêmes articles, les règles des deux sortes de libéralités, comme les deux théories ont des principes communs et se complètent l'une par l'autre, nous en traiterons conjointement, en droit moderne.

Nous consacrerons ainsi un premier chapitre aux donations entre futurs époux, c'est-à-dire faites par contrat de mariage; un second aux donations entre époux proprement dites, c'est-à-dire faites pendant le mariage; dans un troisième et dernier chapitre, nous traiterons de la quotité disponible, soit dans les cas ordinaires, soit au cas de seconds mariages et de la sanction, tant de la réserve que de la révocabilité.

CHAPITRE PREMIER.

DES DONATIONS PAR CONTRAT DE MARIAGE ENTRE FUTURS ÉPOUX.

306. La faveur du mariage a fait apporter de nombreuses dérogations aux règles ordinaires des donations; ces déroga-

---

(a) *N. B.*—Malgré de recommandables précédents, nous nous abstiendrons, en général, de citer les auteurs vivants, parce que plusieurs ont été nos maîtres dans la Faculté de Paris, et que cependant des dissentiments sont inévitables sur tant de points laissés indécis par la loi. D'ailleurs le danger des

tions sont d'abord présentées par le Code pour les donations faites au futurs époux par des étrangers (art. 1081 à 1090) ; il en fait ensuite l'application aux époux, mais avec quelques nouvelles modifications (art. 1091 à 1093).

307. Nous tracerons d'abord, et sommairement, ce double parallèle entre les donations du droit commun et celles qu'a fait admettre la faveur du mariage :

1° Les donations entre-vifs ordinaires ne peuvent comprendre que des biens *présents* du donateur (art. 943) ; — les donations faites aux futurs époux par des étrangers (*a*) peuvent comprendre en outre, soit des biens *à venir* (*b*) seulement (art. 1082), soit, cumulativement, des biens présents et à venir (art. 1084) ;

2° Les premières ne peuvent être faites sous des conditions dont l'accomplissement dépendrait de la volonté du donateur (art. 944) ; — les secondes peuvent être faites sous ces con·ditions potestatives (art. 1086) ;

3° Les premières sont soumises à la formalité d'une acceptation expresse (art. 932) ; — les secondes sont suffisamment acceptées par le concours du donataire à l'acte (art. 1087) ;

4° Les premières sont révocables pour ingratitude du donataire (art. 955) ; — il n'en est pas de même des secondes (art. 959) ;

---

omissions et des inexactitudes dans les citations de l'*enseignement oral* nous aurait obligé à restreindre nos citations aux *ouvrages publiés*. Mais dans cette 8ᵉ partie, comme dans les précédentes, nous nous ferons *un devoir* de citer les autorités auxquelles nous serons redevables d'aperçus particuliers.

(*a*) On sait que dans cette matière le mot *étranger* est pris seulement par opposition aux *époux* et s'applique aussi bien à leurs ascendants qu'aux autres personnes.

(*b*) L'expression *biens à venir* est généralement admise pour désigner *les biens laissés au décès ;* on l'a critiquée cependant, comme ne comprenant pas, rigoureusement, les biens que le disposant *avait déjà* lors de la donation. — Nous reconnaissons que la synonymie n'est pas parfaite, mais si le Code Napoléon emploie la seconde expression dans l'article 1082, il emploie la première dans l'article 1093, et il est impossible de n'y pas voir le même sens donné à chacune.

5° Les premières ne peuvent être faites à des personnes non conçues (art. 906); — les secondes, quand elles ne sont pas de biens présents (art. 1081), sont toujours présumées faites aux enfants à naître du mariage (art. 1082);

6° Les premières produisent tout leur effet *hic et nunc* et irrévocablement (sauf les trois cas de révocation pour inexécution des charges, ingratitude ou survenance d'enfants (art. 953); — les secondes, autres également que celles de biens présents, ne sont parfaites que si le donataire ou sa postérité survivent au donateur (art. 1089);

7° Enfin les donations en faveur du mariage sont naturellement subordonnées à une condition qui n'affecte pas les autres : celle de la célébration du mariage en vue duquel elles ont lieu (art. 1088).

308. Au surplus, les donations faites par des étrangers aux futurs époux restent soumises aux règles ordinaires relatives : 1° à la solennité de la forme notariée (art. 931); 2° à la condition de majorité pour le donateur (art. 903); 3° à l'incapacité de recevoir qui frappe certaines personnes (art. 908 et 909); 4° à la révocation pour inexécution des charges (art. 954) ou pour survenance d'enfants (art. 960); 5° au rapport (art. 843) et à la réduction (art. 921 et suiv. et 1090); 6° enfin, à la formalité de la transcription pour les immeubles (art. 939) et de l'état estimatif pour les meubles (art. 948), mais seulement quand la donation est de biens *présents*.

309. Quant aux donations *entre les futurs époux*, elles participent, en général, aux priviléges des donations en faveur du mariage; cependant sur quelques points elles s'écartent de l'exception pour rentrer dans la règle.

Ainsi, 1° elles ne sont pas transmissibles aux enfants à naître du mariage (art. 1093);

2° Elles sont, selon nous, révocables pour ingratitude (*nonobstant* l'art. 959).

Sur d'autres points, elles s'écartent à la fois de la règle et de l'exception :

Ainsi, 1° elles ont une quotité disponible spéciale (art. 1094 et 1098;

2° Elles peuvent être faites par un mineur, et avec la même latitude que par un majeur, pourvu qu'il soit assisté des personnes dont le consentement est requis pour la validité de son mariage (art. 1095, 1309 et 1398);

3° Elles ne sont pas révoquées de plein droit par la survenance d'un enfant *commun* (art. 960);

4° Elles sont, selon nous, révoquées de plein droit par la séparation de corps (*argument* de l'art. 299).

Du reste, nous retrouverons toutes ces différences en leur lieu et nous aurons à les établir.

310. L'article 1091 porte : « Les époux pourront, par con- » trat de mariage, se faire réciproquement, ou l'un des deux » à l'autre, telle donation qu'ils jugeront à propos, sous les » modifications ci-après exprimées. »

Il résulte de cet article que les époux peuvent se faire des donations, 1° de biens présents, 2° de biens à venir, 3° de biens présents et à venir, cumulativement, 4° sous des conditions potestatives de la part du donateur.

Nous traiterons de ces donations dans autant de sections.

SECTION PREMIÈRE.

DE LA DONATION DE BIENS PRÉSENTS.

311. L'expression *biens présents* ne laisse pas que d'offrir déjà quelque difficulté ; il serait inexact de ne l'appliquer qu'aux choses qui sont déjà pour le donateur l'objet d'un droit certain, soit réel, soit personnel : elle comprend aussi celles à l'égard desquelles il n'a qu'un droit éventuel, ou plutôt ce droit éventuel est lui-même un bien présent, l'éventualité en diminue seulement la valeur.

312. Une donation de biens présents est donc, selon nous, l'acte par lequel on confère à autrui un droit qu'on avait déjà soi-même ; et comme la donation de biens présents ne peut plus avoir lieu à cause de mort, mais seulement entre vifs (art. 893), nous ajoutons avec l'article 894, qu'elle doit être faite de manière à opérer un dépouillement actuel du donateur et qu'il ne dépende pas de lui de la révoquer directement ni indirectement, sauf l'application de l'article 947.

313. Le Code déclare dans l'article 1092 « qu'entre futurs » époux, la donation *entre-vifs de biens présents* ne sera point » censée faite sous la condition de survie du donataire, si cette » condition n'est formellement exprimée, et qu'elle sera sou- » mise à toutes les règles et formes ci-dessus prescrites pour » ces sortes de donations. »

La première disposition semble inutile tout d'abord, puisque les véritables donations entre-vifs n'ont jamais été subordonnées à la condition de survie du donataire, laquelle était, au contraire, un des caractères distinctifs dés donations à cause de mort qui n'existent plus ; on en donne cependant deux explications.

314. Dans l'une on dit que le Code a voulu faire ressortir davantage une différence avec la donation de biens à venir, et peut-être aussi une autre différence avec la donation de b·ens présents également, mais faite *pendant* le mariage. Cette explication suppose au Code une rédondance qui ne lui est pas habituelle, dans notre matière surtout, et tranche trop hardiment une des plus grosses questions que nous aurons à examiner : celle relative à l'effet du prédécès du donataire sur les donations entre époux pendant le mariage.

315. Nous préférons la seconde explication, qui est purement historique : dans les pays de droit écrit, par une interprétation des lois romaines, que nous croyons exacte, quoiqu'elle ait été critiquée par Ricard on considérait les donations de biens présents, même faites par contrat de mariage, comme tacitement subordonnées à la condition de survie(*a*); les pays coutumiers, au contraire, repoussaient cette condition et permettaient seulement de la stipuler formellement. Le Code, comme dans presque toutes les divergences semblables entre les deux jurisprudences, a suivi le système plus national de nos coutumes. Ainsi, aujourd'hui encore, il est permis au futur époux qui fait la donation, de la soumettre expressément à la condition de survie du donataire. Cette condition a des effets différents suivant qu'elle est suspensive ou résolutoire : ainsi, au premier cas, la propriété ne sera transférée qu'au décès du donateur et, en cas doute sur le fait même de ce décès ou sur son antériorité, la preuve en incomberait au donataire ou à ses héritiers ; au second cas, la propriété est immédiatement transférée : le donataire ou ses héritiers, pour exercer *le droit de retour conventionnel*, doivent prouver le prédécès du donataire.

316. Quant à la stipulation par laquelle le donateur se réserverait le droit de disposer ultérieurement, en faveur d'une autre personne, de tout ou partie des biens donnés, elle n'annulerait pas la donation pour toute la portion ainsi réservée, comme cela a lieu entre étrangers (art. 946), elle donnerait seulement à la donation un autre caractère et la ferait ranger dans les donations sous condition potestative (art. 1086).

317. Le Code déclare la donation de biens présents « soumise aux règles *ci-dessus prescrites*, » ce qui semble se référer aux règles *ordinaires*. Il est certain pourtant : 1° qu'elle est dispensée d'une acceptation expresse (art. 1087) ; 2° qu'elle

---

(*a*) Cette interprétation se justifiait par les lois 32, § 22, *De donat. int. vir. et ux.* et 97, § 2, *De verb. oblig.*, au Digeste, et par la Constitution 5, au Code, *De don. antè nupt.* — Ricard (III⁰ partie, n° 810) opposait la loi 27, Dig., *De don. int. vir. et ux.* — Suivant nous, les textes se pouvaient concilier par une distinction : dans les trois premiers, on suppose que la donation faite avant le mariage ne devait, dans l'intention des parties, produire son effet que lors du mariage ; or c'était le moment même où elle ne pouvait plus avoir lieu ; de là sa nullité. Au contraire, la loi 27, invoquée par Ricard, suppose une donation *pure et simple* entre futurs époux.

est subordonnée à la condition du mariage (argum. de l'art. 1088); 3° qu'elle a une quotité disponible particulière (art. 1094 et 1098); 4° qu'elle peut être faite par un mineur assisté de ses ascendants (art. 1095); 5° qu'elle n'est pas révocable pour survenance d'un enfant *commun* (art. 960 et 1096).

Mais elle est vraiment soumise, sous tous les autres rapports, aux règles ordinaires, ainsi :

1° Elle devra, à peine de nullité absolue, être faite devant notaire (art. 931), soit par le contrat de mariage, soit par acte exprès, mais alors avec relation au futur mariage en vue duquel elle est faite, et, dans ce cas même, elle ne jouira pas du bénéfice de l'article 1087 : elle devra être acceptée expressément (art. 932);

2° Si elle a des immeubles pour objet, la transcription sera nécessaire pour que la propriété soit transférée au donataire envers et contre tous (art. 939);

3° Si elle consiste en meubles, elle devra être accompagnée d'un état estimatif qui empêche le donateur d'y porter atteinte par la suite (art. 948); ce point pourrait faire quelque doute, mais nous pensons que la règle *donner et retenir ne vaut* conserve toute sa force, du moment que le donateur n'a pas disposé en la forme permise par l'article 1086 ;

4° Elle sera réductible à la quotité disponible fixée par les articles 1094 et 1098, et rapportable à la succession du donateur quand les conditions du rapport (art. 843 et suiv.) se rencontreront, ce qui sera rare, car un époux ne succède ordinairement à l'autre époux qu'à défaut de collatéraux au douzième degré, et dans ce cas-là même, il succède seul, ce qui exclut toute idée de rapport; il n'y aurait que le cas où les époux seraient collatéraux l'un de l'autre, et comme tels successibles, mais alors souvent la donation sera universelle et exclura tous autres héritiers, ou bien elle sera préciputaire; hors de là, au moins, il faudrait bien admettre le rapport;

5° Au cas où l'époux donataire prédécéderait sans laisser

d'enfant du mariage, et où la condition de survie n'aurait pas été stipulée, la donation serait *révoquée de plein droit* par la survenance au donateur d'un enfant né d'un subséquent mariage;

6° Enfin, nous avons dit qu'elle est *révoquée de plein droit* par la séparation de corps (argument de l'art. 299),

Et 7° *révocable* pour ingratitude (nonobstant l'art. 959). Toutefois ces trois dernières propositions sont très-controversées et ont besoin d'être établies avec soin.

318. *I. De la révocation par survenance d'un enfant né d'un second mariage.* Les articles 960 et 1096 déclarent non révoquées par survenance d'enfant les donations entre époux ou entre futurs époux; tous les auteurs, à l'exception de Grenier (1) et Delvincourt (2), repoussent toute distinction entre la survenance d'enfants communs et celle d'enfants d'un mariage subséquent, parce que, disent-ils, il s'agit d'une exception. Nous pensons cependant que la révocation pour survenance d'enfants doit être appliquée à tous les cas pour lesquels elle est manifestement édictée, et qu'il est permis de tenir compte des causes de cette exception à une règle générale, afin de n'en faire qu'une sage application; d'ailleurs la révocation pour survenance d'enfant n'est pas une rigueur pour le donataire, c'est une faveur pour l'enfant survenu au donateur.

Les motifs qui ont fait affranchir de cette révocation les donations entre époux, ne se présentent nullement dans notre espèce; il est clair qu'un mari qui donne à sa première femme, lui donne comme à la *mère* de ses futurs enfants, sans songer aucunement qu'il pourrait n'avoir d'enfants que d'une seconde femme, et il sera très-pénible pour lui, lorsqu'il aura un enfant d'un autre mariage, de voir les biens par lui donnés

(1) *Traité des donations,* 1re édit., n° 199.
(2) *Cours de code civil,* tom. II, édit. in-4°, p. 289.

passer aux héritiers de la donataire, peut-être à des collatéraux du douzième degré.

Mais ce qui est décisif, selon nous, c'est que dès avant l'Ordonnance de 1731, cette interprétation était admise (1), et que depuis cette ordonnance deux auteurs de cette époque et d'une grande autorité (2) ont enseigné que son article 39 (sur lequel a été littéralement copié l'article 960 de notre Code) s'appliquait aux enfants *communs*, ce qui était bien dire qu'il ne concernait pas les enfants d'un mariage ultérieur.

319. *II. De la révocation par l'effet de la séparation de corps.* Tout le monde reconnaît que la séparation de corps abolie en 1792, lors de l'introduction du divorce, ne fut rétablie dans le Code de 1804 que pour être, comme on l'a dit avec vérité, *le divorce des catholiques :* on ne voulut pas mettre un grand nombre d'époux malheureux, pour qui l'indissolubilité du lien conjugal était encore sacrée, dans l'alternative de vivre en discorde ou de sacrifier leurs croyances religieuses : malheureusement la partie du Titre *du divorce* dans laquelle il fut parlé de la séparation de corps, fut fort négligée, et tandis qu'on avait consacré près de *quatre-vingts* articles au divorce, on n'en consacra que *six* à la séparation de corps. On rencontre bien çà et là, dans le Code, quelques dispositions concernant la séparation de corps, mais elles sont loin de former un ensemble. Aussi quand on voit deux de nos six articles renvoyer aux règles du divorce pour les *causes et les formes* de la séparation de corps, on est naturellement disposé à croire que la loi entendait attacher *les mêmes effets* à l'une qu'à l'autre, à l'exception de la dissolution du mariage et de ses conséquences forcées réservées au divorce seul.

En effet, puisque la séparation de corps était destinée à procurer à l'époux malheureux et fidèle les avantages du di-

---

(1) V. Dumoulin, *De don. in matrim. contractu,* n° 25.
(2) Furgole, *sur l'Ordonnance,* quest. 40°, n° 4. — Prévôt de la Janès, *Princip. de jurispr.,* tom. II, n° 465.

vorce, en tant qu'ils étaient compatibles avec l'indissolubilité du mariage, il faut bien admettre qu'elle trouvait son complément dans le chapitre consacré aux *effets du divorce*.

320. D'ailleurs personne ne conteste l'application à la séparation de corps des articles 302 et 303 sur l'éducation et la surveillance des enfants mineurs, quoique ces articles fussent édictés pour le divorce; la loi a fait elle-même, dans plusieurs articles, l'assimilation de la séparation de corps au divorce; ainsi elle nous dit : 1° que l'un et l'autre dissolvent la communauté (art. 1441), par voie de conséquence, il est vrai : l'un parce qu'il dissout le mariage même, l'autre parce qu'elle entraîne la séparation de biens; 2° que ni l'un ni l'autre ne donne ouverture aux droits de survie (art. 1452) ; 3° que la femme divorcée *ou* séparée de corps est censée renoncer à la communauté, quand elle ne l'a point acceptée dans les trois mois et quarante jours de sa dissolution (art. 1463).

321. Il est vrai qu'on rétorque ces articles contre nous, et qu'on nous dit : si dans ces cas particuliers la loi a pris la peine de mettre sur la même ligne le divorce et la séparation de corps, c'est qu'apparemment ils différaient en général. L'argument *a contrario* nous touche peu : les articles précités contiennent les principaux cas d'une assimilation qui pourrait être plus fréquente; ils n'ont pour nous rien d'exclusif.

On oppose aussi l'article 386 qui enlevait l'usufruit légal à l'époux contre lequel avait été prononcé *le divorce* (et non la séparation de corps), et l'article 767 qui privait l'époux *divorcé* (et non celui séparé de corps) de la succession de l'autre époux.

322. Mais la double objection se trouve déja réfutée par ce qui a été dit précédemment : le divorce avait des effets qui lui étaient propres, parce que la dissolution du mariage lui était propre également; ainsi l'époux, qui par sa faute avait amené la dissolution du mariage, n'était pas moins coupable envers ses enfants dont il compromettait l'avenir, qu'envers

son époux; il était donc juste et qu'il fût puni et qu'il les indemnisât en même temps par la perte de son usufruit sur leurs biens. Mais s'il n'était que séparé de corps, de même qu'il était toujours époux, de même il conservait les droits de la paternité : ainsi encore l'époux divorcé perdait le droit de succession, qui était attaché à la qualité d'époux; mais seulement séparé de corps, il succédait encore à son époux, et ce résultat n'est pas contraire à la perte des donations, car il est de principe que les droits de succession *ab intestat* se perdent moins facilement que ceux conférés par la volonté de l'homme (cf., art. 727 et 955).

Et qu'on ne dise pas non plus que la perte des libéralités par le divorce était l'effet direct et nécessaire de la dissolution du mariage lui-même; que par conséquent on n'en doit pas faire l'application quand le mariage subsiste toujours; car nous répondrions que cet effet était si peu nécessaire qu'il ne se produisait pas quand le divorce avait lieu par consentement mutuel (art. 299).

323. Mais voici les raisons qui nous déterminent et qui nous paraissent invincibles :

1° L'article 1518 déclare formellement que le préciput conventionnel est perdu pour l'époux contre lequel ont été prononcés, soit le divorce, soit la séparation de corps; et certes, quelque effort qu'on ait fait pour affaiblir la portée de cette disposition, si quelque convention devait rester à l'abri de toute atteinte, c'était au moins une convention matrimoniale que la loi, de l'avis général, répute faite à titre onéreux, quand elle la déclare « n'être pas un avantage sujet aux formalités des donations; »

2° Quand est venue la législation moderne, l'ancienne jurisprudence admettait depuis deux siècles que la séparation de corps entraînait la *révocabilité* des avantages que l'époux coupable avait reçus du demandeur (1);

―――――――――

(1) V. M. Demolombe, *Cours de code civil*, tom. IV, n° 527, et les autorités par lui citées.

3° Le Code Napoléon, statuant sur le divorce qui l'occupait plus que la séparation de corps, alla plus loin, et au lieu d'une simple *révocabilité* facultative pour l'époux offensé, il établit une *révocation* virtuelle, c'est-à-dire opérée de plein droit et sans demande;

4° Si la loi du 8 mai 1816, abolitive du divorce, convertit en instances en séparation de corps celles commencées à cette époque à fin de divorce, c'est qu'évidemment on pouvait en obtenir les mêmes résultats, sauf la dissolution du mariage et ses conséquences.

324. C'est du reste en ce sens, et par ces motifs, que s'est prononcée la Cour suprême, le 23 mai 1845, par un arrêt célèbre, rendu toutes chambres réunies et contrairement aux conclusions de M. le procureur général Dupin; cet arrêt réforma une jurisprudence suivie depuis trente ans par la chambre civile, et mit ainsi fin à une fâcheuse dissidence qui partageait presque également les Cours d'appel ; il a depuis été confirmé plusieurs fois par la chambre civile elle-même, et tout porte à croire que l'unité finira par s'établir dans la doctrine comme elle est désormais acquise à la jurisprudence (1).

325. La révocation par suite de la séparation de corps étant une sorte de révocation pour ingratitude, nous pensons qu'elle ne pourrait nuire aux tiers (art. 958) et que le donateur devrait respecter les aliénations antérieures à la publication de la demande en séparation, faite conformément au même article 958. Mais il aurait recours contre l'époux ingrat, dans la mesure de son enrichissement.

326. *III. De la révocation pour ingratitude.* Notre troisième proposition est presque établie par ce qui précède, car on peut dire que tout fait d'ingratitude qui donnerait lieu à une demande en révocation des donations, motiverait pareillement une demande en séparation de corps (*Cf.* l'art. 955 avec les

---

(1) V. les auteurs et les arrêts dans les deux sens cités par M. Marcadé sur l'art. 311, n° 2.

art. 229, 230 et 231) et, en fait, la séparation de corps sera presque toujours demandée, car il est clair que l'époux qui ne craindra pas de révéler ses chagrins et les torts de son époux, pour obtenir la révocation des donations qu'il lui a faites, ne reculera pas devant l'éclat d'une séparation de corps.

Cependant il peut arriver que la demande en séparation de corps soit impossible malgré l'ingratitude du donataire, on en cite deux cas (1) : 1° celui où la séparation de corps étant déjà prononcée, l'époux originairement demandeur et donataire se rend à son tour coupable d'ingratitude ; 2° celui où l'époux offensé est mort sans avoir pu encore commencer ou terminer l'instance en séparation de corps ; ses héritiers auraient alors en son nom l'action en révocation pour ingratitude, conformément à l'article 957, *in fine*.

Nous formulerons donc ainsi notre troisième proposition : l'article 959, en déclarant les donations *en faveur du mariage* non révocables pour ingratitude, n'a pas trait aux donations *entre futurs époux*.

327. D'abord il est sensible que l'expression *donation en faveur du mariage* s'applique essentiellement (sinon exclusivement) aux libéralités faites *par des tiers* aux époux, puisqu'elles ont pour but d'encourager ceux-ci à accepter les devoirs et les charges du mariage ; en effet, on ne peut nier que les articles 959, 960 et 1088 s'appliquent à ces donations. Mais on invoque justement les deux derniers de ces articles pour prouver que le premier s'applique aux donations *entre futurs époux*, comme aux donations à eux faites par des tiers.

Il est vrai que l'article 1088, qui déclare les donations en faveur du mariage subordonnées à la célébration même du mariage, doit être appliqué aussi aux donations entre futurs époux ; mais nous soutenons que l'article n'est point fait pour ces dernières ; on le leur applique, parce qu'il existe et par

____

(1) V. M. Demolombe, op. cit., t. IV, n° 528.

analogie; il n'existerait pas, qu'il faudrait le suppléer; car qui pourrait soutenir, dans le silence de la loi, qu'une donation entre futurs conjoints doit produire son plein effet malgré une rupture et l'abandon de tout projet de mariage ?

328. L'argument tiré de l'article 960 est plus spécieux. Statuant sur la révocation, pour survenance d'enfants, cet article déclare que toutes les donations y sont soumises, même celles *en faveur du mariage*, à l'exception, pourtant, de celles faites par les ascendants aux futurs conjoints ou par les futurs conjoints l'un à l'autre. Or, dit-on, si la loi excepte ces dernières, c'est que, sans cela, elles seraient comprises dans l'expression « donation en faveur du mariage; » mais il suffit de signaler la négligence qui a été apportée à la rédaction de cet article, pour lui enlever l'autorité qu'on lui prête dans notre question. N'est-il pas étrange, en effet, qu'un article s'occupant de la révocation pour survenance d'enfants (au donateur qui n'en avait pas encore lors de la donation) vienne nous dire d'abord que la révocation ne s'applique pas aux donations faites par les ascendants aux conjoints, c'est-à-dire par ceux mêmes *qui ont des enfants?* Comment alors attacher de l'importance à la deuxième exception, à ce que l'article 960 dit des futurs conjoints, quand il parle déjà si mal à propos des ascendants (a)?

329. Dégagé des deux articles à l'aide desquels on voulait en étendre l'application, l'article 959 se présente alors avec un sens plus restreint, mais bien plus naturel et bien plus équitable :

(a) Du reste, sans justifier cette inutile disposition du Code à l'égard des ascendants, on peut l'expliquer historiquement : elle fut copiée sans réflexion dans l'Ordonnance de 1731 où elle avait une raison d'être qu'elle a perdue sous le Code Napoléon. En effet, les anciens auteurs agitaient la question de savoir si la donation faite par un père à son enfant unique était révoquée par la survenance d'un second enfant, et plusieurs décidaient l'affirmative quand la donation s'adressait à une fille et qu'ensuite il survenait au donateur un enfant mâle. L'Ordonnance de 1731 serait venue trancher la question dans le sens opposé (art. 39).—V. Grenier, n° 190, et les anciens auteurs par lui cités.

en effet, autant il est choquant de laisser l'ingratitude impunie quand c'est l'un des époux qui a donné à l'autre , autant il est juste, quand la donation vient d'un tiers, de ne pas faire porter à l'un d'eux la peine de l'ingratitude de l'autre ; la donation faite par un tiers, dans le contrat de mariage, même à un seul des futurs époux , est indirectement faite à l'autre ainsi qu'à leurs enfants à naître, c'est pourquoi elle mérite seule le nom de donation *en faveur du mariage;* celle faite par un futur époux à l'autre ne profite qu'à celui-là et nullement aux enfants : elle n'augmente pas le patrimoine commun : elle n'est point en faveur du mariage. Révoquer la première donation pour l'ingratitude d'un seul des époux, c'est détruire l'harmonie des conventions matrimoniales , c'est briser peut-être l'avenir des enfants ; au contraire, faire revenir à l'époux donateur les biens dont l'autre époux s'est montré indigne, ce n'est pas nuire aux enfants, c'est souvent même leur assurer la conservation de ces biens; car celui qui peut être ingrat pour son conjoint sera presque toujours imprévoyant pour ses enfants.

330. Enfin, outre que rien dans les travaux préparatoires ne permet de croire qu'en écrivant notre article 959 on ait songé aux donations entre futurs conjoints , on y voit, au contraire, que M. Bigot de Préameneu disait dans son Exposé des motifs au Corps législatif :

« Les donations en faveur du mariage sont exceptées, parce
» qu'elles sont destinées aussi aux enfants à naître du mariage
» et qu'ils ne doivent pas être victimes de l'ingratitude du do-
» nataire (1). »

____

(1) V. Locré, t. XI, p. 397 ; — Fenet, t. XII, p. 551.

SECTION DEUXIÈME.

DE A DONATION DE BIENS A VENIR (1).

331. La loi, peu favorable aux donations ordinaires, parce qu'elles nuisent aux héritiers légitimes, a trouvé depuis long-temps un moyen très-ingénieux et très-énergique de les tempérer, en exigeant, pour leur validité, que le donateur se dépouillât lui-même actuellement et irrévocablement des biens qu'il voulait donner : tel fut le sens de la règle célèbre DONNER ET RETENIR NE VAUT qui a passé du Droit Coutumier dans le Code Napoleon (art. 894). Par application de cette règle, la loi prohibe (art. 943 à 946 et 948) certaines manières de disposer, notamment la donation *de biens à venir* : en effet, celui qui donne ses biens à venir, c'est-à-dire les biens qu'il laissera à son décès, DONNE ET RETIENT : *il donne*, puisqu'à sa mort le bénéficiaire pourra recueillir les biens existants; *il retient*, puisqu'il peut, par des dettes ou des dépenses exagérées, réduire ou épuiser sa succession. Et c'est parce que l'homme est assez porté à donner quand il prive, non pas lui, mais ses héritiers, que la loi a particulièrement défendu la donation de biens à venir. Mais, quand elle a voulu protéger certaines personnes, plus encore que les héritiers, elle a dû permettre de leur donner des biens à venir; c'est ainsi qu'elle déclare que la règle *donner et retenir ne vaut* ne s'applique pas aux donations faites par des tiers aux futurs époux ou par les futurs époux l'un à l'autre (art. 947), disposition reprise et complétée dans les articles 1082 et 1083 pour les premières et 1093 pour les secondes.

332. Quoique nous n'ayons à examiner la donation de biens à venir qu'*entre futurs époux*, il est clair que pour en

---

(1) V. page 147, la note (a).

bien préciser la nature et les effets, il nous faut la rapprocher de celle faite à ceux-ci *par des tiers*, car c'est à l'occasion des dernières que la loi a posé les principes généraux de la matière; d'ailleurs, l'article 1093 qui doit nous occuper ici, se borne à renvoyer aux articles 1082 et 1083 en y apportant une dérogation. Il nous faut donc examiner la règle avant l'exception.

§ Ier. — De la donation de biens à venir faite par des tiers aux futurs époux.

333. *I. De la nature de cette libéralité.* La donation de biens à venir participe de la donation entre-vifs et du testament : de la première, en ce qu'elle confère un TITRE *actuel et irrévocable* (a); du testament, en ce que le droit ne s'ouvre qu'au décès du donateur, ne porte que sur les biens existants à cette époque et s'évanouit par le prédécès du donataire (et de sa postérité). La nature mixte de cette disposition lui faisait donner, dans l'ancien droit, le nom d'*Institution contrac-tuelle,* c'est-à-dire *institution d'héritier par contrat de ma-riage;* mais aujourd'hui, en face de l'article 893 qui ne reconnaît que deux modes de disposer à titre gratuit : la donation entre-vifs et le testament, de l'article 943, qui défend qu'une donation entre-vifs contienne des biens à venir (à peine de nul-lité et sans valoir même comme testament) et de l'article 947, qui excepte de la défense les donations en faveur du mariage et entre futurs époux, il faut reconnaître que la donation de biens à venir est *un acte entre-vifs* qui, à la différence du tes-tament, serait, par exemple, réductible à la quotité dispo-nible suivant sa date et non suivant celle du décès, et qui n'éprouverait aucune atteinte de la mort civile du donateur.

(a) M. Jaubert, dans son rapport au Tribunat, disait du donataire de biens à venir : « Il a un titre sans l'émolument. » — (Locré, t. XI, p. 484.)

334. *II. De la forme et des objets de cette libéralité.* La donation de biens à venir étant une dérogation au droit commun ne peut être faite que dans les formes fixées par la loi ; ainsi, à la différence de la donation de biens présents, elle ne peut jamais être faite que *dans le contrat de mariage* des futurs époux (art. 1082) ; ce qui, du reste, la dispense de l'acceptation expresse (art. 1087).

335. La donation de biens à venir peut avoir pour objet, soit l'universalité ou une quote-part des biens que le disposant laissera à son décès, soit une chose particulière ou une somme fixe à prendre sur ces mêmes biens ; mais, dans ce dernier cas, elle différerait encore plus de ce qu'on appelait autrefois *institution* d'héritier *contractuelle*, puisque l'on ne pouvait être héritier pour un objet particulier.

336. Une question plus délicate est celle de savoir si la femme, dûment autorisée, peut donner ses immeubles dotaux comme biens à venir, même quand ils ne sont pas stipulés aliénables, et que la disposition n'est pas en faveur des enfants. Beaucoup d'auteurs modernes, s'appuyant sur d'anciennes autorités et sur ce que la donation de biens à venir ne dépouille pas le donateur, de son vivant, décident sans distinction, qu'elle est permise. Nous croyons cependant qu'il est inexact de dire que cette donation ne dépouille pas le donateur, puisque nous avons admis (et nous l'établirons plus loin) que le bénéficiaire a un titre irrévocable et que, notamment, le donateur ne peut plus disposer à titre gratuit des biens donnés (art. 1083). Or la loi a établi l'inaliénabilité du fonds dotal dans l'intérêt de la femme et des enfants ; par exception, elle permet d'en disposer pour l'établissement de ces mêmes enfants (art. 1555 et 1556) : il est clair qu'une pareille disposition au profit d'étrangers en priverait les enfants à jamais et ne saurait être valable (a).

(a) Cette question vient d'être savamment traitée et résolue dans ce sens par M. Demolombe.—V. *Revue critique de Jurisprudence*, 1851, p. 418 et s.

337. *III. Par qui et à qui cette libéralité peut être faite.*
Elle peut être faite *par* toute personne parente, alliée, ou
étrangère, mais ayant la capacité requise pour *contracter* : en
effet, comme elle n'est pas un testament, les femmes mariées
ne pourraient la faire sans l'autorisation de leur mari ou de justice; les mineurs de vingt et un ans ne la pourraient faire
davantage, puisqu'ils ne se trouveraient ni dans le cas de l'article 904 ni dans celui de l'article 1095.

338. Elle ne peut être faite qu'*aux* futurs époux et aux
enfants à naître de leur mariage.

Cette vocation d'enfants *non encore conçus* est une nouvelle
dérogation au droit commun, admise en faveur du mariage :
en effet, si cette extension aux enfants n'eût pas été possible,
l'effet de la libéralité, subordonné alors à la survie de l'époux
donataire, n'eût été qu'un faible encouragement au mariage;
mais la transmission aux enfants, sous la même condition de
survie (art. 1089), multiplie les espérances de la nouvelle
famille.

339. La loi a même poussé cette faveur jusqu'à dispenser
le donateur d'une disposition expresse au profit des enfants :
« Pareille donation, quoique faite au profit seulement des
» époux ou de l'un d'eux, sera toujours, dans ledit cas de survie
» du donateur, *présumée* faite au profit des enfants et descen-
» dants à naître du mariage (art. 1082, *in fine*). »

Cette *vocation subsidiaire* des enfants constitue pour eux,
selon nous, *une véritable substitution vulgaire*, celle de l'article 898, par laquelle une personne est appelée à une libéralité
pour le cas où le bénéficiaire direct ne la recueillerait pas, par
suite de son prédécès, de son refus ou de son ingratitude, avec
cette seule différence qu'ici l'ingratitude ne pouvant donner lieu
à une révocation (art. 959), n'ouvrirait pas le droit des enfants.

On objecte que la loi n'a substitué les enfants que pour le
cas de *prédécès* du donataire et que nous sommes ici dans un
cas d'exception qui ne permet pas d'extension par analogie.
Nous répondons que les exceptions *favorables* ne répugnent

pas aux analogies et qu'il est manifeste que la loi a statué *de eo quod plerùmque fit*, ne songeant pas au *refus* qui est peu probable; nous allons plus loin, et nous disons que l'acceptation originaire des époux (car elle a toujours eu lieu dans le contrat de mariage, au moins tacitement) a donné un droit à leurs enfants à naître, droit très-éventuel et subsidiaire, à la vérité, mais qui pourtant ne doit pas leur être enlevé par un refus ultérieur des parents; et on leur reconnaît si bien un droit propre, que personne ne conteste qn'ils puissent recueillir la donation sans se porter héritiers de leurs parents.

340. Au surplus, si cette extension aux enfants est toujours *présumée*, ce n'est pas à dire qu'elle soit forcée; c'est pourquoi le disposant pourrait exclure les enfants de la donation et la restreindre aux seuls époux ou à l'un d'eux; mais il ne pourrait pas, en sens inverse, y appeler l'un des enfants, l'aîné, par exemple, à l'exclusion des autres (a) : il ne peut qu'accepter ou détruire pour le tout la présomption légale qui existe au profit des enfants. *A fortiori* il ne pourrait pas appeler expressément les enfants, sans appeler d'abord les parents ou l'un d'eux.

341. *IV. Des effets de cette libéralité.* L'article 1083 porte que « la donation de biens à venir sera *irrévocable* en ce sens » seulement que le donateur ne pourra plus disposer *à titre* » *gratuit* des objets compris dans la donation, si ce n'est pour » sommes modiques, à titre de récompense ou autrement. » Ainsi le droit du donataire a pour mesure celui dont s'est dépouillé le donateur : il pourra, au décès de celui-ci, revendiquer tous les biens donnés à son préjudice et repousser toute demande de legs; au contraire, il devra respecter les aliénations et toutes concessions de droits réels faites à titre *onéreux*; il devra aussi payer les dettes du donateur, car il n'est

---

(a) Avant la loi des 7-11 mai 1849, c'est-à-dire sous l'empire de celle du 17 mai 1826, une pareille disposition eût été possible au moyen d'une substitution *fidéicommissaire.*

donataire que *des biens* laissés au décès : or, *non sunt bona nisi deducto œre alieno;* mais il n'en est pas tenu *ultrà vires successionis*, parce qu'il n'est pas le continuateur de la personne du défunt.

Nous pensons, du reste, que s'il n'y avait pas d'héritier à réserve, le donataire de biens à venir aurait la saisine légale, comme le légataire universel auquel l'article 1006 l'accorde; en effet, le titre du donataire est plus important : authentique, comme celui du légataire, il est de plus irrévocable.

§ II. — De la donation de biens à venir entre futurs époux.

342. Nous n'avons plus ici qu'à indiquer les différences qui existent entre les cas où la donation de biens à venir a lieu entre les futurs époux et celui où elle leur est faite par des tiers.

Ces différences sont au nombre de six principales :

343. 1ʳᵉ *Différence.* Elle est dans l'article 1093 en propres termes. « La donation de biens à venir..... faite par les futurs époux l'un à l'autre sera soumise aux règles concernant les donations pareilles qui leur seront faites par des tiers, *sauf qu'elle ne sera point transmissible* aux enfants issus du mariage, en cas de prédécès de l'époux donataire. »

Nous avons dit que, sans la transmission aux enfants à naître du mariage, la donation de biens à venir, subordonnée à la survie du donataire, encouragerait peu au mariage. Cette transmission n'a plus le même intérêt quand la donation est entre futurs époux ; il est clair que la caducité de la donation par le prédécès du donataire n'a pas la même importance et ne porte guère préjudice aux enfants, puisqu'ils trouveront presque toujours les mêmes biens dans la succession du donateur; il est même à remarquer qu'ils ne les auraient pas plus tôt s'ils venaient comme substitués vulgaires du donataire : il leur faudrait toujours attendre le décès du donateur.

344. Mais c'est une question qui divise sérieusement les auteurs, que celle de savoir si le disposant pourrait, *par une clause expresse*, appeler les enfants à la substitution vulgaire que la loi n'établit pas dans ce cas. Nous pensons qu'il ne le pourrait pas, à cause des termes impératifs de la loi : *ne sera point* TRANSMISSIBLE, à cause de la nature exorbitante de cette transmission *à des personnes non conçues* et surtout du peu d'utilité qu'elle présenterait pour les enfants.

345. **2° *Différence*.** Une quotité disponible spéciale est établie pour les futurs époux par les articles 1094 et 1098 [V. *infrà*, chap. III].

346. **3° *Différence*.** « Le mineur pourra par contrat de mariage, avec le consentement et l'assistance de ceux dont le consentement est requis pour la validité de son mariage, donner à son futur époux tout ce que la loi permet à l'époux majeur de donner à l'autre conjoint. » Cette disposition , qui est la substance de l'article 1095, contient au moins *trois dérogations* au droit commun : 1° un mineur pouvant disposer *entre-vifs*, ce qui est défendu, en principe, par les articles 903 et 904 ; 2° un mineur *agissant* lui-même, tandis qu'ordinairement il doit être représenté ; 3° *le droit d'autorisation* déféré souvent à d'autres personnes qu'au tuteur et au conseil de famille. Ces nouvelles faveurs accordées au mariage étaient indispensables et se justifient par le célèbre principe *trois fois* reproduit dans le Code Napoléon : *Habilis ad nuptias, habilis ad pacta nuptialia* (art. 1095, 1309 et 1398).

347. **4° *Différence*.** Le mariage ayant pour but légitime la naissance d'enfants, il serait déraisonnable et funeste que les donations entre futurs époux fussent révoquées par la survenance d'enfants du mariage en vue duquel elles ont été faites ; d'ailleurs cette révocation serait encore inutile à l'enfant, qui doit toujours retrouver les biens donnés dans la succession du donataire, enfin il aurait mauvaise grâce à critiquer une libéralité qui peut-être a été la cause du mariage auquel il doit la vie.

348. Nous n'avons pas à rappeler ici la question de savoir si les donations entre futurs époux sont révoquées par la survenance au donateur d'un premier enfant légitime né d'un subséquent mariage; cette question par nous résolue affirmativement pour la donation de biens *présents* [n° 318] ne concerne pas la donation de biens *à venir*, puisque celle-ci ne produisant son effet qu'à la mort du donateur est caduque par le prédécès du donataire *seul* (art. 1093) et qu'il n'est pas besoin d'un nouveau mariage du donateur et de la survenance d'un enfant pour la révoquer.

349. 5° *et* 6° *différences.* Les donations entre futurs époux, celles de biens à venir comme celles de biens présents, sont, ainsi que nous croyons l'avoir établi, révoquées de plein droit par la séparation de corps prononcée contre le donataire [n°° 319 et suiv.] et révocables pour ingratitude [n°° 326 et suiv.].

SECTION TROISIÈME.

DE LA DONATION CUMULATIVE DE BIENS PRÉSENTS ET À VENIR.

350. Les hommes ne sont guère enclins à faire la donation de biens présents, parce qu'elle les dépouille, d'un autre côté, la donation de biens à venir, leur laissant le droit de disposer à titre onéreux, offre par là même peu de sécurité au donataire. La loi, par faveur encore pour le mariage, a combiné les avantages de l'une et de l'autre libéralité : elle a permis aux tiers de faire aux époux (art. 1084 et 1085) et à ceux-ci de se faire l'un à l'autre (art. 1093) une donation comprenant à la fois les biens présents et à venir.

351. Comme dans la section précédente, nous parlerons d'abord des règles que suit cette donation quand elle est faite *par des tiers* aux futurs époux, puisque c'est à cette occasion que la loi en a tracé les règles ; il ne nous restera plus ensuite qu'à indiquer les différences qu'elle comporte quand elle a lieu entre les futurs époux eux-mêmes.

§ 1er. — De la donation cumulative faite par des tiers aux futurs époux.

352. La donation de biens présents et à venir peut être faite *par* les mêmes personnes et *aux* mêmes personnes que la donation de biens à venir seulement. C'est même, du vivant du testateur, une véritable donation de biens à venir qui permet à celui-ci les dispositions à titre onéreux, conformement à l'article 1083, mais qui, à sa mort, peut être transformée au gré et par une option du donataire, en une donation des biens qui étaient présents lors du contrat.

Nous avons à voir les conditions et les effets de cette option.

353. Quand le donataire trouve la succession du donateur plus importante que n'étaient les biens présents, il l'accepte en entier et il en supporte alors, *intrà vires*, toutes les dettes et charges, et la donation est considérée comme ayant toujours été de biens à venir; mais, bien entendu, ces charges ne peuvent comprendre des legs et il peut critiquer les aliénations entre-vifs faites à titre gratuit au delà de la tolérance de l'article 1083. Si, au contraire, la succession est mauvaise, le donataire la refusera et déclarera s'en tenir aux biens existants au jour de la donation; alors son option rétroagira et il sera considéré comme ayant toujours été donataire des biens présents exclusivement : il pourra alors critiquer toute espèce d'aliénations, tant à titre onéreux qu'à titre gratuit; mais ce droit sera subordonné, pour son existence et son exercice, à des formalités différentes, suivant que les biens présents comprendront des meubles ou des immeubles et que les aliénations faites porteront sur telle ou telle espèce de biens.

354. Les meubles compris dans la donation ont dû être inventoriés, avec estimation, aux termes de l'article 948, sans quoi la donation n'en est pas valable, même à l'égard du donateur et de ses héritiers. Si l'état estimatif a été fait, mais que ces meubles aient été aliénés par le donateur, la revendication n'en est pas possible contre les tiers détenteurs de bonne foi, parce qu'ils sont protégés par la *prescription instantanée* de l'art. 2279 ; mais, dans ce dernier cas, le donataire conservera son droit contre les héritiers du donateur et il obtiendra le montant de l'estimation des meubles qu'il ne peut revendiquer.

355. Si la donation avait des immeubles pour objet, elle a dû, pour valoir à l'égard des tiers, être portée à leur connaissance au moyen de la transcription (art. 939) ; à défaut de cette transcription, les tiers acquéreurs sont à l'abri de la revendication du donataire ; il en est de même si elle a eu lieu, mais qu'ils aient prescrit par dix ou vingt ans. Quant au recours du donataire contre les héritiers du donateur, il est subordonné à cette autre question que nous n'avons pas à examiner ici, à savoir : si les héritiers du donateur peuvent ou non opposer au donataire le défaut de transcription. Une chose au moins nous paraît certaine, quelque système qu'on suive à cet égard, c'est que s'il y avait eu transcription et que la prescription des tiers détenteurs fût le seul obstacle à la revendication du donataire, les héritiers du donateur seraient tenus de l'indemniser du préjudice que lui a causé cette sorte d'éviction, qui est le fait de leur auteur.

En somme, il est utile à tout donataire de biens présents et à venir, cumulativement, de faire procéder à l'état estimatif ou à la transcription, à cause de la possibilité d'une option rétroactive pour les biens présents.

356. La donation ainsi transformée n'est pas sans charges : si le donataire prend tout ou partie des biens présents, il est obligé de payer dans la même proportion les dettes présentes au jour de la donation ; les universalités de biens ne peuvent être données qu'à cette condition, car *non sunt bona nisi deducto œre alieno.*

357. Pour constater le montant des dettes imposées aux

biens présents, il a dû être fait, à la diligence du donataire, un état de toutes les dettes existant au jour de la donation ; à défaut de cet état, la loi déclare que la donation perd son caractère *cumulatif* et qu'elle devient purement une donation de biens *à venir* : le donataire doit l'accepter ou la répudier pour le tout. Cet état n'est pas exigé dans l'intérêt des *créanciers* du défunt qui pourront toujours se faire payer, au moins sur les biens de la succession ; il n'est pas dans l'intérêt du *donataire*, puisque le défaut de cet état lui fait encourir une déchéance ; il est, selon nous, dans l'intérêt des *héritiers* du donateur, qui, sans lui, seraient exposés à payer sur les biens laissés au décès (les seuls qui leur restent) des dettes existant peut-être au jour de la donation et que le donataire doit supporter.

Nous ne savons s'il faut prendre dans un sens favorable à notre sentiment le silence des auteurs sur cette question de l'intérêt d'un état des dettes présentes, ainsi que sur celle du recours du donataire contre les héritiers, pour les aliénations de meubles ou d'immeubles faites par le donateur malgré l'état estimatif ou la transcription ; quoi qu'il en soit, nous regrettons ce silence.

358. Remarquons, en terminant, que si le donataire peut opter pour les biens présents, à l'exclusion des biens à venir, la réciproque n'est pas possible et qu'il ne pourrait pas, pour se soustraire aux dettes qui existaient au jour de la donation, s'en tenir aux biens acquis dans la suite.

359. Rappelons encore que cette donation, étant en faveur du mariage, n'est point révocable pour ingratitude (art. 959), mais qu'elle l'est pour survenance d'enfant (art. 960).

§ II. — De la donation cumulative entre futurs époux.

360. Entre futurs époux, la donation cumulative de biens présents et à venir produit tous les effets qui précèdent, sauf les six différences déjà présentées pour la donation de biens à venir.

1° Elle n'est pas transmissible, même par clause expresse, aux enfants à naître du futur mariage [n°⁰ 344-345];

2° Elle a une quotité disponible particulière [V. *infrà*, ch. III];

3° Elle peut être faite par un mineur de 21 ans [n° 346];

4° Elle n'est pas révocable pour survenance d'un enfant *commun* [n° 347], mais elle l'est pour survenance d'un enfant né d'un subséquent mariage [n° 318];

5° Elle est révoquée de plein droit par la séparation de corps [n° 319 et s.];

6° Enfin, elle est révocable pour ingratitude [n° 326 et s.].

SECTION QUATRIÈME.

DES DONATIONS FAITES SOUS DES CONDITIONS POTESTATIVES DE LA PART DU DONATEUR.

361. La plus remarquable dérogation à la règle DONNER ET RETENIR NE VAUT est celle qui permet au donateur de donner des biens présents, soit à la charge, par le donataire, de payer des dettes *futures* qui peuvent être considérables, soit sous des conditions suspensives ou résolutoires qu'il dépend du donateur de faire s'accomplir ou défaillir; soit, enfin, avec faculté pour lui de reprendre, en tout ou en partie, pour donner à d'autres personnes (art. 1086).

Ces donations peuvent aussi être faites tant par des tiers en faveur des futurs époux que par les futurs époux l'un à l'autre; nous procéderons encore par comparaison entre l'une et l'autre.

§ Ier. — De la donation faite sous des conditions potestatives par des tiers aux futurs époux.

362. A cause de la facile révocabilité qu'elle comporte, cette dernière espèce de donation semble se rapprocher beau-

coup de l'ancienne donation à cause de mort, aussi plusieurs auteurs ont-ils voulu qu'elle en suivît les règles, notamment quant à la caducité par le prédécès du donataire. Nous croyons cependant qu'il y a encore une différence saillante entre l'une et l'autre, c'est que la révocabilité de notre dernière donation n'est pas aussi *potestative* que celle de la donation à cause de mort : en effet, le donateur à cause de mort, pouvait révoquer par une *simple manifestation de sa volonté;* le donateur de l'article 1086, au contraire, doit, en outre, *faire un acte juridique*, soit contracter les dettes dont il avait imposé l'acquittement au donataire, soit faire *s'accomplir* la condition *résolutoire* ou faire *défaillir* la condition *suspensive* dont il avait affecté la libéralité, soit enfin attribuer à une autre personne les biens dont il s'était réservé la disposition.

363. L'article 1086 donne lieu à deux questions difficiles :

1° Comment l'article 1086 (*in principio*) peut-il parler d'une donation de biens *présents* faite en faveur des époux *et des enfants à naître*, en face de l'article 1081 qui, statuant aussi sur la donation de biens présents, déclare qu'elle ne pourra avoir lieu au profit des enfants à naître, si ce n'est dans les cas où les substitutions *fidéicommissaires* sont permises?

2° Comment ce même article 1086 (*in fine*) peut-il décider que le bien réservé, dont le donateur n'a pas disposé de son vivant, restera au donataire [s'il survit] ou à ses *héritiers* [s'il prédécède], en face de l'article 1089, qui, visant les articles 1082, 1084 et 1086, déclare les donations qui y sont comprises caduques par le prédécès du donataire et de sa *postérité?*

364. Voici d'abord une solution généralement admise pour la première difficulté : il est à remarquer que l'article 1081, qui déclare la donation de biens *présents* non extensible aux enfants à naître, suppose cette donation *pure et simple;* elle n'a donc pas besoin d'être étendue aux enfants, puisque leurs parents en sont saisis de suite et irrévocablement. Au con-

traire, l'article 1086 suppose une donation qui ne devient parfaite qu'à la mort du donateur, et ne laisse pas que d'avoir quelque analogie avec la donation *de biens à venir*, mais alors elle mérite la même faveur et elle est déclarée *transmissible* aux enfants à naître du mariage.

L'article 18 de l'Ordonnance de 1731, auquel a été emprunté l'article 1086 de notre Code, présentait plus clairement la même disposition : « Entendons... que les donations » de biens *présents* faites à condition de payer indistincte-» ment toutes les dettes et charges de la succession du dona-» teur ou sous d'autres conditions... [potestatives] puissent » avoir lieu dans les contrats de mariage en faveur des con-» joints et de leurs descendants. » Le rapprochement de l'original et de la copie donne le véritable sens de cette partie de l'article 1086, « dont la disposition, dit très-bien un auteur (1), n'a pas pour but de nous apprendre que la donation peut se faire sous des conditions potestatives, quand elle s'étend aux enfants » (ce qui n'aurait pas fait doute), « mais bien qu'on peut l'étendre aux enfants quand elle est faite sous ces mêmes conditions. »

365. La controverse est bien plus forte sur la seconde question.

Nous pensons avec Furgole (sur l'art. 18 de l'Ordonnance) et M. Marcadé (sur les art. 1086, n° IV et 1089), que la solution dépend d'une distinction entre la condition suspensive et la condition résolutoire. En effet, le donateur peut faire une donation *actuelle*, mais *résoluble* à son gré (soit par l'effet de dettes qu'il contractera, soit par un autre événement potestatif, soit par une disposition en faveur d'une autre personne); dans ce cas, le droit du donataire existe et est présentement transmissible *à ses héritiers indistinctement*, pourvu qu'il ne soit pas résolu du vivant du donateur. Au contraire,

---

(1) M. Marcadé, sur l'art. 1086, n° 3.

la donation peut être faite pour ne produire son effet que lors d'un événement futur qu'il est au pouvoir du donateur de faire arriver ou défaillir ; elle ne donne guère alors qu'une espérance, comme ferait la donation de biens à venir : elle est seulement transmissible *aux enfants à naître*, mais caduque par le prédécès du donataire *et de sa postérité;* c'est là le cas prévu par l'article 1089.

366. Cette solution (nous la soutenons d'autant plus librement que nous n'en avons pas l'initiative) n'a rien d'arbitraire, elle est conforme aux principes généraux; car il est vraiment impossible d'attribuer le même effet à deux donations dont l'une serait ainsi conçue : « Je vous donne » tel bien, mais je me réserve le droit de le reprendre plus » tard par tel *moyen* ou dans tel *but* »; et l'autre : « Je vous » donne tel bien pour le cas où je n'en disposerais pas autre- » ment dans la suite. » En droit romain, ces donations, quoique toutes deux à cause de mort (et par conséquent caduques par le prédécès du donataire seul), eussent profondément différé dans leurs effets quant au moment de la transmission de propriété; mais aujourd'hui qu'il n'y a plus de donations à cause de mort, la première de ces libéralités, celle qui transfère une propriété actuelle, mais résoluble, n'est pas subordonnée à la survie du donataire; c'est la donation de l'article 1081, transmissible aux *héritiers quelconques* du donataire, sauf la résolution facultative qui dure toute la vie du donateur; la seconde ne transfère la propriété qu'à la mort du donateur et s'il n'a pas disposé autrement, elle se rapproche des donations de biens à venir : elle est caduque par le prédécès du donataire et de sa *postérité* seulement.

Si l'on objecte que nous altérons l'article 1086 en y introduisant des distinctions qu'il ne fait pas, nous répondons que dans le système contraire on l'altère plus gravement en substituant le mot *descendants* au mot *héritiers*.

§ II. — **De la donation faite sous des conditions potestatives
entre futurs époux.**

367. Quoique l'article 1093 ne permette pas expressément
cette donation entre les futurs époux, il ne faut pas douter
qu'ils puissent se la faire, puisque l'article 1091 leur permet
TELLE DONATION QU'ILS JUGERONT A PROPOS.

Rappelons seulement qu'elle n'aurait toujours lieu qu'avec
les six différences que nous avons déjà signalées deux fois :

1° Elle ne serait point transmissible, même par clause expresse, aux enfants à naître du mariage [nos 344-345];

2° Elle serait mesurée sur un disponible spécial [V. ch. III];

3° Elle pourrait être faite par un mineur de 21 ans [n° 346];

4° Elle ne serait pas révocable pour survenance d'un enfant
commun [n° 347], mais elle le serait pour survenance d'un
enfant d'un subséquent mariage [n° 318];

5° Elle serait révoquée de plein droit par la séparation de
corps [nos 319 et s.];

6° Enfin elle serait révocable pour ingratitude [nos 326 et s.].

CHAPITRE II.

DES DONATIONS ENTRE ÉPOUX PENDANT LE MARIAGE.

368. Quand le mariage est une fois contracté, son indissolubilité (*a*) rend inutiles plusieurs des règles d'exception et

---

(a) Le Code Napoléon, il est vrai, n'était pas revenu à l'indissolubilité du
mariage, mais on sait qu'au moins il avait entouré le divorce d'entraves sa-
lutaires qui le rendaient peu praticable.

de faveur que la loi avait édictées pour. y encourager les citoyens : après le mariage, les donations entre époux se rap-
prochent beaucoup du droit commun ; elles conservent bien
encore quelques priviléges, notamment celui de pouvoir consister en biens à venir (art. 947) et de s'élever à une quotité
souvent supérieure au disponible ordinaire (art. 1094), mais,
à l'inverse, et par suite de l'influence trop grande que peut
avoir l'un des époux sur l'autre, la loi a voulu que les libéralités faites entre époux, pendant le mariage, fussent toujours révocables (art. 1096), elle a même énergiquement ga-
ranti et sanctionné cette révocabilité (art. 1097, 1099-2° al.,
et 1100).

369. Nous aurons à voir dans ce chapitre :

1° Quelles donations les époux peuvent se faire pendant
le mariage et quelle en est la nature ;

2° Quels sont la nature, les modes d'exercice et les garanties de leur révocabilité ;

3° Quels sont les effets de ces donations.

§ Ier. — **Des différentes espèces de donations entre époux
et de leur nature.**

370. Le Code Napoléon n'a pas accordé textuellement aux
époux le droit de se faire pendant le mariage « toutes les donations qu'ils jugeront à propos » comme il l'a fait pour les
futurs conjoints dans l'article 1081, mais on ne peut douter
de leur liberté à cet égard, car après avoir prohibé les diverses
espèces de donations contraires à la règle *donner et retenir
ne vaut* (art. 943 à 946), le Code, dans l'article 947, excepte
de la défense les donations comprises dans les chapitres VIII
et IX (art. 1081-1100) et le chapitre IX qui nous occupe
ne distingue pas, sous ce rapport, entre les futurs époux et les
époux véritables.

Ces donations pourront donc comprendre : 1° les biens présents, 2° les biens à venir (a), 3° les biens présents et à venir, cumulativement , 4° les biens présents, mais avec des conditions potestatives.

Il va sans dire, au surplus, qu'aucune de ces donations n'est extensible aux enfants nés ou à naître, puisque cette extension n'est même pas permise, selon nous, quand elles sont faites par contrat de mariage.

371. A cause de leur révocabilité qui, suivant l'opinion générale, serait absolue, et qui est, au moins, dispensée d'aucune justification, on a prétendu (1) en conclure que ces diverses libéralités n'étaient point des actes *entre-vifs*, mais de véritables donations *à cause de mort* que leur nature *de contrat* empêchait de confondre avec les legs, mais qui en suivaient les règles pour la capacité, la réduction et la caducité. Ce système est repoussé, avec raison, par la généralité des auteurs. En face de l'article 893, qui ne reconnaît que deux manières de disposer à titre gratuit, si l'on ne voit point un véritable *testament* dans la donation entre époux (ce qui est impossible, en effet), il faut bien y reconnaître un acte *entre-vifs*. Sans doute la révocabilité la fera différer beaucoup des donations ordinaires, mais l'irrévocabilité est plutôt de la *nature* de la donation entre-vifs qu'elle n'est de son *essence*, aussi avons-nous vu déjà trois catégories de donations plus ou moins soustraites à l'irrévocabilité et auxquelles cependant on ne peut contester la qualité d'actes entre-vifs. On a aussi invoqué les expressions de l'article 1096 portant que « les donations entre époux, *quoique qualifiées entre-vifs*, seront toujours révocables; » or, a-t-on dit, si le Code prévoit que les parties pourront qualifier ces actes : *donations entre-vifs*, c'est qu'ils n'ont pas ce caractère par eux-mêmes; mais nous

---

(a) V. page 147, la note (b).

(1) Merlin, *Répertoire*, v Donation, sect. ix; — Toullier, t. V, n° 11 — Delaporte, *Pandectes françaises.*

pensons que le Code ne fait pas allusion, dans cet article, à la qualification que pourraient donner les parties, mais bien à celle qu'il a donnée lui-même implicitement (art. 893).

Une décisive et double preuve que ces donations sont des actes entre-vifs, c'est d'abord que l'article 1096 les déclare exceptionnellement non révoquées par survenance d'enfant, or il n'y a que les donations *entre-vifs* qui soient sujettes à cette révocation; enfin, que l'article 1097 défend que les dispositions gratuites entre époux aient lieu par un même acte, *soit entre-vifs*, soit par testament.

372. Si les donations entre époux, faites pendant le mariage, sont des actes entre-vifs, elles se trouvent soumises aux règles générales auxquelles il n'est point dérogé à leur égard : ainsi (sans parler encore de leurs effets), 1° elles sont soumises à la forme notariée (art. 931); 2° elles ne sont point dispensées de l'acceptation expresse (art. 932); 3° la formalité de la transcription pour les immeubles (art. 939) et de l'état estimatif des meubles (art. 948) ne leur sont pas inutiles, s'il s'agit de biens présents : la première contre les hypothèques légales et judiciaires qui, n'étant pas l'effet de la volonté du donateur, ne pourront alors porter sur les biens donnés, la seconde pour empêcher les créanciers du donateur de saisir les biens donnés [V. *infrà* n° 382]; 4° elles ne peuvent être faites que par des majeurs de 21 ans (art. 903) et l'époux mineur ne pourrait disposer en faveur de son conjoint que par testament (pourvu encore qu'il eût seize ans) et seulement de la moitié de ce dont il pourrait disposer s'il était majeur (art. 904).

§ II. — De la révocabilité des donations entre époux.

373. Les donations entre époux ne sont pas révocables pour survenance d'enfants *communs* (art. 1096), la raison en est sensible [V. n° 347]; mais elles le sont pour inexécution des charges imposées au donataire (art. 954) et pour son ingratitude (art. 955). Sur ce dernier point, il ne peut plus venir aucun doute de l'article 959 qui parle des donations *en faveur du mariage;* mais, au premier abord, il semble inutile de déclarer ces donations révocables pour des causes *déterminées*, quand elles le sont sans aucune condition et au gré du donateur (art. 1096); cependant la distinction n'est pas indifférentè, car si le donateur peut révoquer sans déduire ses motifs, ses héritiers n'ont pas le même droit ; si donc on admet une révocation pour inexécution des charges et pour ingratitude, ses héritiers pourront l'exercer utilement après sa mort, quand il ne sera pas prouvé que les charges ont été remises ou l'ingratitude pardonnée; si l'on n'admettait pas la révocation pour ingratitude, l'injure faite à la mémoire du donateur, l'attentat même à ses jours resteraient impunis.

374. Nous ne nous attacherons cependant qu'à la révocabilité qu'on est convenu d'appeler, à tort selon nous, *potestative et absolue;* nous en rechercherons la nature, les modes d'exercice et les garanties.

375. *I. Nature de la révocabilité.* La révocabilité des donations entre époux est-elle *purement potestative* comme celle des dispositions testamentaires, ou bien exige-t-elle, au contraire, des motifs sérieux, dont l'appréciation, toutefois, serait laissée à la seule conscience du donateur? Nous croyons avec M. Demolombe (1), que de la solution de cette question préalable dépend celle de la plupart des difficultés qui s'élèvent sur les donations entre époux.

376. La seule raison spécieuse qu'on ait à donner en faveur de la révocabilité purement potestative (on en a donné de très-faibles), c'est que la loi, n'ayant imposé aucune condition à l'exercice de la révocation, semble, par là même, s'être référé aux règles de la révocation des testaments, laquelle, en effet, est essentiellement potestative.

____

(1) *Rev. crit. de jurispr.*, 1851, tom. I", p. 481 et s.

377. Dans le sens opposé, on dit : que la donation est *un contrat;* qu'il est de l'essence du contrat de produire des *obligations;* que l'obligation contractée sous une condition purement potestative est nulle (art. 1174) ; que si l'époux donateur ne s'obligeait pas *sérieusement,* il n'y aurait pas donation; qu'il ne peut donc se soustraire, suivant son caprice, à l'effet d'un contrat sérieux et volontaire ; que la révocation ne lui a été ouverte que pour le protéger contre les captations ou l'ingratitude ultérieure du donataire, ou même contre son propre entraînement; qu'enfin, hors de là, toute révocation est une violation de la foi promise. A ce point de vue, la révocabilité, tout en conservant son extrême liberté, n'est pas purement potestative et ne peut être assimilée à celle des legs, qui, œuvre d'une seule volonté ambulatoire jusqu'au décès, peuvent être détruits le même jour qu'ils ont été écrits, sans qu'il y ait violation d'aucun droit acquis, d'aucun droit même conditionnel. Sans doute, en fait, la révocation de la donation aura quelquefois lieu sans motif légitime, et, comme il n'en est dû aucun compte, elle ne différera pas de celle d'un legs, mais c'est là un danger qu'il n'était possible de prévenir qu'en sacrifiant la plus sûre garantie de la révocabilité : le secret sur les motifs de la révocation ; la loi, d'ailleurs, suppose toujours ces motifs légitimes, et il reste le principe que ces donations ne sont pas, comme les legs, révocables *ad nutum.*

378. Ce principe une fois admis, plusieurs conséquences en découlent naturellement : quelques-unes sont déjà établies et les autres vont l'être (a).

(a) M. Demolombe est le premier, à notre connaissance, qui ait envisagé ainsi la nature et le caractère de la révocabilité des donations entre époux (V. *Revue crit., loc. cit.*). Il a rattaché à cet examen une série de questions qu'il se propose de résoudre d'après le principe qu'il a établi tout d'abord, mais son important travail est encore inachevé au moment où nous écrivons. Nous avons, pour notre part, à résoudre le plus grand nombre de ces questions : nous espérons qu'adoptant les prémisses du savant jurisconsulte, nous arriverons à des conclusions qu'il ne désavouera pas.

1re *Conséquence.* La donation entre époux confère la saisine au donataire, *immédiatement*, si elle a pour objet des biens *présents* et si elle est pure et simple; au *décès*, si elle a pour objet des biens *à venir* ou des biens présents avec condition suspensive dépendant de la volonté du donateur (V. § suivant).

2e *Conséquence.* Par suite de la saisine *immédiate*, la donation pure et simple de biens présents n'est point caduque par le prédécès du donataire; les trois autres sortes de donations sont seules subordonnées à la survie du donataire (V. § suivant).

3e *Conséquence.* La mort civile du donateur, qui annulerait un testament (art. 25), ne porterait aucune atteinte aux donations entre époux.

4e *Conséquence.* Les moyens de révocation de ces donations ne peuvent être plus faciles que ceux établis par la loi pour la révocation des legs [V. *infrà* n° 379].

5e *Conséquence.* La donation entre époux peut être faite sous les conditions potestatives de l'article 1086, sans qu'il y ait un double emploi de la révocabilité, car la donation pure et simple de biens présents entre epoux ne subirait, selon nous, aucune atteinte des dettes ultérieures du donateur [V. *infrà*, n° 382]; au contraire, les modalités de l'article 1086 permettent d'imposer au donataire le payement de tout ou partie des dettes que le donateur laissera à son décès.

6e *Conséquence.* L'époux mineur de vingt et un ans, bien qu'il puisse tester en faveur de son conjoint ne peut lui faire de donations entre-vifs, parce que la révocation n'en serait pas aussi potestative que celle du testament.

7e *Conséquence.* La femme mariée sous le régime dotal ne peut donner entre-vifs à son mari ses immeubles dotaux, quoiqu'elle puisse les lui léguer.

Nous avons établi [n° 336] qu'elle ne peut en disposer même par institution contractuelle, si ce n'est en faveur de ses enfants.

379. *II. Exercice de la révocation.* Le Code, qui a exposé avec soin les moyens et les formes de la révocation des testaments, n'a rien statué à l'égard de celle des donations entre époux. Les auteurs qui soutiennent que la révocabilité de ces dernières est aussi absolue que celle des legs, n'hésitent pas à y appliquer les mêmes moyens de révocation ; quelques-uns même, prêtant au donateur des intentions très-contestables, selon nous, admettent des révocations toutes *spéciales*, telles que le fait d'avoir contracté des dettes considérables ou d'avoir hypothéqué le bien donné. Pour nous, qui ne pensons pas que la révocabilité soit absolue, nous serions plutôt portés à restreindre les modes de révocation qu'à les étendre ; cependant nous admettons que le Code, par son silence, puisse être considéré comme s'étant référé aux règles écrites pour la révocation des legs.

Ainsi, les donations entre époux pourront être révoquées expressément ou tacitement.

380. *Expressément :* 1° par une déclaration faite devant notaire (art. 1035) ; 2° par un testament postérieur capable de produire son effet (*ibid.*), lors même que cet effet ne se réaliserait pas, par suite du refus ou de l'incapacité du légataire (art. 1037) ; 3° par une déclaration olographe datée et signée par le donateur et portant révocation formelle.

Ce dernier point est contesté par quelques auteurs (1). Ils disent : La loi ayant exigé ici un *testament*, c'est-à-dire « un acte par lequel *on dispose* de tout ou partie de ses biens (art. 895), » c'est en violer les termes que de se contenter d'un acte qui n'a que *la forme* du testament, mais dans lequel il n'est fait aucune disposition.

Sans nous arrêter ici à cette considération suggérée par le bon sens : à savoir, qu'il suffirait alors, pour satisfaire à la loi, de disposer d'un objet minime ou d'une somme exiguë nous invoquerons la première rédaction du projet et la discussion

---

(1) Delvincourt, tome II, p. 377 ; — M. Marcadé, sur l'art. 1035, n° 2.

du Conseil d'État : l'article 110 du projet portait : « Les testaments ne pourront être révoqués que par une déclaration du changement de volonté dans l'une *des formes* requises pour les testaments. » Dans l'intérêt de ceux qui, ne sachant pas écrire, eussent été obligés de recourir aux formes coûteuses du testament public, Tronchet fit admettre la *simple déclaration* reçue par un notaire, ce qui nécessita une nouvelle rédaction (1); mais, lors de cette rédaction, on substitua par négligence le mot *testament* aux mots *formes requises pour le testament*; c'est là une inadvertance évidemment ; il n'est pas admissible qu'en introduisant un nouveau moyen de révocation on ait entendu restreindre ceux qu'offrait déjà le projet (*a*).

381. *Tacitement :* 1° par toute aliénation, à titre gratuit ou onéreux, de la chose donnée « encore que l'aliénation soit nulle et que l'objet soit rentré dans la main du donateur (art. 1038). » Il faut entendre ces derniers mots avec précaution : il est clair, en effet, que si l'aliénation était annulée, du chef de l'époux donateur, pour violence faite à son consentement ou pour erreur sur la nature du contrat ou sur la chose aliénée, dans tous ces cas, l'aliénation n'étant pas l'effet de son plein gré, on n'y pourrait voir une révocation véritable, et la rescision de l'acte restituerait au donataire son droit; mais, si l'aliénation était annulée pour erreur du donateur sur la personne du second donataire, ou pour une erreur ou une violence invoquées comme moyens de nullité par le nouvel ac-

---

(*a*) Nous n'admettons pas même la doctrine de MM. Aubry et Rau qui enseignent (§ 744, note 23) que ces révocations par un simple *acte* olographe seraient défendues, au moins, depuis la loi du 21 juin 1843, laquelle exige la présence réelle du second notaire ou des deux témoins pour les actes notariés portant révocation de legs ou donations. Suivant ces auteurs, cette dernière forme de révoquer serait seule valable désormais. Mais il est clair, selon nous, que la loi de 1843, statuant sur les actes notariés seulement, n'a eu d'autre but que de soumettre à une garantie nouvelle la révocation devant notaire, laissant toujours les disposants libres de prendre une autre voie, s'il leur convient.

(1) V. Fenet, t. XII, p. 399 et suiv.

quéreur à titre onéreux, comme alors l'intention de l'époux ne serait pas douteuse, la révocation tiendrait. De même l'exercice du réméré, de la rescision pour vilité du prix et de la résolution, faute de payement du prix de vente, quoique remettant le bien aux mains du donateur, n'empêcherait pas la révocation de subsister.

On admet encore qu'une révocation tacite peut résulter de dispositions testamentaires *incompatibles* avec la donation primitive ; mais nous ne voyons guère comment ces dispositions pourraient être autre chose que des *aliénations*, différant seulement des précédentes en ce qu'elles seraient toujours gratuites et non entre-vifs.

382. Enfin, nous n'admettons pas, comme plusieurs auteurs, que le fait seul d'avoir contracté des dettes considérables ou d'avoir fait des libéralités postérieures empiétant sur la quotité disponible, emporte jusqu'à due concurrence révocation tacite de la donation de biens présents. Cette interprétation qui ferait dépendre le sort des donations entre époux d'une erreur du donateur sur sa fortune, ou de son appauvrissement ultérieur, nous semble contraire à l'intention probable de ce donateur.

Nous ne sommes pas ébranlés par cette objection qu'il est trop dur pour les créanciers de voir leur débiteur insolvable quand une facile révocation, à laquelle il ne veut pas se prêter, lui permettrait de les désintéresser : nous répondons, en effet, que si les biens donnés l'ont été sans fraude, ils sont sortis du gage des créanciers, l'aliénation est définitive à leur égard ; et le droit de révoquer étant fondé sur un intérêt plus moral que pécuniaire doit être considéré comme exclusivement attaché à la personne du donateur (art. 1166).

Mais, si la donation était de biens *à venir*, comme elle n'aurait pour objet que les biens laissés au décès du donateur, elle se trouverait révoquée en tout ou en partie par les dettes et les donations postérieures.

383. Nous n'admettons pas non plus que l'hypothèque con-

sentie par le donateur sur l'immeuble donné comme bien présent emporte révocation, même jusqu'à concurrence seulement de la dette hypothécaire, pourvu, bien entendu, que l'aliénation forcée n'en ait pas eu lieu du vivant du donateur. Sans invoquer de nouveau la Novelle 162 de Justinien, il nous suffit de dire qu'une concession d'hypothèque, motivée souvent par des embarras passagers ou par les exigences d'un créancier rigoureux, ne fait nullement supposer l'intention de révoquer ; d'ailleurs, ce serait traiter le donataire moins favorablement qu'un légataire (V. art. 874), ce qui est impossible ; si donc le donataire de biens présents avait dû payer la dette hypothécaire, il aurait, selon nous, contre les héritiers du donateur le bénéfice de la subrogation légale (arg. des art. 874 et 1251-3°).

384. Les auteurs négligent généralement une question qui, pourtant, ne manque pas d'un grand intérêt : c'est celle de savoir si la révocation pourra nuire aux tiers détenteurs des biens donnés, ou si l'on appliquera l'art. 958 qui les protége contre l'ingratitude du donataire. Dans ce dernier sens, on peut dire que la révocation étant comme une garantie pour le donateur contre une captation originaire ou une ingratitude postérieure, il faut appliquer les principes de la révocation pour ingratitude ; pour nous, quoique nous ne contestions pas les motifs qu'on suppose à la révocation, et même, quoique nous admettions que la révocation pour séparation de corps ne puisse nuire aux tiers détenteurs, nous croyons cependant que la même solution n'est pas admissible ici : d'abord, parce que la captation originaire ne peut être assimilée à l'ingratitude ; ensuite, parce que l'impossibilité d'agir contre les tiers détenteurs serait la destruction directe du droit de révocation, l'époux donataire se hâterait d'aliéner ; et, comme il pourrait fréquemment être devenu hors d'état de rendre la valeur du bien donné, le droit du donateur serait illusoire. La révocation contre les tiers est d'ailleurs conforme au principe : *soluto jure dantis, solvitur jus accipientis* et elle n'est pas inique pour ceux-ci, puisqu'ils ont toujours pu savoir que la

donation était entre époux et pendant le mariage et, par suite, pouvait être facilement révoquée.

385. *III. Garanties de la révocabilité.* Afin de laisser aux époux toute liberté de révoquer (suivant leur conscience) les libéralités qu'ils se seraient faites pendant le mariage, la loi leur défend de s'avantager par un seul et même acte, soit entre vifs, soit par testament (art. 1097). Déjà elle avait défendu entre étrangers les testaments mutuels et conjonctifs (art. 968). Il y avait même motif à une même défense dans le cas qui nous occupe : en effet, la loi considère avec raison que la révocation ne serait plus aussi libre pour celui qui a reçu autant et plus peut-être qu'il n'a donné, et qui, en outre, a reçu par le même acte : les deux libéralités pourraient, et jusqu'à un certain point *devraient*, être considérées comme la condition l'une de l'autre. Mais alors il y a un double danger : ou la révocabilité est détruite et l'époux repentant de sa libéralité reste désarmé par l'effet de ses scrupules, ou bien un époux déloyal, après avoir déterminé l'autre à une donation mutuelle en faveur du survivant, révoquera pour sa part, mais secrètement, afin d'invoquer la donation s'il survit et de la faire tomber s'il prédécède.

La loi a répondu à ce dangereux dilemme en prohibant les donations conjonctives entre époux.

386. Du reste, il ne leur est pas défendu de se faire le même jour et devant le même notaire deux donations distinctes : la séparation en quelque sorte matérielle des libéralités avertit suffisamment les époux qu'elles ne sont pas la condition l'une de l'autre.

Au surplus, nous pensons que dans ce cas les époux pourraient convenir expressément de cette dépendance mutuelle et réciproque des deux donations, afin que l'époux qui révoquerait perdît tout droit pour lui-même.

387. Une nouvelle garantie de la révocabilité, c'est la faculté accordée à la femme de révoquer sans le consentement de son mari ni de justice (1096-2e al.).

388. Enfin la révocabilité a une énergique sanction dans

la *nullité* (complète, selon nous) des libéralités déguisées par simulation d'acte ou faites à des personnes interposées, double moyen qu'emploieraient les époux pour se soustraire à la révocation (art. 1099-2ᵉ al. et 1100); mais comme cette nullité, d'ailleurs contestée, est en même temps la sanction de la réserve des héritiers, nous remettons d'en parler au chapitre III et dernier.

§ III. — De l'effet des donations entre époux.

389. Nous avons établi que l'effet principal de la donation entre époux est de conférer la saisine au donataire, c'est-à-dire les droits même du disposant : immédiatement, si elle est de biens présents, à la mort du disposant, si elle est de biens à venir, ou cumulative, ou sous des conditions dépendantes de sa volonté. Cette proposition, que nous avons donnée comme la première conséquence du principe que LA RÉVOCABILITÉ N'EST PAS PUREMENT POTESTATIVE, est elle-même le fondement plus immédiat d'une deuxième conséquence déduite plus haut [nº 378], et qu'il nous faut établir ici : à savoir que LA DONATION DE BIENS PRÉSENTS N'EST POINT CADUQUE PAR LE PRÉDÉCÈS DU DONATAIRE (à moins que le droit de retour n'ait été stipulé aux termes de l'article 951) et qu'elle est alors transmise à ses héritiers quelconques, sans cesser, du reste, d'être révocable contre ceux-ci.

390. La grave question qui va nous occuper, après avoir été résolue dans le sens de la caducité par l'unanimité des auteurs et presque sans discussion, commence à être controversée depuis quelque temps et, par suite, à être plus sérieusement examinée (a). Un moment nous avons cru que nous

(a) Elle s'est produite tardivement dans la jurisprudence, parce que celle-ci n'eut longtemps à statuer que sur des donations faites sous l'empire de la loi de nivôse an II, lesquelles étaient certainement irrévocables et, comme telles, à l'abri de la caducité.

serions seuls à soutenir la non-caducité, ayant toutefois pour nous un savant jurisconsulte que n'a point oublié le barreau de Paris (1). Nous comptions cependant céder à notre conviction, aux risques d'être quelque peu téméraires, mais nous avons rencontré encore chez M. Zachariæ le même sentiment très-bien soutenu par ses deux annotateurs (§ 744-4° et note 19) et, en outre, deux remarquables arrêts, l'un de Limoges (1er février 1840), l'autre de la Cour suprême (18 juin 1845), qui ont fondé la jurisprudence dans le même sens; enfin, récemment, M. Demolombe, dans son examen encore inachevé des questions capitales que soulève notre sujet, laisse entrevoir, par avance (*loc. cit.*), un sentiment semblable au nôtre, par une approbation de la jurisprudence nouvelle.

Nous examinerons donc la question avec tout le soin qu'elle mérite et sans nous effrayer de la presque unanimité des auteurs que nous avons encore contre nous.

391. Voici d'abord dans toute leur force les arguments produits dans le sens de la caducité (2).

1er Argument : « Dans les pays de droit écrit, toutes donations entre époux, faites avant ou après le mariage, c'est-à-dire irrévocables ou révocables, étaient soumises à la condition de survie du donataire ; dans les pays de coutume, les donations étaient permises seulement par contrat de mariage, mais du moins, outre qu'elles étaient irrévocables, elles étaient affranchies de la condition de survie. Le Code Napoléon, moins exclusif, a emprunté à chaque système ses avantages ; il a pris au droit écrit ses donations faites pendant le mariage et révocables, et il a conservé les donations du droit coutumier faites par contrat de mariage et irrévocables, et, pour lever tous les doutes à leur égard, il a déclaré qu'elles ne seraient point censées faites sous la condition de survie du donataire, c'est-à-dire qu'elles ne seraient point caduques par son prédécès; or, puisqu'il n'a rien

---

(1) M. J. Bousquet, *Nouv. dict. de droit*, v° DONATION, t. I, p. 743.
(2) V. M. Duranton, t. IX, n° 777.

statué de semblable pour les donations faites pendant le mariage, donations déjà révocables, c'est qu'il a entendu les laisser
ce qu'elles étaient dans la législation à laquelle il les empruntait. »

En somme, c'est un argument *a contrario*.

On est allé plus loin, on en a fait un argument *a fortiori* (1);
on a dit : « Si le Code a cru devoir déclarer affranchies de la
condition de survie des donations irrévocables et auxquelles
leur origine et les nouveaux principes assuraient déjà ce caractère, à plus forte raison, si telle eût été sa pensée ici, l'aurait-il
fait pour des donations autrefois révocables et caduques comme
les legs et dont il conservait déjà explicitement la révocabilité. »

2ᵉ Argument : « L'article 1093, *in fine*, déclare caduques
par le prédécès du donataire deux sortes de donations irrévocables quant au titre : à plus forte raison doit-il en être ainsi
pour des donations pleinement révocables. »

3ᵉ Argument : « L'article 1086 indique une série de donations faites sous des conditions potestatives, c'est-à-dire *facilement* révocables ; l'article 1089, combiné avec l'article 1093,
déclare ces donations caduques par le prédécès du donataire,
à plus forte raison doit-il en être de même des donations que
l'article 1096 déclare *toujours* révocables. »

392. Ces trois arguments, en somme, n'en sont qu'un seul
à diverses faces : c'est que la révocabilité doit toujours entraîner la caducité par suite du prédécès du donataire; en effet,
dit-on, 1° il en était ainsi dans l'ancien droit ; 2° le Code lui-
même place la révocabilité et la caducité sur la même ligne
dans les articles 1089 et 1093; 3° dans l'article 1096 il n'indique que la révocabilité, mais elle est plus complète que dans
tout autre cas : la caducité en est donc la conséquence forcée.

393. Notre réfutation aussi se résumera en un seul moyen :
oui, la révocabilité, quand elle est *purement potestative* pour
le donateur, doit entraîner et entraîne la caducité de la dona-

---

tion par le prédécès du donataire, parce qu'alors c'est *une donation qui met toute la vie du donateur à se parfaire*, et qu'en conséquence le donataire ne peut avoir la saisine qu'au décès du donateur; il faut donc qu'il lui survive : *le mort* NE *saisit* QUE *le vif*. C'est ainsi que le légataire et le donataire de biens à venir prédécédés ne transmettent rien à leurs héritiers (sauf la substitution vulgaire des enfants), le premier parce qu'il n'avait qu'une espérance, le second parce que son droit éventuel ne s'était pas encore réalisé en sa personne et que les libéralités sont personnelles.

Au contraire, le donataire de biens *présents* a la saisine immédiate (nous l'avons établi [n° 378], et on le reconnaît dans l'opinion contraire) (1); il n'a pas à *espérer* qu'on lui *donnera*, il a plutôt à *craindre* qu'on ne lui *retire;* son droit n'est pas *suspendu*, il est *résoluble*, or la résolution n'en peut venir que d'une révocation expresse ou tacite *émanée du donateur;* si le donataire meurt, encore saisi, il transmet..... à ses héritiers, quels qu'ils soient. — Voilà pour le deuxième argument, pour celui qu'on tire de l'article 1093.

394. Mais, objecte-t-on (c'est le troisième argument), « si la donation de biens présents, même révocable, donne la saisine, comment expliquer que les donations dont parle l'article 1086 (qui sont assurément de biens présents et moins facilement révocables que celles de l'article 1096) soient caduques par le prédécès du donataire? »

Nous avons prévu et repoussé d'avance cette objection en examinant l'article 1086 [n°ˢ 365 et suiv.] : là nous avons établi comment cet article régissait à la fois les donations de biens présents affectées de conditions *suspensives* et celles affectées de conditions *résolutoires*, comment les premières se rapprochaient des donations de biens *à venir*, en ce qu'elles ne donnaient pas la saisine, à la différence des secondes, comment

---

(1) V. M. Marcadé, sur l'art. 1096, n° IV, *in fine.*

enfin la transmission aux *héritiers*, dont parle cet article 1086, *in fine*, ne doit pas s'entendre d'une transmission *aux seuls descendants*, puisqu'elle se réfère au cas où la saisine a lieu, tandis que le renvoi de l'article 1089 à cet article 1086 n'a trait qu'au cas où la saisine n'a pas lieu (a).

395. Quant à l'argument tiré de l'article 1092 (c'est le premier), nous y répondons d'abord, avec M. Zachariæ et ses annotateurs, que si l'article 1092 (dont nous avons nous-même admis et développé le sens historique [n° 315]) est écrit pour former opposition à un autre article, ce n'est pas à notre article 1096, mais bien plutôt à l'article 1093 qui le suit immédiatement : s'il porte que la donation de *biens présents* PAR CONTRAT DE MARIAGE n'est pas soumise à la condition de survie, ce n'est pas pour dire que celle *des mêmes biens* faite APRÈS LE MARIAGE y sera soumise, c'est pour le dire des donations faites également *par contrat de mariage*, mais DE BIENS A VENIR.

396. Nous ajoutons pour notre part, et pour repousser l'*a fortiori* qu'en tire M. Marcadé : si la caducité était la conséquence forcée de la révocabilité, le Code, qui avait pris la peine d'écrire un article pour nous dire que *les legs* sont caducs par le prédécès du légataire (art. 1039), n'aurait pas négligé de nous dire qu'il entendait conserver la caducité des donations entre époux; on ne peut interpréter son silence dans le sens du maintien des anciens principes, puisque ces principes sont formellement et totalement abolis par l'article 893 qui ne reconnaît que deux manières de disposer; quand le Code a voulu en reproduire quelque chose il l'a fait expressément : c'est ainsi qu'il a rétabli les donations révocables des

---

(a) Nous répétons que nous reportons à M. Marcadé tout l'honneur de cette interprétation de l'article 1086 ; mais nous regrettons qu'il ait nié la conséquence que nous en tirons.— MM. Zachariæ, Aubry et Rau (*loc. cit.*), pour réfuter l'objection qu'on tire de l'article 1086 contre leur solution, donnent de cet article une autre interprétation que nous n'admettons pas entièrement, mais dont l'examen nous mènerait trop loin.

articles 1082, 1084, 1086 et 1093; à celles-là il a rendu leur ancienne caducité, mais il n'est pas allé si loin pour les donations entre époux : il s'est borné à en établir la révocabilité, il la développe en *deux articles* et dans *quatre alinéas séparés*, mais il ne fait aucune allusion à la caducité; au contraire, en ne ressuscitant pas, pièce par pièce, les donations *à cause de mort* qu'il vient d'abolir définitivement, il évite l'inconséquence que lui prêtent gratuitement ses interprètes.

397. Mais, dans le système que nous combattons, quelle sera donc désormais aux époux l'utilité de la donation *entre-vifs?* Nous disons à ses partisans : le testament vous suffisait : révocable et caduque, votre donation entre-vifs n'est qu'un leurre dangereux jeté par la loi aux époux; vous faites le Code Napoléon plus étroit et moins sociable que la défiante législation de l'an II! — Vous dites qu'il est pénible au donateur de voir les biens qu'il a donnés passer en des mains étrangères? Mais non, le plus souvent ils iront à des enfants communs; s'il n'y en a pas, ils iront au moins à des alliés du donateur, à ceux peut-être auxquels il doit des aliments. Et lors même qu'ils iraient à des étrangers, à des légataires, par exemple, est-ce à dire que le donateur n'aura pas avantagé son conjoint, quand il lui aura ainsi fourni le moyen d'acquitter peut-être une dette sacrée? Mais, s'il craignait ce résultat, que n'employait-il la voie du testament? Et si le donataire a lui-même donné entre-vifs ce qu'il a reçu, vous êtes donc forcés de dépouiller les tiers de bonne foi? Oh! si la donation entre époux doit produire de telles perturbations, nous la tiendrons pour un mal public et nous regretterons la franche rigueur du droit coutumier.

398. Si la mort du donataire ne doit point, par elle-même, anéantir son droit et en empêcher la transmission à ses héritiers, il est juste aussi qu'elle ne nuise pas au donateur et ne le dépouille pas du droit de révoquer; il est vrai que ce droit présentera désormais plus d'inconvénients que s'il s'était exercé contre l'époux donataire lui-même et qu'il sera dur pour

les héritiers de se voir toujours sous le coup d'une révocation ;
c'est même cette position précaire ainsi faite aux héritiers qui
empêche de très-bons esprits d'adopter le principe de la non-
caducité : ils ne peuvent admettre que la loi ait entendu orga-
niser un tel état de choses et il leur paraît plus naturel que le
bien donné retourne au donateur immédiatement et par le
fait seul de sa survie, puisque dans tous les cas ce retour pourrait avoir lieu et avec d'autant plus de dommage pour les
héritiers qu'il s'opérerait plus tard et plus inopinément.

Quelque sages que soient ces considérations, elles ne nous
détermineront pas, car si l'on admet la révocation contre
les tiers acquéreurs, du vivant même de l'époux donataire, on
peut bien l'admettre, et à plus forte raison, contre ses héritiers
eux-mêmes. Ce serait peu les protéger, au surplus, que de
les dépouiller purement et simplement, pour les soustraire aux
inquiétudes d'une révocation éventuelle. Nous persistons donc
à croire que les donations de biens *présents* entre époux ne
sont POINT CADUQUES par le prédécès du donataire, mais
qu'elles sont TOUJOURS RÉVOCABLES contre ses héritiers
(art. 1096-1er al.).

CHAPITRE III.

DE LA QUOTITÉ DISPONIBLE ENTRE ÉPOUX ET DE LA SANCTION
TANT DE LA RÉSERVE QUE DE LA RÉVOCABILITÉ.

399. Nous sommes arrivé à la plus intéressante et en
même temps à la plus difficile partie de notre travail. Les
questions les plus importantes pour la théorie et pour la pra-
tique vont se présenter ici :

Quelle portion de leurs biens les époux peuvent-ils se donner ?

Cette portion, souvent supérieure au disponible entre étrangers, peut-elle quelquefois lui être inférieure, ou lui est-elle toujours au moins égale ?

Quels sont aujourd'hui les effets des seconds mariages sur les avantages entre époux, lorsqu'il reste des enfants du prémier lit ?

Lorsque la quotité disponible n'est pas la même en faveur de l'époux que de l'étranger, comment le donateur peut-il distribuer la plus forte quotité ?

Faut-il, à cet égard, s'attacher à la date de chacune des libéralités ?

En cas d'excès sur la quotité disponible par suite du concours de libéralités faites à l'époux et à des étrangers, comment faut-il opérer la réduction, pour ne pas faire profiter de la plus forte quotité le donataire qui n'a droit qu'à la plus faible ?

Enfin la réduction est-elle la seule sanction de la réserve, ou bien y a-t-il nullité totale pour les actes gratuits faits en fraude de la loi ?

Telles sont les principales questions que nous avons à résoudre; elles sont vivement controversées, non-seulement entre la doctrine et la jurisprudence, mais encore au sein même de chacune de ces grandes autorités interprétatives de la loi.

400. Nous verrons dans une première section quelle est la quotité disponible *ordinaire* entre époux, c'est-à-dire lorsqu'aucun des époux n'a d'enfant d'un précédent mariage; dans une seconde section, quelle est cette quotité, pour le cas contraire; enfin, une troisième et dernière section sera consacrée à la double sanction tant de la réserve que de la révocabilité.

401. Du reste, à l'égard de la fixation du disponible entre époux, il n'y a, en général, aucune distinction à faire entre les donations *par contrat de mariage* et celles faites *pen-*

dant *le mariage* ou *par testament.* Cependant l'époux mineur qui, par contrat de mariage (et avec l'assistance de ceux dont le consentement est requis pour la validité de ce mariage), pourrait donner à son futur conjoint autant qu'un majeur, ne pourrait disposer, pendant le mariage, que par testament et seulement de la moitié du disponible d'un majeur ; de plus, les libéralités faites par contrat de mariage sont irrévocables, il en est autrement de celles faites entre-vifs, pendant le mariage ; enfin, entre ces dernières et les testaments, il y a encore cette différence que les donations entre-vifs prennent date du jour du contrat, tandis que les testaments ne datent jamais que du décès. Ces trois différences influent surtout sur la manière de procéder à la réduction.

SECTION PREMIÈRE.

DE LA QUOTITÉ DISPONIBLE ENTRE ÉPOUX LORSQU'IL N'Y A PAS D'ENFANTS D'UN PREMIER MARIAGE.

402. Entre époux, comme entre étrangers, la quotité disponible varie suivant la qualité et le nombre des héritiers laissés par le disposant à son décès : ainsi, lors même qu'il n'y a pas d'enfants du premier lit, trois situations sont encore à considérer : ou le disposant ne laisse ni ascendants ni descendants, ou il laisse des ascendants seulement, ou enfin il laisse des descendants.

403. 1re *Situation.* — Le disposant ne laisse ni ascendants ni descendants. — Il pouvait donner valablement tous ses biens *à des étrangers*, il a pu les donner pareillement *à son époux* (argum. de l'art 916).

404. 2e *Situation.* — Le disposant ne laisse que des ascendants. — Il pouvait donner *à des étrangers* la moitié ou les trois quarts de son patrimoine, suivant qu'il laisse des ascendants dans les lignes paternelle et maternelle ou dans une seule (art. 915); *en faveur de son époux*, la loi lui a permis de disposer, EN OUTRE, de l'usufruit de la portion réservée aux ascendants (art. 1094-1er al.); ceux-ci se trouvent ainsi réduits à une nue propriété. Cette disposition a été vivement critiquée par Maleville : il a soutenu « qu'il était véritablement dérisoire de renvoyer les ascendants, pour la jouissance de leur réserve, à la mort de leurs gendre ou bru, qui ont toujours une ou plusieurs générations de moins qu'eux; » et il est à remarquer, en outre, que, dans l'espèce, ces mêmes ascendants ne pourront pas exiger d'aliments de l'époux survivant, puisqu'il n'y a pas de descendants du mariage et que, dès lors, l'alliance est rompue (art. 206-2e al.).

405. Cependant, sans se justifier pleinement, cette disposition s'explique : d'abord l'ascendant pourra vendre sa nue propriété qui ne laisse pas, quoi qu'on en dise, d'avoir une valeur sérieuse; ensuite on a considéré que le droit des ascendants à la réserve était moins *naturel* que celui des descendants et qu'il est par conséquent plus susceptible d'être modifié par le droit *positif* (1). Ainsi le tribun Jaubert disait dans son rapport au tribunat : « Il ne faut pas que la mort d'un » époux change la position de l'autre, surtout pour donner » aux ascendants des droits qui ne sont ouverts que par l'*in-* » *terversion des lois de la nature* (2): » observation qui n'est pas très-juste, selon nous, car, s'il est équitable que le bien-être d'un époux ne soit pas restreint par la mort de l'autre, ce n'est pas une raison, au moins, pour qu'il s'en trouve augmenté; or l'époux survivant verra évidemment sa position améliorée, puisque, outre le don en propriété qui lui est fait, il aura encore, *pour lui seul*, un usufruit universel qu'il partageait jusque-là avec son conjoint. — Nous pensons donc, avec M. Duranton (t. IX, n° 783), qu'il eût été plus sage à la

---

(1) V. Grenier, n° 449, *in fine*.
(2) V. Fenet, t. XII, p. 621.

loi, puisqu'elle voulait favoriser l'époux survivant, d'assurer, au contraire, aux ascendants l'usufruit de leur réserve et de permettre d'en donner au conjoint la nue propriété seulement. Quoi qu'il en soit, on voit déjà dans cette disposition de la loi une faveur marquée pour le conjoint.

406. 3ᵉ *Situation.* — Le disposant laisse un ou plusieurs descendants. — Les libéralités qu'il pouvait faire *à des étrangers* peuvent atteindre la moitié de ses biens, s'il ne laisse qu'un enfant légitime, le tiers s'il en laisse deux, le quart s'il en laisse trois ou un plus grand nombre (art. 913) et « pour le cas » où l'époux donateur laisserait des enfants ou descendants, » il pourra donner à l'autre époux ou un quart en propriété » et un autre quart en usufruit, ou la moitié de tous ses biens » en usufruit seulement (art. 1094-2ᵉ al.). »

407. Cette dernière disposition doit-elle être considérée comme extensive ou comme restrictive de la quotité disponible ordinaire ? En d'autres termes la quotité qu'elle permet de donner à l'époux est-elle fixe et invariable, quel que soit le nombre des enfants : par conséquent, tantôt supérieure, tantôt inférieure, *jamais égale*, au disponible entre étrangers, ou bien, au contraire, quelquefois supérieure à ce disponible, lui est-elle, au moins, *toujours égale ?*

Telle est la difficulté considérable que nous avons à résoudre ici : aussi grave par les questions de principes qu'elle soulève, que par les intérêts pratiques qui s'y rattachent, elle donne lieu aux plus vives controverses.

408. Il est à remarquer pourtant que le débat n'est pas ancien. — On sait que jusqu'en 1842, l'unanimité des auteurs, adoptant sans discussion une assertion formulée pour la première fois par Grenier (nᵒ 449) et reproduite par Toullier (*a*),

---

(a) Tome V, nᵒ 869. — Mais Toullier changea de sentiment dans son *Contrat de mariage ;* là, sous l'article 1395, il dit (nᵒ 35) « que le Code Napoléon a rejeté l'incapacité établie contre les époux par les anciennes coutumes, et qu'ils peuvent désormais se donner ce dont ils pourraient disposer en faveur d'un étranger. »

regardaient la quotité disponible de l'article 1094 comme invariable et faite pour tous les cas, et que la jurisprudence se trouvait dans un accord parfait avec la doctrine, lorsque cet accord fut rompu d'une manière aussi éclatante qu'inattendue par un savant professeur de Toulouse, M. Benech, qui, dans un ouvrage très-étendu et consacré tout entier à l'examen de l'article 1094, entreprit hardiment la réfutation d'une interprétation qui entrave les plus légitimes témoignages de l'affection conjugale (a). On sait aussi comment, remontant aux sources mêmes de notre droit sur cette matière, prenant son point de départ dans la législation Romaine, passant par le droit Coutumier et le droit Intermédiaire, scrutant surtout les travaux préparatoires du Code Napoléon, le savant professeur jeta une clarté nouvelle sur le sens et la portée de cet article 1094; enfin, on sait comment plusieurs de ses confrères, et des plus anciens dans l'enseignement, se rangèrent formellement à son avis; aussi la controverse s'est-elle vivement animée : l'opinion contraire a résisté avec force et la jurisprudence est jusqu'ici restée inébranlable.

409. Pour nous, après avoir scrupuleusement cherché, non pas ce que la loi devrait être suivant notre sentiment, mais bien ce qu'elle est en réalité, après avoir examiné attentivement et le système de M. Benech et la critique, encore restée sans réponse suffisante, qu'en a faite M. Marcadé, avec autant de conviction que d'habileté (*sur l'art. 1094, n° 1*), nous nous sommes rendu aux puissantes raisons de M. Benech. Nous essayerons donc de justifier notre préférence, sinon en apportant de nouveaux motifs au système que nous adoptons, au moins, en proposant quelques réponses au système contraire de M. Marcadé et, si elles sont prises en considération, nous croirons avoir fait faire un pas de plus à cette grande question.

410. Le nœud tout entier de la difficulté est véritablement

(a) M. Benech combat aussi, et plus peut-être, une autre interprétation qui, suivant lui, entraverait en même temps la puissance paternelle; nous en traiterons à l'occasion de la réduction, mais sans partager son avis.

dans l'historique de la confection de notre article 1094 lui-même : car si l'on s'attache, avec M Benech, d'une part à l'esprit général de la loi, et de l'autre aux seuls secours qu'offrent les textes et même à l'histoire de la législation en cette matière, il est déjà impossible de ne pas reconnaître à l'époux autant d'*aptitude à recevoir* qu'un étranger, ou si l'on aime mieux (pour ne pas soulever une nouvelle difficulté) de ne pas reconnaître, en sa faveur, une aussi grande *disponibilité de biens* qu'en faveur d'un étranger.

411. En effet, nous avons vu qu'en l'absence de réservataires ordinaires, l'époux peut recevoir la totalité des biens COMME *un étranger;* qu'en présence d'ascendants, il peut recevoir, de PLUS *qu'un étranger*, l'usufruit de la réserve de ces ascendants; qu'en présence de *trois* ou même de *deux* enfants, il peut encore recevoir PLUS *qu'un étranger (a)*; comment donc pourrait-on comprendre qu'il dût recevoir MOINS qu'un étranger quand il n'y a qu'*un* enfant? Ne résulte-t-il pas des trois précédentes dispositions, que la loi qui a voulu, dans certains cas, donner à l'époux une position souvent meilleure qu'aux étrangers, entend la lui laisser au moins égale dans les autres cas? Comment! la loi qui a voulu que TROIS enfants, en face de leur mère veuve, se contentassent chacun de *moins d'un quart* des biens paternels, et DEUX enfants de *moins d'un tiers*, ne voudrait pas qu'UN UNIQUE enfant se contentât d'*une moitié!*

412. On invoque, dans l'opinion adverse, la fameuse maxime : *Lex arctiùs prohibet quod faciliùs fieri putat*, mais cette maxime, bonne pour justifier des rigueurs particulières,

---

(a) Si l'on admet, avec la loi d'Enregistrement du 22 frimaire an VII (art. 14-15), qu'une portion d'*usufruit* vaille, en général, *la moitié* d'une pareille portion en *pleine propriété*, on trouvera que dans le cas de deux enfants, l'époux aurait droit à 1/4 ou 6/24 en pleine propriété, plus 1/4 d'usufruit ou 3/24 de propriété, en tout 9/24, tandis qu'un étranger ne recevrait que 1/3 ou 8/24; mais en fait cette estimation sera souvent fausse et devra être remplacée par une autre, fondée sur les chances de durée de l'usufruit.

soit contre l'enfant naturel, quand il y a des enfants légitimes, soit contre un second époux, quand il existe des enfants du premier lit, ne se concevrait pas ici, et la loi aurait mauvaise grâce à venir se défier de la propension des conjoints à s'avantager, quand elle les favorise elle-même tout particulièrement, sous ce rapport, dans le chapitre qu'elle leur consacre.

Voilà pour ce qu'on appelle la philosophie du droit.

413. Quant aux textes, sans être aussi concluants, ils ne laissent pas cependant de se prêter plus facilement à notre interprétation qu'à celle que nous combattons. Ainsi, quand la loi restreint la quotité disponible pour l'enfant naturel, pour les étrangers, ou pour un second conjoint, alors elle prend soin d'employer des expressions *prohibitives* : « Les » enfants naturels NE POURRONT recevoir, etc. (art. 908); » les libéralités NE POURRONT excéder, etc. (art. 913-915); » l'homme ou la femme..... NE POURRA donner, etc. (art. » 1098). » Au contraire, dans notre article 1094, comme elle ne songe nullement à restreindre le disponible, mais qu'elle l'étend même pour certaines situations, elle dit deux fois : « L'époux POURRA..... disposer, (alin. 1er) IL POURRA » donner (alin. 2e), » or, si elle eût voulu restreindre le disponible, c'était bien le cas d'employer des expressions prohibitives, puisqu'elle venait déjà d'étendre le disponible au détriment des ascendants.

414. Mais on nous oppose aussi un argument de texte tiré de l'article 1099 : « Les époux *ne pourront* se donner indirectement au delà de ce qui leur est permis par les dispositions *ci-dessus*. » Or, dit-on, cet article ne se réfère pas seulement à l'article 1098, mais bien aussi à l'article 1094 (nous le reconnaissons nous-même), donc, il est *défendu*, par l'article 1099, de donner plus qu'il n'est permis par l'article 1094. Nous répondons que l'argument est tout simplement une pétition de principe, puisqu'il est justement question de savoir ce que permet l'article 1094.

415. Si maintenant nous remontons, avec notre savant

guide, au delà de notre Code, à l'époque des plus grandes rigueurs contre les avantages entre époux, que voyons nous? A défaut de convention avant le mariage, des gains de survie accordés par la loi : dans les pays coutumiers, le douaire de la veuve [nᵒˢ 141 à 148 et 163]; dans les pays de droit écrit, un augment de dot pour la veuve, un contre-augment pour l'homme veuf [nᵒˢ 160-161] et pour tous deux la quarte du conjoint pauvre [nᵒ 162]; la loi du 17 nivôse, an II [nᵒˢ 301-302] abolit, il est vrai, les gains légaux de survie, mais, en échange, elle permet aux époux de se faire, pendant le mariage, les avantages prohibés depuis tant de siècles, et ces avantages peuvent être supérieurs à ceux qu'il est permis de faire aux étrangers. Comment concevoir, après cela, que le Code Napoléon, qui n'a pas ressuscité les gains légaux de survie, soit *relativement* plus rigoureux que la loi de nivôse à l'égard des avantages conventionnels entre époux?

416. Arrivons maintenant à l'histoire de notre article 1094 lui-même; là, comme nous l'avons dit, sont le nœud et la solution de la question. Du reste, les travaux préparatoires sont invoqués de part et d'autre.

417. Dans le projet de Jacqueminot, qui guida souvent les quatre commissaires, il existait un rapport significatif entre l'article 16 réglant la quotité disponible entre étrangers, et l'article 151 qui la réglait entre époux. L'article 16 fixait invariablement le disponible ordinaire à un quart des biens quand il restait des descendants, quel que fut leur nombre; à défaut de descendants, il accordait aussi une réserve aux ascendants et à beaucoup de collatéraux (1). L'article 151 déclarait que dans la première situation on pourrait donner à son époux le quart, ordinairement disponible, *plus* l'usufruit d'un autre quart, et dans les autres situations, *tout ce que l'on pourrait donner à des étrangers, plus* l'usufruit de toute la réserve des *héritiers* (2). On voit, par là, que le projet per-

____

(1) V. Fenet, t. I, p. 370.
(2) V. Fenet, t. I, p. 392.

mettait de donner *toujours* à l'époux PLUS *qu'aux étrangers;* il se conformait, du reste, à ce principe nouveau : que l'abolition des gains *légaux* de survie devait faire accorder une grande latitude aux avantages *conventionnels* entre époux.

418. Il faut remarquer maintenant que, tandis que l'article 16 du projet (devenu les articles 913-915 du Code Napoléon) était modifié considérablement, l'article 151, au contraire, restait littéralement le même, en devenant l'article 1094: ainsi on augmenta le disponible ordinaire en faveur de l'étranger et l'on retrancha la réserve des collatéraux, mais on ne modifia pas l'article 1094 dans le même sens. Qu'on ne dise pas, cependant, que c'est avec intention, car, outre qu'il no reste nulle part aucune trace de cette intention, on a, au contraire, laissé dans l'article 1094 une expression devenue · inexacte par suite de la suppression de la réserve des collatéraux, expression qu'on n'eût pas manqué de corriger si l'on eût *à dessein* laissé l'article 1094 tel qu'il était primitivement. En effet, quand, d'après l'article 16 du projet, les collatéraux, comme les héritiers en ligne directe, avaient une réserve, l'article 151 pouvait bien accorder à l'époux l'usufruit de la réserve *des héritiers;* mais depuis que l'article 915 ne donnait plus de réserve aux collatéraux, l'expression *héritiers* laissée dans l'article 1094 devenait impropre. Elle prouve, au moins, que cet article ne fut pas revisé, et qu'on négligea entièrement de le mettre en harmonie avec les articles nouveaux qui réglaient le disponible entre étrangers. Si donc on a jugé à propos d'élever ce disponible, il n'est pas à croire qu'on ait voulu le rendre supérieur au disponible entre époux qui précédemment était toujours le plus élevé; il est clair alors que le disponible entre époux a dû profiter de l'augmentation générale, de manière à être au moins toujours égal au disponible ordinaire, dans les cas où il ne peut plus lui être supérieur.

419. M. Marcadé, qui reconnaît que cet argument est *le plus fort et le plus spécieux* du système de M. Benech,

répond : « dans l'article 151 du projet Jacqueminot, on voulait donner à l'époux plus que ce qu'on donnait *actuellement* aux étrangers par l'article 16, mais non pas plus » (nous ne demandons pas *plus*, mais *autant*) « que ce qui *pourrait* être accordé aux étrangers par tous changements *ultérieurs.....* On trouvait que le disponible ordinaire était insuffisant pour un époux, qu'il fallait ajouter pour lui un quart d'usufruit au quart de pleine propriété.....; mais on ne disait pas : il faut qu'un époux ait *plus qu'un étranger*, on disait : il faut qu'un époux ait *plus que le quart.* »

420. A notre tour, nous trouvons l'argument *spécieux*, et nous nous étonnons qu'on n'y ait pas encore répondu. Quoi! la loi qui ordinairement mesure le disponible sur le nombre des enfants du disposant, l'aurait ici mesuré *a priori* sur les besoins du donataire! Elle aurait par avance *taxé* ces besoins, non pas même à une valeur connue d'avance, mais à une quote-part invariable des biens du défunt, en sorte qu'elle pourrait toujours se trouver trop faible ou trop considérable pour ces besoins! Si la loi avait entendu mesurer le disponible sur les besoins de l'époux, pourquoi lui accordait-elle l'usufruit de *tout* le patrimoine quand il n'y a que des ascendants? Est-ce que cette circonstance augmente les besoins de l'époux survivant?

421. Les procès-verbaux du conseil d'État, quoique très-laconiques, en général, sur notre sujet, rapportent cependant un amendement célèbre de Berlier, que M. Marcadé interprète en faveur de son système et qui est aussi un des plus puissants auxiliaires de celui de M. Benech.

L'article 176 du projet (aujourd'. 1098) portait que l'époux ayant des enfants d'un premier lit *ne pourrait* donner à son nouvel époux *qu*'une part d'enfant légitime le moins prenant (*a*); Berlier fit observer qu'il fallait apporter une nou-

---

(*a*) Cette part même ne devait être qu'en usufruit d'après le projet, mais, d'après une proposition du consul Cambacérès, elle dût être en propriété.

velle restriction à cette quotité : « Car, dit-il, s'il n'y avait
» qu'*un* enfant ou *deux* du premier mariage et *point* du
» second, le nouvel époux pourrait, en partageant avec eux,
» avoir *la moitié* ou *le tiers* de la succession. » Il proposa
donc d'ajouter que cette part d'enfant ne pourrait jamais s'é-
lever à plus d'un quart, ce qui fut adopté (1). Maleville, dans
son analyse de la discussion de l'article 1098, reproduit, en
l'approuvant, le motif qui avait fait adopter l'amendement de
Berlier. Or, disons-nous avec M. Benech, si le Conseil d'État
restreignit au quart cette part d'enfant, c'est que, dans sa pensée, l'article 1094 n'empêchait pas les époux de se donner le
tiers ou la moitié en propriété quand il n'y avait qu'*un* ou
deux enfants.

422. M. Marcadé résiste à ce que cet argument a dé con-
cluant, en s'attachant à ce que Berlier supposait qu'il y avait
un enfant ou deux du *premier* mariage et *point du second.*
« Or, dit-il, l'article 151 (1094) étant fait pour le cas où il
n'y avait que des enfants *communs*, ne s'opposait pas à ce que
l'époux n'ayant que des enfants *d'un premier lit* donnât un
tiers ou une moitié à son *nouvel* époux. » Nous ne sachions
pas qu'on ait encore réfuté cette interprétation, mais nous
disons, pour notre part, que, de cette manière, M. Marcadé
rend l'article 151 (1094) encore moins acceptable. Comment !
d'après le projet et sans l'amendement de Berlier, il aurait été
permis au père ayant un enfant d'un *premier* lit dé donner la
moitié de ses biens à une seconde femme, *à la belle-mère* de
son enfant, et le même père n'aurait pu donner autant *à la*
MÈRE de cet enfant ! Comment ! sans l'amendement de Berlier,
la position du second époux eût été meilleure que celle du premier ! On avait à ce point oublié les constitutions de Théodose
et de Léon et le fameux Édit des secondes noces ! Non, tels
ne pouvaient être ni le sens du projet primitif, ni la portée de
l'amendement de Berlier et de ses expressions : *et point du se-*

---

(1) V. Locré, t. XI, p. 210; — Fenet, t. XII, p. 116.

cond. Il est clair que voulant démontrer qu'un NOUVEL époux pourrait, dans certains cas, avoir *un tiers* ou *une moitié* (ce qui ne lui paraissait *trop* que parce que c'était *autant* que pouvait recevoir un PREMIER époux), il était obligé de supposer *un* ou *deux* enfants du *premier* mariage *et point du second*, sans quoi il y eût eu *trois* enfants, ou plus, et la part d'enfant qu'on permettait de donner n'eût, par elle-même, atteint que le quart; or, le quart ne paraissait pas excessif.

423. Un argument plus gênant peut-être est produit contre nous : c'est que le Tribunat, sur la communication officieuse qui lui fut faite, avait demandé *précisément* que l'on admît le système que nous soutenons; or, cette demande *n'amena aucun changement* dans le projet (1); mais *elle ne fut pas* REPOUSSÉE, comme le dit M. Marcadé. Rien n'apprend, au contraire, comment la demande fut accueillie au Conseil d'État, ni pour quel motif on n'en tint pas compte; or, d'après ce qui précède, nous sommes convaincu, avec M. Benech (2), que le Conseil qui venait d'adopter l'amendement de Berlier, parce qu'il voyait déjà dans l'article 1094 ce que le Tribunat réclamait, ne crût pas utile de rien ajouter : la preuve en est que le Tribunat, sur la communication *officieuse*, demandait en même temps qu'on ajoutât au mot *disposer*, les mots : *par donation entre-vifs ou par testament*, de même qu'on substituât le mot *ascendants* à l'expression trop large *héritiers* (V. *suprà*, n° 316); or, il est évident ici que le *silence* du Conseil d'État ne fut pas *un refus*, mais la preuve qu'à ses yeux la disposition était suffisamment claire dans le sens demandé. Comment admettre, dès lors, que le même silence, sur la troisième question, voulût dire que la demande était inadmissible? N'en faut-il pas conclure, au contraire, qu'aux yeux du Conseil, tout ce qui était demandé était déjà accordé?

---

(1) V. Fenet, t. XII, p. 467.
(2) *Quotité disponible entre époux*, p. 133-138.

424. Enfin, M. Marcadé fait observer que, plus tard, Bigot de Préameneu, dans son Exposé des motifs au Corps législatif, et Jaubert, dans son rapport au Tribunat, parlèrent dans un sens manifestement prohibitif : « Si l'époux laisse des enfants, disait le premier, les donations ne pourront comprendre que le quart..... ; il ne pourra laisser à l'autre époux qu'une quotité fixée au quart, etc. (1) » — « S'il reste des enfants, disait Jaubert, les donations ne pourront comprendre que le quart ; en cas d'excès, elles seraient réduites (2). »

Mais, à notre tour (et sans concéder même, comme le fait M. Benech, qu'il n'y eût dans ces expressions que la preuve d'un sentiment personnel des deux orateurs), nous ferons remarquer que ces orateurs supposaient qu'il restait non pas UN *enfant*, mais DES *enfants*, et que l'article 1094 parle aussi du cas où l'époux laisserait DES *enfants* ; or, quand il reste DES enfants, le disponible pour l'époux se trouve déjà PLUS ÉLEVÉ que pour un étranger, il est donc naturel qu'on ne puisse lui donner plus d'un quart en propriété et un quart en usufruit.

Enfin, un peu plus tard, le tribun Duveyrier, dans son rapport au Tribunat sur le titre du *Contrat de mariage*, disait, sans que personne réclamât : « La défense faite par les cou-
» tumes aux époux de s'avantager entre eux n'existe plus : un
» mari peut donner à sa femme, une femme à son mari,
» *comme à toute autre personne*, la quotité disponible de ses
» biens. (3) »

425. Nous terminerons cette discussion par une observa-tion sur laquelle, selon nous, M. Benech n'a point assez insisté et à laquelle, par suite, M. Marcadé n'a pas répondu. Tout le monde accorde (et l'article 1094 le dit formellement) que la quotité disponible est la même pour les donations faites par contrat de mariage que pour celles faites pendant le ma-

---

(1) V. Fenet, t. XII, p. 572.
(2) V. Fenet, t. XII, p. 621.
(3) V. Fenet, t. XIII, p. 725.

riage ; or, on sait que la plus grande latitude a été de tout temps accordée aux donations entre *futurs* époux par contrat de mariage : *la forme* de la disposition, *la capacité* de disposer, *les modalités* de la disposition, tout a été privilégié ; mais pour *l'émolument* de la donation, la faveur de la loi serait changée en rigueur ! On pourrait disposer en faveur de son futur époux *plus facilement* (art. 1087), *plus tôt* (art. 1095) et *plus librement* (art. 1093) qu'en faveur d'un étranger, et on ne pourrait lui donner AUTANT ! Cette dernière conséquence du système que nous combattons nous forcerait seule à le repousser.

On répondra peut-être qu'il y a là une question de disponibilité des biens qui, à la différence de la capacité des personnes, se règle au décès ; qu'il est donc naturel qu'elle soit la même que si la donation avait été faite pendant le mariage ; mais c'est refuser tout effet à la nature de l'acte et à l'époque où il est intervenu ; et pourtant, si l'on pouvait, à la rigueur, concevoir une diminution de disponible *après* le mariage, elle serait injustifiable quand le donateur n'est encore qu'un *futur* époux, c'est-à-dire un *étranger*.

426. Il nous reste à examiner dans cette Section trois questions d'un intérêt secondaire :

1° L'article 917 est-il applicable au cas où le donateur, ayant des enfants, aurait donné plus de la moitié en usufruit, ou bien y aurait-il lieu à la réduction pure et simple à cette quotité ?

2° Quel serait le droit du donataire si le donateur avait donné CE QUI EST DISPONIBLE D'APRÈS LA LOI, ou avait disposé en reproduisant l'alternative de la loi ?

3° En cas d'une disposition totale ou partielle d'usufruit, selon les cas, le disposant peut-il dispenser le donataire de fournir caution ?

427. On sait que l'article 17 du projet (aujourd. 917) portait que la donation en usufruit ne pourrait excéder la quotité dont on pourrait disposer en propriété (1), et que l'ar-

---

(1) V. Fenet, t. II, p. 276.

ticle 151 (aujourd. 1094) était en harmonie avec cette disposition ; on sait aussi comment, pour éviter les estimations et les réductions d'usufruit, l'article 917 a permis implicitement de donner telle portion d'usufruit qu'on jugerait à propos, sauf, pour les héritiers réservataires qui craindraient la trop longue durée de l'usufruit, la faculté d'abandonner au donataire tout le disponible en pleine propriété. L'article 1094, qui fut conservé sans aucune modification, malgré celles qu'on avait apportées à la fixation du disponible ordinaire, ne se trouve plus en harmonie avec les articles 913-917. Déjà nous avons cru devoir suppléer à son silence dans la précédente controverse ; ici la même nécessité se présente : si donc un époux, ayant des enfants du mariage, avait donné à son conjoint une portion d'usufruit supérieure à la moitié, les enfants ne pourraient se refuser au maintien de la libéralité intégrale sans abandonner le disponible en pleine propriété.

Il va sans dire que les auteurs qui contestent notre solution précédente sur la question de la quotité disponible ne nous accordent pas davantage celle-ci ; mais si (ce que tout le monde admet) l'article 917 a eu pour but d'éviter les estimations toujours douteuses d'usufruit, il constitue alors un principe général applicable à tous les cas pour lesquels il n'y est pas formellement dérogé ; or, nous avons vu que c'est sans aucune intention restrictive que les rédacteurs ont laissé l'article 1094 ce qu'il était dans le projet, malgré les changements apportés aux règles du disponible ordinaire.

428. D'ailleurs, si l'on voulait s'en tenir à la lettre de l'article 1094, pour ce qui concerne l'usufruit donné au conjoint, il arriverait un résultat choquant : l'article 1098 ne s'occupant pas des dispositions d'usufruit qu'on peut faire en faveur d'un nouvel époux, on y appliquera évidemment l'article 917 et si les héritiers, à cause de l'âge avancé de l'usufruitier, ne jugent pas avantageux de lui abandonner, en échange, le quart des biens en propriété, il n'y aura pas de réduction et le second époux sera ainsi mieux traité que le premier. Il suffit encore

de signaler ce résultat pour repousser l'interprétation qui y conduit.

429. Si le donateur avait donné TOUT LE DISPONIBLE, ou TOUT CE QUE LA LOI LUI PERMET DE DONNER, nous pensons qu'il serait considéré comme ayant voulu donner la plus forte quotité et qu'au cas de trois enfants communs l'époux donataire prendrait un quart en pleine propriété et un quart en usufruit.

S'il avait donné, sous l'alternative de la loi, UN QUART EN PROPRIÉTÉ ET UN QUART EN USUFRUIT OU UNE MOITIÉ EN USUFRUIT SEULEMENT, à qui appartiendrait le choix ? aux héritiers réservataires ou à l'époux ? Quelques auteurs l'accordent aux héritiers, par argument des articles 1022 et 1190 ; d'autres l'accordent à l'époux ; d'autres, enfin, déclarent qu'il y a là une question d'intention et de circonstances qu'il ne faut pas résoudre *a priori*, mais laisser à l'interprétation des juges du fait ; ce dernier parti ne peut faire difficulté quand il y a des preuves suffisantes de l'intention du donateur ; mais, dans le doute absolu, que devrait décider le juge ? C'est là qu'est vraiment la question ; nous pensons, avec les premiers auteurs, qu'alors le choix appartiendrait aux héritiers comme à tous débiteurs.

430. Le donateur ne pourrait dispenser le donataire de fournir caution, au moins pour toute la portion d'usufruit qui porte sur la réserve des héritiers : la faveur que mérite le conjoint ne peut aller jusqu'à compromettre la réserve.

SECTION DEUXIÈME.

DE LA QUOTITÉ DISPONIBLE QUAND LE DONATEUR A DES ENFANTS D'UN PRÉCÉDENT MARIAGE.

431. Déjà nous nous sommes plusieurs fois occupé de l'effet des seconds mariages quand il reste à l'époux donateur des enfants ou descendants de son premier mariage ; nous avons examiné [1re partie, chap. III] les trois remarquables Constitutions du Bas-Empire connues sous les noms de *Fœminæ quæ*, *Generaliter* et *Hâc edictali*, dont les deux premières ordonnaient à l'époux remarié de conserver aux enfants du premier époux les biens qu'il avait reçus de celui-ci et dont la dernière lui défendait de donner à son nouvel époux plus que ne prendrait dans sa succession celui des enfants le moins avantagé ; nous avons vu la Loi Salique [*ibid.*, ch. IV, n° 150] reproduire le principe de la Constitution *Fœminæ quæ* ; nous nous sommes surtout étendu [2e partie, chap. III] sur le célèbre Édit des secondes noces, dont le premier chef remettait en vigueur la Constitution *Hâc edictali*, et le second, les Constitutions *Fœminæ quæ* et *Generaliter* ; nous avons vu aussi [*ibid.*, sect. II, § 3] les coutumes de Paris et d'Orléans étendre doublement le second chef ; enfin, nous avons vu, au contraire [n° 301], la loi du 17 nivôse an II abolir explicitement le premier chef de l'Édit dans son article 13 ; nous pensons même avoir établi que le second chef fut tacitément abrogé par l'article 61 de la même loi.

Il nous faut voir maintenant ce que le Code Napoléon a conservé des sages principes que plus de treize siècles s'étaient transmis presque sans altération :

432. Trois articles sont consacrés à cette matière : l'article 1098 et les articles 1496-2e al. et 1527. Le premier est ainsi conçu : « *L'homme ou la femme* qui, ayant des en- » *fants* d'un autre lit, contractera un second ou *subséquent* » mariage, ne pourra donner à son nouvel époux qu'une part » *d'enfant légitime le moins prenant* et sans que, *dans aucun* » *cas*, ces donations puissent excéder *le quart* des biens ; » les deux autres articles déclarent imputables sur ce disponible déjà restreint, les avantages qui résulteraient pour le nouvel époux de l'adoption d'un régime matrimonial quelconque, même de la communauté légale.

433. Il est à remarquer tout d'abord que le Code n'a pas re-

produit la disposition du second chef de l'Édit : on en a donné plusieurs raisons dont la meilleure nous semble être que le second chef contenait une substitution légale [n° 275] et que le Code a aboli les substitutions, en principe (art. 896) (1); en outre, il ne considère pas l'origine des biens pour en régler l'attribution (art. 732). Mais, sous un autre rapport, le Code est plus sévère que l'Édit : il défend que la part d'enfant puisse jamais s'élever au-dessus du quart des biens du donateur.

En somme, l'esprit du Code, comme celui des législations antérieures, est, sur ce point, de « tempérer l'amour conju- » gal par l'amour paternel (2). »

434. Nous verrons donc : 1° ce qui peut être donné au nouvel époux, dans les différentes situations où se trouve le donateur; 2° quels avantages sont sujets à la réduction, en vertu de l'article 1098; 3° par qui, au profit de qui et de quelle manière il est procédé à la réduction.

§ Iᵉʳ. — De la quotité disponible en faveur du nouvel époux.

435. La loi apporte, à l'égard du nouveau conjoint, une triple restriction au disponible ordinaire entre époux : 1° ce disponible n'est jamais que d'une part d'enfant; 2° il n'est que de la part de l'enfant qui prend le moins dans la succession du donateur; 3° il ne peut jamais excéder le quart de cette succession.

Nous étudierons successivement ces trois restrictions.

436. 1ʳᵉ *Restriction*. Donner au nouvel époux une part d'enfant, c'est le compter lui-même comme un enfant; ainsi, s'il restait quatre enfants, l'époux ne pourrait évidemment pas recevoir un quart, mais seulement un cinquième; cette part se

---

(1) V. Delvincourt, t. II, p. 433.
(2) *Observations du tribunal d'appel de Paris*, sur le projet; — V. Fenet, t. V, p. 268.

calcule, comme tout disponible, sur le nombre des enfants laissés au décès du donateur; on ne distingue pas, à cet égard, ceux du premier lit de ceux du second, puisqu'ils sont tous héritiers du donateur (art. 745), mais on ne compte pas, selon nous, ceux qui, par refus, incapacité ou indignité, ne sont pas héritiers (arg. de l'art. 785). Si l'un des enfants du premier degré était prédécédé, il serait représenté par ses propres enfants (art. 914) et la part de l'époux se calculerait sur celle des souches. Mais au cas où il ne resterait que des descendants d'un enfant *unique* prédécédé ou refusant la succession, il y a plus de doute sur la question de savoir si l'époux recevrait autant que s'il était en face d'un seul enfant du premier lit, le quart, ou seulement une part de petit-enfant qui pourrait y être inférieure, vu leur nombre; la question résolue dans ce dernier sens, sous l'empire de l'Édit, par Ricard, Lebrun et Pothier, dont nous n'avons pas admis la solution [n° 255], doit l'être évidemment dans le premier sens sous le Code : en effet, les expressions de l'Édit : « *leurs enfants* ou *enfants de leurs enfants*, » se prêtaient quelque peu à l'interprétation des trois grands jurisconsultes, mais le Code n'a parlé que d'une part *d'enfant;* il est d'ailleurs très-équitable que le prédécès ou le refus des enfants du premier degré ne nuise pas à l'époux en le plaçant en face de descendants plus nombreux.

437. 2ᵉ *Restriction.* L'égalité des partages entre enfants est un des principes fondamentaux du droit moderne : le sexe ni la primogéniture ne sont plus des causes de préférence (art. 745), aussi la restriction de la portion du nouvel époux à la part de l'enfant *le moins prenant* est-elle d'une moins fréquente application qu'autrefois; cependant elle s'applique encore aujourd'hui lorsque, par suite d'avantages faits dans la mesure permise par la loi, un ou plusieurs enfants reçoivent, outre leur portion réservée, une partie du disponible ordinaire; ce n'est pas alors sur la portion de ceux-là, mais bien sur celle de l'enfant qui prendra le moins dans la sucession, que sera mesurée la donation faite au nouvel époux; mais au moins, cette part ne sera jamais inférieure à la réserve de l'enfant (a).

Delvincourt pense (t. II, p. 442) que cette restriction, qui, on le sait, date de loin, a eu pour but d'empêcher le donateur d'avantager ses enfants du second lit au préjudice de ceux du premier; en effet, toute libéralité qui pourrait nuire à ceux-ci diminuerait nécessairement l'émolument du nouvel époux; mais il reconnaît que si tel est le motif de la loi (ce que nous croyons avec lui), comme elle n'a point distingué à quels enfants l'avantage était fait, on doit décider que, même fait aux enfants du premier lit, il ne diminuerait pas moins la part du nouvel époux.

438. 3ᵉ *Restriction.* Accorder purement et simplement au nouvel époux une part d'enfant, c'eût été lui accorder un tiers ou une moitié lorsqu'il n'y avait qu'un ou deux enfants, ce que l'article 1094 permet, selon nous, en faveur d'un premier époux; mais nous avons vu [nº 420] qu'un amendement de Berlier eut pour but de restreindre cette portion au quart des biens du donateur, dans le cas où, d'après le petit nombre des enfants, elle eût pu s'élever au-dessus. Cette restriction, nous l'avons dit, est toute nouvelle dans le droit.

439. C'était une question, sous l'empire de l'Édit [V. nº 268], que de savoir si la donation faite au nouvel époux *d'une part d'enfant* (ce qui constituait une donation de biens à venir susceptible, comme telle, d'augmentation ou de diminution), lui donnait droit à la totalité des biens; quand, au décès du donateur, il ne restait pas d'enfant du premier ni du second lit; la même question se représente sous l'empire du Code Napo-

---

(a) Les donations faites aux enfants *avant* celle faite à l'époux et sans préciput, bien que rapportables, pourraient *souvent* nuire à l'époux qui ne peut profiter du rapport [V. nº 265]; mais les donations faites aux enfants (*avec ou sans préciput*) *après* celle faite à l'époux, ne pourraient lui nuire que si sa donation était RÉVOCABLE.

léon, compliquée de la nouvelle restriction au quart. Nous avons décidé, pour l'application de l'Édit, que cette part d'enfant ne pouvait pas être supérieure à la moitié, à moins de preuve manifeste d'une intention différente chez le donateur; par la même raison, nous déciderons aujourd'hui qu'elle ne pourra jamais dépasser le quart, parce que le donateur semble n'avoir voulu donner à son conjoint que ce que celui-ci eût pu obtenir en concourant avec un ou deux enfants au moins. Du reste, tout le monde admet que le donateur pourrait déclarer que la part d'enfant serait de la totalité s'il ne restait aucun enfant et qu'il pourrait aussi donner LE DISPONIBLE : l'époux prendrait alors un quart, au cas d'un ou deux enfants et, en l'absence d'aucun enfant, la totalité; sauf, dans les deux hypothèses, la réserve des ascendants.

440. Mais il y a plus de difficulté sur la fixation du disponible quand il y a plusieurs convols successifs. Peut-on donner à chaque nouvel époux une part d'enfant, sauf à ne pas excéder le disponible ordinaire? Ou bien une part d'enfant à chacun également, sauf à ne pas excéder le quart? Ou enfin ne peut-on donner en tout qu'une part d'enfant? Ce dernier système nous semble seul conforme à la loi : d'abord le premier néglige sans motif la nouvelle restriction de l'article 1098 : « sans que, dans aucun cas, ces donations puissent excéder le quart des biens; » le second serait moins contraire au texte, puisqu'il respecte la limitation au quart, mais il se fonde sur ce que le Code a parlé d'un second *ou subséquent* mariage et d'un *nouvel* époux, ce qui, suivant ses partisans, voudrait dire justement que chaque nouvel époux peut recevoir une part d'enfant, pourvu que le tout n'excède pas le quart : ainsi deux nouveaux époux pourraient recevoir chacun un huitième; mais on a vu précédemment que les mots : « sans que dans aucun cas, etc., » ajoutés sur la proposition de Berlier, ne faisaient aucune allusion au cas de plusieurs convols, mais bien au cas où, par suite du petit nombre d'enfants survivants, le nouvel époux aurait pu obte-

nir un tiers ou une moitié. Il ne fut donc rien statué, ni même prévu, à l'égard du cas qui nous occupe ; nous nous trouvons alors sous l'influence des anciens principes qui faisaient décider sous l'empire de l'Édit et d'après ses termes mêmes [n° 246] que tous les nouveaux époux ne pouvaient recevoir ensemble qu'une seule part d'enfant. Tel est encore aujourd'hui l'avis le plus généralement adopté (a).

§ II. — Des avantages sujets à réduction en vertu de l'article 1098.

441. La triple restriction apportée par l'article 1098 à la faculté de disposer s'applique évidemment aux donations par contrat de mariage comme à celles faites pendant le mariage : le motif existe dans toute sa force pour les premières comme pour les secondes ; elle s'applique même aux donations faites avant le contrat de mariage, quand le mariage était déjà prévu lors de la donation et qu'on espérait peut-être se soustraire frauduleusement à la disposition de la loi ; seulement, la fraude ne se présumant pas, ce serait aux enfants du premier lit à prouver que le mariage était déjà projeté.

442. Une nouvelle rigueur de la loi contre les seconds mariages, consiste à traiter comme avantages réductibles des conventions ordinairement considérées comme faites à titre onéreux : c'est ainsi que les conventions matrimoniales que la loi traite, en général, comme des conventions entre associés (art. 1516 et 1525-2° al.) (b), deviennent réductibles quand l'un

---

(a) Nous n'invoquons pas à notre appui les mots : « *On a maintenu cette sage disposition* » qui se trouvent dans l'Exposé des motifs, parce qu'ils nous semblent se rapporter au principe général de l'article 1098 lui-même et non à la question particulière qui nous occupe (V. Fenet, t. XII, p. 573).

(b) Nous sommes d'avis que le préciput conventionnel, même stipulé au profit de la femme renonçante, pouvant être considéré comme une compensation de ses apports, n'est pas un avantage réductible, si ce n'est dans le cas de second mariage (arg. des art. 1515-1er al. et 1516).

des époux a des enfants d'un premier lit (art. 1496 et 1527). Cette différence se justifie facilement, car outre que la loi craint plus l'abus des conventions matrimoniales dans un cas que dans l'autre, il est clair aussi que les enfants *communs* trouveront toujours dans la succession de l'époux avantagé les biens qui ne seront plus dans celle de l'autre époux, tandis qu'aucun droit semblable n'existerait pour les enfants que le donateur aurait eus d'un premier mariage.

Il n'est pas surprenant non plus que la loi comprenne dans une même défiance les conventions qui se réfèrent à la communauté *légale* comme celles qui y dérogent, car il est clair que l'avantage prohibé peut résulter aussi facilement de l'adoption expresse ou tacite du régime de droit commun que de l'adoption d'un régime exceptionnel. En effet, l'époux remarié dont la fortune est supérieure à celle de son nouvel époux, ne lui procure pas un avantage moins sûr ni moins volontaire, en adoptant la communauté légale (qui donne autant à celui qui n'apporte rien qu'à celui qui apporte tout), qu'il ne l'avantagerait en lui consentant un préciput ou autre bénéfice conventionnel.

443. Ainsi, pour ne parler d'abord que des effets de la communauté légale, les avantages qui résulteraient indirectement pour le nouvel époux, pauvre ou endetté, de la confusion des deux mobiliers présents et des dettes respectives, seraient réductibles à la quotité de l'article 1098 (art. 1496-2ᵉ al.) : l'époux remarié a compromis l'intérêt de ses premiers enfants, en acceptant un régime qui l'appauvrit et qui pouvait être facilement restreint, soit par l'adoption d'une simple communauté d'*acquêts*, soit par une clause de *réalisation* d'une partie du mobilier, ou d'*apport* d'une valeur restreinte, ou de *séparation des dettes* (1).

444. Il y a plus de difficulté à l'égard des successions ou donations mobilières échues pendant le mariage à l'époux rema-

____

(1) V. M. Troplong, *Contrat de mariage*, n° 2214.

rié : on peut dire que l'enrichissement qui en résulte pour le nouvel époux n'est pas le fait volontaire de l'autre époux, et qu'il doit ainsi échapper à la réduction ; nous avons même vu [n° 252] que tel était l'avis de Pothier et de Lebrun, mais nous n'avons pas cru devoir l'adopter ; sous le Code Napoléon, nous avons encore moins à douter, car l'article 1527, plus explicite que l'article 1496, parle de « toute convention qui *dans ses effets* tendrait à donner au delà....... etc. ; » ce qui doit s'entendre de tous effets tant immédiats qu'éloignés, tant prévus qu'imprévus ; ajoutons qu'il est rare que chaque époux ne prévoie pas, à peu près, quelles successions pourront lui échoir dans la suite. M. Duranton fait observer aussi, avec raison (t. IX, n° 807), que, puisqu'au cas où une succession avantageuse serait échue au *nouvel* époux et compenserait l'inégalité de son apport primitif, on devrait assurément lui en tenir compte pour le dispenser de la réduction, dès lors, on doit également tenir compte, pour cette réduction, des successions avantageuses échues à l'époux remarié.

Quant aux biens acquis pendant le mariage autrement que par succession ou donation, comme ils sont réputés le produit de la collaboration commune, ils ne seraient pas considérés comme avantages, non plus que les intérêts et fruits des biens soumis à la réduction. Ces intérêts seraient aussi réputés compensés par les soins donnés à ces mêmes biens par le nouvel époux.

445. Les diverses conventions par lesquelles les époux modifient la communauté légale sont plus naturellement encore sujettes à la réduction : il en est ainsi de toute clause qui tendrait à détruire, au profit du nouvel époux, l'égalité des apports ou du partage, comme celles d'ameublissement, de préciput conventionnel et de forfait de communauté ; au contraire, une clause qui tendrait à établir l'égalité d'apports, comme la réalisation par le nouvel époux qui serait le plus riche en mobilier, et l'ameublissement par l'époux remarié qui serait plus pauvre en biens de cette nature, serait main-

tenue, quoiqu'en fait elle fût utile au nouvel époux : c'est que, dans ces cas, il ferait moins un gain qu'il n'éviterait une perte. La communauté d'acquêts ne serait pas non plus sujette à réduction parce qu'elle ne se compose que des produits d'une économie et d'un travail communs (*V.* art. 1527, *in fine*).

446. Nous ne parlerons pas ici des autres donations *indirectes* que ferait l'époux remarié, non plus que des donations déguisées ou faites à personnes interposées; il en sera parlé d'une manière plus générale dans la section dernière.

**§ III. — Par qui, au profit de qui et de quelle manière
il est procédé à la réduction (a).**

447. *I. Qui peut exercer la réduction.* L'action en réduction ou retranchement des libéralités faites au nouvel époux au delà des limites de l'article 1098 appartient essentiellement à ceux en faveur desquels a été portée la triple restriction à la quotité disponible ordinaire : ainsi les enfants du précédent mariage, existant au décès de l'époux remarié, ou, s'ils sont morts ou incapables, leurs descendants, exerceront l'action.

Il ne suffirait pas que ces enfants ou descendants fussent capables de succéder à leur auteur remarié, il faudrait encore qu'ils se portassent *héritiers*. Cette proposition que nous avons établie pour l'ancien droit, contre Ricard, Lebrun et Pothier [nᵒˢ 258, 276 et 291], est admise sans controverse sous le Code Napoléon dont l'esprit, sinon la lettre, est (à la différence du droit romain) de n'admettre les enfants aux réserves ordinaire et extraordinaire qu'en qualité d'héritiers et non d'enfants seu-

---

(a) *N. B.* D'après notre plan, tout ce qui concerne la réduction devrait se trouver dans la troisième et dernière section ; mais nous avons préféré réunir ici toutes les règles spéciales aux seconds mariages. Nous renvoyons, au contraire, à la section III, l'interprétation des articles 1099 et 1100, qui, selon nous, sont aussi bien la sanction des articles 1094 et 1096 que de l'art. 1098.

lement (*a*). Grenier (n° 706) est le seul auteur moderne, à notre connaissance, qui ait admis le système des anciens jurisconsultes.

448. L'action en réduction ne pouvant être intentée par le donateur lui-même, ses enfants, bien qu'héritiers, l'exercent en leur nom personnel et non comme ses ayants cause: De là, si une veuve remariée avait excédé la quotité disponible en faveur de son nouveau mari, ses enfants du premier lit ne pourraient, selon nous, invoquer son hypothèque légale contre le mari, à l'appui de leur action.

449. L'action en réduction appartient aussi aux enfants légitimés par le premier mariage ; mais elle n'appartiendrait pas aux enfants adoptés avant le second mariage, car si la loi leur donne en général les droits d'enfants légitimes (art. 350), il n'en est pas moins vrai qu'ils ne peuvent nullement se prétendre enfants du premier lit. Nous admettons bien qu'ils partageraient le bénéfice de la réduction, si elle était demandée par de véritables enfants du premier lit ; mais, s'ils restaient seuls, la réduction ne pourrait avoir lieu.

Il y a plus de difficulté pour les enfants du second lit ; mais, avant d'examiner s'ils peuvent exercer l'action, il est nécessaire de voir d'abord s'ils peuvent en profiter.

450. *II. Qui peut profiter de la réduction.* L'égalité entre héritiers, sans être de l'essence du partage est au moins de sa nature : la loi n'a permis qu'il y fût dérogé qu'autant que le disposant en aurait expressément manifesté sa volonté par une dispense expresse, accordée à l'héritier, de rapporter les libéralités à lui faites. L'article 918 admet bien implicitement une dispense tacite de rapport, beaucoup d'auteurs sont même disposés à voir des dispenses tacites de rapport dans les articles 847 et 849 ; mais, en tout cas, ce sont là des excep-

---

(*a*) On sait que cette proposition, unanimement admise dans la doctrine, a été déniée par un célèbre arrêt de la Cour de cassation, du 17 mai 1843, arrêt qui a jeté une profonde perturbation dans la jurisprudence et dont il est bien à espérer que la Cour suprême reviendra, *toutes chambres réunies.*

tions qu'il ne faut pas étendre : or, ne pas admettre les enfants du second mariage à partager avec ceux du premier le bénéfice de la réduction, ce serait transformer en privilége pour ces derniers une disposition que la loi n'a portée pour eux que comme une protection.

Ce principe du partage de la réduction entre les enfants des différents lits, repoussé dans les pays de droit écrit où l'on suivait la Novelle 22, ch. 27 et admis, au contraire, dans les pays de coutume où l'on s'en tenait à la constitution *Quoniam* [*V.* n° 257], est aujourd'hui reconnu par tous les auteurs, pour la législation moderne.

451. Mais de ce que les enfants du second mariage sont admis à partager l'émolument de la réduction avec ceux du premier, en faut-il conclure qu'ils ont également l'action? C'est là qu'est la controverse. Les anciens auteurs ne distinguaient pas entre le droit de *profiter* de l'action exercée et le droit d'exercer cette action ; le plus grand nombre des auteurs modernes décide de même aujourd'hui par cette considération, très-juste en elle-même, que toute personne à qui appartient un droit doit avoir les moyens de le réaliser ; qu'il ne faut donc pas laisser le droit des enfants du second lit à la discrétion de ceux du premier. Mais nous ne sommes pas satisfait de cet argument : sans doute les enfants du second lit ont un droit et doivent avoir le moyen d'arriver à sa réalisation, mais quel est ce droit? C'est celui de *partager* l'émolument de la réduction exercée ; pour cela, ils ont une action propre contre leurs cohéritiers, mais ils n'ont pas, selon nous, un droit propre à demander la réduction contre l'époux, parce que, sans la présence d'enfants du premier lit, ils devraient respecter les libéralités qui n'entament point leur réserve ordinaire ; il est vrai que, l'action une fois exercée, il en résulte un profit pour eux à cause de l'égalité entre héritiers de même qualité ; mais l'action ne peut leur appartenir en vertu de l'article 1098 qui n'est point porté pour eux. Toutefois, nous reconnaissons que s'il y avait collusion entre les enfants du premier lit et le nouvel

époux, pour ne pas exercer l'action, ceux du second lit pourraient agir, parce que *fraus omnia corrumpit*. Au surplus, l'article 1496 se prête entièrement à notre interprétation, car il déclare que « les enfants *du premier lit* auront l'action en retranchement (1) ».

452. Nous avons vu aussi que c'était dans l'ancien droit une question fort délicate que celle de savoir si le nouvel époux partageait avec les enfants le profit du retranchement opéré contre lui-même. La question semble oiseuse tout d'abord, car, à quoi bon, dira-t-on, prendre au premier époux pour lui rendre ensuite? Mais on peut répondre : pour que l'époux ait une part d'enfant, il faut bien qu'il reçoive autant que les enfants et que sa portion s'accroisse dans tous les cas où la leur pourrait s'accroître. La question est donc sérieuse. Nous avons établi [n°° 262-264], avec Renusson et Lebrun, contre Ricard et Pothier, que si l'on n'avait pas admis l'époux à ce partage avec les enfants, il en fût résulté qu'il n'eût pas eu la part d'enfant qui lui était accordée par l'Édit; cependant, pour éviter ce qu'il y aurait de bizarre dans cette double opération d'un retranchement suivi d'une restitution, nous avons proposé une autre manière de procéder. Nous sommes du même avis sous le Code Napoléon : selon nous, pour que le nouvel époux n'ait pas moins qu'il ne lui est accordé, il faut réunir fictivement à la masse des biens existants, dettes déduites, la valeur qui lui a été donnée, et de cette masse faire autant de parts qu'il y a d'enfants, plus une part pour l'époux.

453. Il est aussi très délicat de décider si l'époux pourrait exiger le rapport à la masse des avancements d'hoirie faits aux enfants avant sa donation. La négative se présente tout d'abord à l'esprit, avec l'article 857 ; mais comme l'époux est appelé à *une part* d'enfant, peut-être pourrait-on dire (et on a dit, en effet) qu'il doit exercer *les droits* d'un enfant pour arriver à cette part. Cet avis, qui était celui de Lebrun et de l'o-

____

(1) V. en ce sens, M. Marcadé, sur l'art. 1098, n° 5.

thier dans l'ancien droit, a été repris par Grenier (n° 711), par Toullier (n° 885) et par d'autres auteurs modernes; nous en avons soutenu un autre pour l'ancien droit [n° 265], nous le maintenons sous l'empire du Code Napoléon.

L'article 857 déclare formellement que le rapport n'a lieu qu'entre cohéritiers; or, le nouvel époux, même quand on lui a expressément donné *une part d'enfant*, n'est toujours qu'un donataire de biens à venir, il ne peut donc demander le rapport, ni en profiter. Cependant il pourra prétendre que sa part soit mesurée sur ce que doit être celle des enfants s'ils se demandent le rapport l'un à l'autre; seulement, si la donation est de biens à venir, et qu'il ne reste pas assez dans les biens existant au décès pour lui parfaire cette part, il devra se contenter de ce qui s'y trouvera, parce qu'il ne peut exiger un rapport effectif. Si, au contraire, la donation était de biens présents, elle ne pourrait être réduite qu'autant qu'elle excéderait la part qui revient à chaque enfant après le rapport réel (a).

154. *III. Mode et ordre de la réduction.* Nous venons de voir comment un rapport fictif de part et d'autre est une opération préalable à la réduction; nous verrons dans la section suivante les règles de la réduction en cas d'excès sur le disponible de l'article 1094, avec les distinctions nécessaires entre les libéralités faites à l'époux et celles faites à des étrangers, entre les libéralités révocables et celles qui ne le sont pas; l'effet des dates sera aussi examiné. Nous nous abstiendrons donc d'entrer dans aucun de ces détails sur l'article 1098. ce que nous dirons dans la section suivante des donations faites au premier époux, s'appliquera, en général, aux donations faites à un nouvel époux, avec cette différence ca-

---

(a) Voyez, dans le même sens, M. Marcadé, sur l'art. 857, n° 3 et sur l'art. 1098, n° 2, *in fine.*—Cette explication est fondée sur une théorie plus générale longtemps niée par la Cour de cassation, mais enfin adoptée par elle dans un arrêt du 8 juillet 1826, arrêt par lequel elle a réformé une jurisprudence déjà ancienne et que regrettait la doctrine.

pitale, dont nous tiendrons toujours compte, que la dernière ne doit jamais être supérieure à une part d'enfant le moins prenant, ni même au quart des biens du donateur.

SECTION TROISIÈME.

DE LA SANCTION TANT DE LA RÉSERVE QUE DE LA RÉVOCABILITÉ.

455. Si favorable que soit la loi aux libéralités entre époux, nous avons vu qu'elle en prévient l'abus par une juste mesure apportée au disponible et qu'elle en assure la liberté par une facile révocabilité; sous peine d'être illusoires, ces deux règles avaient besoin d'une sanction, elle se trouve dans l'article 1099 ainsi conçu : « Les époux ne pourront se donner » *indirectement* AU DELA de ce qui leur est permis par les dis- » positions ci-dessus.

» Toute donation, ou *déguisée*, ou *faite à personnes inter-* » *posées*, sera NULLE. »

456. Tout d'abord nous rencontrons deux graves questions :

1° L'article 1099 contient-il une double sanction, l'une pour les donations *ostensibles* mais excessives, l'autre pour les donations *dissimulées* (c'est ainsi que, pour abréger, nous appellerons souvent celles du deuxième alinéa), la *réduction* pour les premières, la *nullité* pour les secondes?

2° L'article 1099 régit-il les donations entre tous époux, ou seulement celles faites à un nouvel époux par celui qui a des enfants d'un précédent mariage?

457. Sur la première question, pour soutenir qu'il n'y a qu'une seule et même sanction pour toutes les sortes de libérali- tés, on dit que les libéralités *indirectes* sont un *genre* large dont les libéralités *déguisées sous l'apparence d'un acte onéreux* ou *faites à personnes interposées* sont les *espèces* : toute dona- tion indirecte étant nécessairement ou déguisée ou faite à personnes interposées; on dit que l'article 1099, en prononçant, dans son deuxième alinéa, la nullité de ces dernières donations, n'entend les annuler que pour ce qui excède la quotité disponible : il développerait ainsi le premier alinéa ; que l'expression NULLE est déjà employée dans ce sens restreint par l'article 911, qui déclare *nulles* des libéralités qui peuvent n'être que *réductibles;* on invoque aussi l'article 918 qui ne soumet qu'à la réduction certaines libéralités déguisées ; enfin on invoque le premier chef de l'Édit des secondes noces qui ne faisait aucune distinction entre les libéralités ostensibles et les libéralités dissimulées.

458. Nous contestons cette interprétation et tous ses arguments.

D'abord il n'est pas exact que les libéralités indirectes soient toujours déguisées sous l'apparence d'un acte onéreux ou faites à personnes interposées et que celles-ci ne soient dès lors que les *espèces* d'un *genre :* sans doute les libéralités dissimulées sont toutes indirectes, mais toute libéralité indirecte n'est pas dissimulée ; selon nous, une libéralité indirecte est celle à laquelle ne peuvent s'appliquer ni la définition de l'article 894, ni les formes de l'article 931 : ainsi c'est une *libéralité*, mais ce n'est pas *un acte portant donation;* de même elle ne peut être *imposée*, mais elle n'a pas besoin d'être *acceptée expressément;* or, cette libéralité indirecte n'est pas toujours dissimulée : ainsi, quand je paye les dettes de mon époux, quand je détruis la preuve de mon droit pour le libérer, je ne dissimule rien ; quand je renonce à un legs dont il est tenu envers moi comme héritier, quand, pour lui procurer le droit d'accroissement, je renonce à une succession à laquelle je suis appelé concurremment avec lui, je ne dissimule pas ma libéralité ; enfin quand je convole en secondes noces et que j'adopte un régime matrimonial qui doit, tôt ou tard, enrichir mon nouveau conjoint, soit par la confusion de nos mobiliers présents, soit par le partage des successions qui m'écherront, je fais une libéralité *ostensible*, mais elle est *indirecte* en ce qu'elle ne se présente pas comme *acte portant donation*. Il est donc naturel que les libéralités faites ouvertement et sans aucune intention de fraude à la loi soient seulement *réductibles*.

459. Au contraire, quand je feins de vendre à mon époux ce qu'en réalité je lui donne, quand j'adresse un don à une tierce personne qui se charge de le restituer à mon époux, je fraude *deux fois* la loi, car je me soustrais aux règles de la réduction et de la révocabilité; il est donc rationnel et équitable que la loi, dans l'intérêt de mes héritiers, frappe avec plus de rigueur une donation qui les menace davantage. Il est d'ailleurs impossible d'admettre que l'al. 2ᵉ de l'art. 1099 ne soit qu'un développement du premier, quand on songe que ce premier *était déjà inutile :* en effet, le Code ayant fixé une quotité disponible, il était bien entendu que tout excédant, direct ou indirect, serait retranché; si donc le Code s'en explique *une fois*, n'est-ce pas pour bien marquer la différence entre ces libéralités *ostensibles* et celles qui sont *dissimulées*, plutôt que pour y revenir *une seconde fois* dans le même article (a)?

460. L'argument tiré de l'article 911 n'est pas plus puissant. D'abord nous ne concédons pas même, comme font plusieurs des auteurs dont nous partageons l'avis, que la nullité de l'article 911 doive s'entendre dans le sens d'une simple réduction : cet article n'a pas trait à l'*indisponibilité des biens* dont s'était occupé incidemment l'article 908, mais bien à l'*incapacité de recevoir*, dont la loi avait frappé, dans les ar-

---

(a) M. Armand Dalloz, dans une note sur un arrêt de Bourges (*Rec. périod.*, 1837, 2ᵉ part., p. 1), a émis une opinion mixte et nouvelle que nous n'admettons pas davantage : elle consisterait à distinguer si la donation *dissimulée* excède ou non la quotité disponible, pour l'annuler au premier cas et la maintenir au second, en sorte que la donation excessive serait seule présumée frauduleuse. Mais cette présomption serait souvent démentie par les faits, car le disponible s'estimant à la mort, il arriverait fréquemment que, par des variations de fortune, telle libéralité frauduleuse dès le principe et qui semblait devoir excéder le disponible, s'y trouverait inférieure au décès, et réciproquement; qu'au contraire, une libéralité loyale et minime en elle-même pourrait, au décès, se trouver encore excessive et, par suite, passerait pour frauduleuse.

ticles précédents, les personnes non conçues (art. 906), les tuteurs (art. 907), les médecins et les ministres des cultes (art. 909); or, ces personnes sont *totalement* (a) incapables de recevoir : les premières, de qui que ce soit, les autres, du pupille ou du moribond. La *nullité* écrite dans l'article 911 doit donc s'entendre dans son véritable sens ; or, sur quel fondement voudrait-on, dans l'article 1099, l'entendre avec le sens de *réductibilité?* Lorsqu'il s'agit vraiment d'une simple réduction ou d'une *nullité partielle*, le Code emploie des expressions propres, les articles 920 à 930 en sont la preuve manifeste, ainsi que les articles 1496 et 1527 qui ont un trait direct à notre question et dont l'un ne parle que d'une *action en retranchement* et l'autre, déclarant que la donation excessive *sera sans effet*, a soin d'ajouter : « *pour tout l'excédant de la portion disponible.* »

461. A l'argument tiré de l'article 918, nous répondons que si la loi ne soumet qu'à la *réduction* certaines aliénations à fonds perdu qu'elle présume déguiser une libéralité, c'est qu'elle craint moins l'abus de ces avantages entre les personnes dont parle l'article 918 qu'entre les époux ; d'ailleurs, entre les parents en ligne directe, le déguisement d'acte prévu par l'article 918 ne pourrait soustraire la libéralité qu'à un seul contrôle : la réduction ; tandis qu'entre époux, il la soustrairait, en outre, à la révocabilité, à laquelle la loi n'attache pas moins d'importance qu'à la réduction.

462. Enfin, le silence de l'Édit ne saurait empêcher de trouver le Code Napoléon plus explicite ; d'ailleurs, l'Édit ne régissait pas comme notre Code les donations faites pendant le mariage, puisqu'elles étaient défendues en principe : il avait un danger de moins à prévenir, l'influence ; une règle de moins à sanctionner, la révocabilité : il pouvait donc se contenter de la réduction pour les avantages dissimulés. Telle est

---

(a) Nous ne nous occupons pas des dispositions rémunératoires et modiques qui, dans ces cas, ne sont permises que parce qu'elles n'ont pas le caractère de libéralités.

au reste l'interprétation la plus générale dans la doctrine et dans la jurisprudence (1).

463. La seconde question est moins douteuse encore : suivant nous, l'article 1099 sanctionne toutes donations entre époux, et non pas seulement celles faites par l'époux ayant des enfants d'un premier mariage.

Pour en restreindre l'application à ce dernier cas, on s'appuie (2) sur sa proximité immédiate avec l'article 1098 qui traite des seconds mariages, sur la relation de l'article 1099 « *aux dispositions ci-dessus* » et sur l'article 1100 qui répute interposés entre l'époux donateur et l'autre époux les enfants que ce dernier aurait d'un précédent lit ; mais ce rapprochement est loin d'avoir la portée qu'on lui a prêtée : d'abord, l'article 1099 ne sanctionne pas LA disposition qui le précède, mais bien LES *dispositions ci-dessus*, il se réfère, par là, aussi bien aux articles 1094 et 1096 qu'à l'article 1098 ; quant à l'article 1100, il suppose le convol, non plus du *donateur*, mais du *donataire* ; il ne défend pas au nouvel époux de donner à l'époux remarié (cela n'a jamais pu être défendu, on y encouragerait plutôt dans l'intérêt des enfants du premier lit), mais il défend de lui donner par l'entremise cachée de ses enfants d'un premier lit, toujours à cause de la réduction et de la révocabilité qui seraient éludées. Il nous semble donc qu'il y a eu là une confusion de la part des auteurs cités. D'ailleurs, si l'on admettait la restriction par eux proposée, on arriverait à ne plus trouver l'interposition présumée par l'article 1100 que dans le cas, assez rare assurément, où les époux seraient *tous deux binûbes* et ayant des enfants d'un premier lit.

Nous n'admettons pas non plus qu'il y ait à distinguer entre les libéralités faites *avant* et celles faites *après* le mariage ; seulement, les premières tomberont moins souvent sous l'application de la sanction la plus sévère, la nullité, parce que,

---

(1) V. M. Marcadé, sur l'art. 1099, n° 2 et les autorités par lui citées.
(2) V. Grenier, n° 691 ; — Toullier, t. V, n° 881.

d'une part, elles sont irrévocables sans qu'il y ait eu besoin pour cela de les déguiser et, d'autre part, qu'il sera bien rare, hors le cas de convol, qu'il y ait eu déguisement d'acte ou interposition de personnes avant le mariage, dans le but d'éviter la réduction.

464. Après avoir ainsi établi qu'il existe une double sanction des règles concernant la quotité disponible et la révocabilité, nous traiterons séparément de la réduction et de la nullité.

§ Ier. — De la réduction des libéralités directes ou indirectes.

465. Nous verrons ici : 1° dans quels cas il y a lieu à la réduction, c'est-à-dire quand la quotité disponible a été excédée ; 2° de quelle manière il faut procéder à la réduction, pour qu'aucun donataire *ne profite* d'une augmentation de disponible qui ne serait point établie pour lui.

466. *I. Des cas où il y a lieu à la réduction.* Il faut distinguer le cas où toutes les libéralités ont été faites au conjoint seul et celui où il en a été fait aussi à des étrangers (*a*).

467. *Ier Cas. — Les libéralités s'adressent à l'époux seul.* — On a vu que la quotité disponible entre époux varie suivant la qualité et le nombre des héritiers laissés par le disposant à son décès. Parcourons rapidement les trois principales situations où il laisse des héritiers réservataires différents.

468. *Ire Situation.* — Le disposant laisse des enfants d'un premier mariage. — C'est le cas de la plus petite portion disponible pour l'époux : elle ne peut jamais excéder le quart et peut y être beaucoup inférieure. Dans cette situation, si l'époux remarié a donné à son nouvel époux *une quote part* trop considérable de ses biens : comme donation de biens à venir, elle

---

(*a*) Suivant l'usage et pour plus de facilité, nous comprendrons sous le nom d'*étrangers* toutes personnes autres que le conjoint du disposant, même ses enfants.

sera facilement réduite ; s'il a donné *des objets déterminés* dont la valeur excède le disponible : la réduction s'opérera comme il a été dit dans la précédente section ; si enfin il a donné trop *en usufruit* à titre universel ou particulier, on appliquera l'article 917 : les héritiers auront le choix, ou d'exécuter la disposition intégralement, ou d'abandonner le disponible en pleine propriété (a).

469. 2° **Situation.** — Le disposant laisse des enfants communs. Le disponible est toujours *au moins* du quart en pleine propriété et d'un quart en usufruit ou d'une moitié en usufruit seulement, et même, si l'on adopte comme nous le système de M. Benech, le disponible sera, s'il ne reste qu'un enfant, d'une moitié en pleine propriété ; dans ce cas encore la réduction sera facile : avec le système de M. Benech elle se fera suivant les règles ordinaires de la réduction et en appliquant l'article 917 ; dans le système contraire, l'article 917 seul ne s'appliquera plus et le don d'usufruit excessif sera purement et simplement réduit à la moitié.

470. 3° **Situation.** — Enfin le disposant laisse seulement des ascendants. — C'est le cas du plus fort disponible ; il est de moitié ou des trois quarts en pleine propriété (suivant qu'il y a des ascendants dans une seule ligne ou dans les deux) et, en outre, de l'usufruit du reste ; en sorte que les ascendants n'ont pour toute réserve qu'une quote-part de nue propriété. Ici il ne peut jamais y avoir excès dans la donation d'usufruit, puisqu'elle peut le comprendre tout entier ; nous n'avons donc plus à nous occuper de l'article 917 pour l'admettre ou pour l'exclure ; que s'il y avait excès en nue propriété, les ascendants feraient réduire encore par la voie ordinaire. Si ces ascendants étaient les père et mère du disposant concourant avec ses frères et sœurs (leurs propres enfants), ils auraient seuls droit à prendre les biens obtenus par la réduction ; c'est ce que

(a) L'application de l'art. 917, comme complément de l'article 1098, n'a jamais été contestée, nous en avons tiré [n° 428] un *a fortiori* pour en faire le complément de l'article 1094.

veut dire l'article 915 *in fine*, en ces termes assez obscurs :
« ils auront seuls droit à *cette réserve* dans tous les cas où un
partage en concurrence avec des collatéraux ne leur donnerait
pas la quotité des biens à laquelle elle est fixée. »

471. Mais quand les ascendants sont autres que les père et
mère, ils se trouvent alors primés par les frères ou sœurs du
disposant et comme ceux-ci, n'ayant jamais de réserve, peuvent eux-mêmes être primés par l'époux donataire ou légataire
universel, on arrive à ce résultat des plus bizarres et probablement imprévu de la loi : les ascendants qui exclueraient l'époux
s'ils étaient seuls en face de lui, sont exclus par les frères, qui
eux-mêmes le sont par l'époux.

Alors aussi se présentent deux questions délicates :

1° le droit des ascendants ne s'ouvre-t-il pas par le fait seul
de cette exclusion des frères par l'époux donataire ou légataire
universel? 2° Subsidiairement, et pour le cas où l'on déciderait
la négative, faut-il admettre que le frère pourrait renoncer à la
succession et donner ainsi ouverture à la réserve de l'ascendant?

472. Sur la première question, nous n'hésitons pas à décider la négative : les ascendants ne pourraient rien prétendre
contre l'époux légataire universel, fût-il même saisi, aux
termes de l'article 1006.

D'abord, si l'époux n'était pas saisi, comme il devrait demander la délivrance au frère, celui-ci, quoique n'ayant pas
l'*émolument*, aurait la plénitude de la *qualité* d'héritier, et
l'ascendant serait primé ; mais si l'époux était saisi, conformément à l'article 1006 et le frère primé par lui, l'ascendant n'en
pourrait pas davantage prétendre qu'il a droit à sa réserve, sous
prétexte que les frères étant exclus il se trouve en face d'un
légataire : car ce serait invoquer à la fois deux idées contradic-
toires, ce serait dire que le légataire est saisi parce qu'il se trouve
en face d'un frère, mais qu'alors, par l'exclusion du frère, il se
retrouve en face de l'ascendant et perd la saisine (*a*). Ainsi, dans

<hr>

(*a*) Cette doctrine, enseignée par Delvincourt et M. Coin-Delisle, est gél'espèce, l'ascendant autre que le père ou la mère est primé par l'époux donataire (*a*) ou légataire universel, saisi ou non saisi.

473. La seconde question est plus difficile et, sur trois solutions qu'on en a proposées, aucune ne nous paraît entièrement satisfaisante : l'une accorde pleinement à la renonciation du frère, même non saisi, l'effet de faire venir l'ascendant en rang utile pour sa réserve, au préjudice de l'époux légataire ; l'autre répute absolument nulle la renonciation du frère à une succession dont il est écarté par l'époux ; un système mixte consiste à donner à la renonciation du frère l'effet de transporter à l'ascendant les droits éventuels seuls qu'avait ce frère : comme le droit d'attaquer le testament, s'il est annulable, de profiter de sa caducité, si le légataire refuse la libéralité, ou enfin de faire révoquer le legs pour ingratitude ou inexécution des charges. Ce dernier système, le plus équitable peut-être, comme la plupart des solutions mixtes, aurait notre préférence, s'il ne semblait fondé sur cette idée que la renonciation serait un acte par lequel on *transporte* aux héritiers du degré inférieur les droits qu'on a dans une succession ; mais il faut reconnaître que la renonciation ne produit cet effet qu'indirectement et qu'elle éloigne seulement l'héritier qui faisait obstacle à ceux du degré inférieur, lesquels viennent alors *jure suo;* si donc la renonciation est valable dans l'espèce, elle doit produire tous les effets ordinaires. Le second système qui la prétend défendue ou sans effet, sous prétexte que le frère est exclu par la saisine de l'époux, est contraire aux principes les plus certains : il n'est pas exact que le frère ne soit pas héritier, parce que la saisine appartient à un légataire ou

---

néralement critiquée, notamment par M. Marcadé (sur l'art. 1006, n° 3) qui la réfute victorieusement avec l'argument qui précède.

(*a*) Nous assimilons au légataire universel l'époux *donataire* universel des biens à venir, parce que nous lui reconnaissons la saisine dans les conditions de l'art. 1006 [V. n° 341].

donataire universel : ce qui prouve qu'il conserve cette qualité, c'est qu'il peut attaquer le testament, profiter de la caducité du legs, ou le faire révoquer pour ingratitude, il est donc impossible de lui contester le droit de renoncer valablement ; aussi le premier système est-il préférable au second en permettant cette renonciation ; il l'est également au troisième en donnant à cette renonciation l'effet de faire arriver l'ascendant à sa réserve. On objecte toutefois qu'il se prêtera facilement à un concert frauduleux entre le frère et l'ascendant : la renonciation de l'un n'aura d'autre but que l'ouverture du droit de l'autre et le partage de la réserve en sera la récompense. Cette fraude est à craindre, en effet, et c'est parce qu'il ne l'atteint pas que le premier système nous paraît défectueux ; aussi pensons-nous que la fraude, sans être présumée, pourrait toujours être prouvée et par tous les moyens possibles ; dans ce cas, la renonciation du frère, valable et définitive à son égard, ne pourrait nuire à l'époux et, par conséquent, ne produirait plus que les effets du troisième système.

474. Pour revenir donc à notre troisième situation, nous dirons que si la donation ou le legs sont universels, l'ascendant autre que le père ou la mère ne pourra faire réduire la libéralité faite à l'époux saisi ou non saisi qu'autant qu'il sera appelé à la succession, soit dès le principe, soit par suite de la renonciation faite de bonne foi par les frères ou sœurs ou descendants d'eux.

475. *IIe Cas.* — *Les libéralités s'adressent à l'époux et à des étrangers.* — Il est incontestable d'abord, quoi qu'en ait dit un arrêt d'Agen, que le disponible ordinaire des étrangers ne peut jamais se cumuler avec le disponible spécial de l'époux, c'est-à-dire qu'ils ne peuvent être employés l'un et l'autre ; autrement on arriverait non-seulement à réduire la réserve à rien ou presque rien, mais quelquefois même à excéder la totalité du patrimoine, puisque ce serait dire qu'en cas d'un seul ascendant l'époux donateur aurait pu disposer de *six quarts* de nue propriété et de *sept quarts* d'usufruit. L'arrêt d'Agen statuait, au moins, dans une espèce qui, en fait, ne menait pas à cette conséquence impossible *(a)*.

476. Si le *cumul* n'est point possible, le *concours* du moins peut avoir lieu, mais il faut : 1° que la réunion des deux sortes de libéralités n'excède pas le plus fort disponible ; 2° qu'en ce cas même aucun donataire ne reçoive plus que son disponible propre ; 3° qu'enfin l'un des donataires ne profite pas de l'augmentation de disponible faite pour l'autre.

477. La première de ces règles a le même motif qui fait prohiber le cumul. Si donc la réunion des libéralités faites à l'étranger et à l'époux excédait la moitié au cas d'un seul enfant, le quart en pleine propriété, plus le quart en usufruit au cas de deux, trois ou plusieurs enfants ; la moitié ou les trois quarts en pleine propriété, plus l'usufruit du reste, au cas d'ascendants, il y aurait excès sur le plus fort disponible et lieu, par suite, à réduction, comme il sera dit au paragraphe suivant, à moins pourtant que l'une des libéralités ne révoquât l'autre, comme une libéralité faite dans cette intention *(b)* à un étranger, après une donation faite à l'époux pendant le mariage.

478. Il y a bien plus de difficultés et de controverse sur les deux dernières règles. Tous les auteurs admettent bien le principe : que l'augmentation de disponible ne doit profiter qu'au donataire pour qui elle est créée, mais ils se divisent dans son application.

Nous parcourrons donc les cinq principales situations de

(a) Cour d'Agen, 27 août 1810. — C'est par erreur que le recueil de Sirey (1811, 2, p. 112) et, après lui, quelques auteurs ont attribué cet arrêt à la cour d'Aix.

(b) Nous exigeons chez le donateur l'*intention* de révoquer, car celui qui, par exemple, ayant d'abord donné à son époux une valeur atteignant à son insu le disponible (soit dès le principe, soit par suite d'accidents de fortune), donnerait ensuite une autre valeur à un étranger, ne pourrait pas être considéré comme ayant voulu révoquer le don fait à son conjoint : *sæpè enim de facultatibus suis plus quàm in his est sperant homines.*

l'époux donateur, pour voir comment il a pu distribuer son double disponible.

479. 1re Situation. — Il reste un seul enfant commun. — Suivant nous, la quotité disponible est la même pour l'époux que pour l'étranger, une moitié (*a*) : le donateur qui aura d'abord donné en pleine propriété une fraction de cette moitié à un étranger ne pourra donner que le reste à son époux, ou réciproquement ; de même, s'il a donné la moitié en usufruit à l'un, il ne pourra plus donner à l'autre que la moitié en nue propriété, sans qu'il y ait ici à considérer la différence des dates de chaque libéralité ; mais si la moitié des biens était excédée, la plus récente serait seule réductible, d'après les règles ordinaires (art. 923), sauf toutefois que si la première donation était faite à l'époux et révocable elle pourrait, d'après les circonstances et l'intention [*V.* p. 234, note *a*], être considérée comme révoquée par la dernière, jusqu'à concurrence de l'excès sur le disponible.

480. 2e Situation. — Il reste trois enfants ou plus (nous verrons plus loin le cas où il en reste deux).—C'est le disponible de l'époux qui est le plus fort : si donc le disposant a donné d'abord à un étranger un quart, soit en pleine propriété, soit en usufruit, soit en nue propriété, il a pu donner ensuite à son époux ou un quart en usufruit, ou un quart en pleine propriété, ou une moitié en usufruit ; que s'il a donné d'abord à son époux un quart, ou même une moitié en usufruit, il a pu donner encore à l'étranger un quart en nue propriété (*b*) : en

---

(*a*) Dans le système restrictif d'après lequel le disponible de l'époux serait le plus faible, on suivrait une marche analogue (quoique *inverse*) à celle que nous allons suivre pour le cas où trois enfants, c'est-à-dire où le disponible de l'époux serait, au contraire, le plus fort.

(*b*) La cour de Lyon avait ainsi jugé le 10 février 1836, mais son arrêt fut cassé le 24 juillet 1839, sous ce prétexte que la moitié en usufruit donnée au conjoint pouvait être estimée valoir le quart de la pleine propriété, qu'ainsi il ne restait plus rien de disponible pour l'étranger ; mais la décision de la Cour suprême a été justement critiquée, car, outre que l'estimation de l'usufruit doit être évitée autant que possible (arg. de l'art. 917), et que cette

effet, dans toutes ces espèces, le plus fort disponible n'est pas excédé : chaque donataire n'a reçu que sa quotité spéciale et aucun n'a profité de l'extension du disponible créée pour l'autre. Au contraire, après avoir donné à son époux un quart en nue propriété le disposant ne pourrait plus donner à l'étranger une moitié en usufruit, mais seulement un quart ; de même, après avoir donné à son époux un quart en usufruit, il ne pourrait plus donner à l'étranger un quart en pleine propriété, mais seulement en nue propriété ; enfin, après avoir donné un quart en pleine propriété à l'époux, il ne pourrait plus rien donner à l'étranger, pas même le quart en usufruit encore disponible pour l'époux ; autrement, bien que le plus fort disponible ne fût pas excédé, bien que chacun n'eût pas reçu plus que son disponible propre, l'étranger aurait cependant profité indûment de l'augmentation créée pour l'époux.

481. Ces dernières solutions sont particulièrement contestées : on nie que l'étranger profite indûment de l'extension créée pour l'époux, quand il ne reçoit que son disponible propre. Il nous faut donc examiner cette autre question : lorsque les libéralités n'ont pas la même date et que celle du donataire pour lequel il y a un disponible plus fort et spécial est la première, celle-ci doit-elle s'imputer d'abord sur le disponible ordinaire qu'elle pourra absorber en tout ou en grande partie, ou bien, au contraire, s'imputer d'abord sur ce dont le disponible spécial excède le disponible ordinaire ?

Il est naturel que ce dernier système soit suivi par M. Benech et les auteurs favorables comme lui à la plus grande extension des avantages entre époux. Voici comment raisonnent ces savants auteurs : Si le disposant est tenu de prendre

---

manière de l'estimer, fondée sur une loi fiscale (loi du 22 frim. an VII, art. 14-15), est la plupart du temps inexacte, il n'y avait, dans l'espèce, aucun lieu d'estimer l'usufruit pour le transformer en pleine propriété : car c'était manifestement restreindre le disponible outre mesure et contre la légitime volonté du disposant.

d'abord sur le disponible ordinaire ce qu'il donne à son époux (dans notre 2ᵉ situation, c'est l'époux qui est appelé à une augmentation de disponible), il se trouvera souvent dans l'alternative ou de renoncer à donner à cet époux aucun témoignage d'affection, ou de se priver du plus puissant ressort de l'autorité paternelle : en effet, s'il donne d'abord à son époux, il ne lui restera plus rien à donner à ses enfants pour les récompenser ou les maintenir dans le devoir (1); si, au contraire, il veut se ménager le plus fort disponible, il devra placer ses enfants au premier rang et, pour cela, attendre au moins qu'ils soient nés, ce qui l'empêchera déjà de faire à son conjoint une donation par contrat de mariage, ou même attendre qu'ils soient un peu avancés en âge, pour disposer en connaissance de cause; mais, dans cette attente, il peut être surpris par la mort et l'époux qu'il voulait certainement avantager n'aura rien (2). Les mêmes auteurs font remarquer encore que la loi du 17 nivôse an 2, si peu favorable à la puissance paternelle, permettait cependant la division du plus fort disponible entre l'époux et les étrangers et que, dès lors, on ne peut admettre que le Code Napoléon, œuvre éminemment réparatrice de cette puissance, ait voulu lui refuser un aussi utile auxiliaire que sont les biens disponibles dans la main paternelle (3).

482. Nous ne méconnaissons pas la force de ces différentes considérations et il nous en coûte de nous séparer sur ce point du promoteur et des partisans du système extensif des droits de l'époux, mais nous croyons fermement (et en cela nous rentrons dans la manière de voir de M. Marcadé) que l'extension de disponible créée pour l'époux ne devant profiter qu'à lui seul, il faut, pour reconnaître si l'étranger en profite, se faire cette question : si l'article 1094 n'existait pas, la dona-

---

(1) V. M. Benech, *op. cit.*, p. 404 et s.
(2) V. M. Valette, le *Droit* du 11 mars 1846.
(3) V. M. Benech, p. 412-413.

tion faite à l'étranger serait-elle valable? A l'aide de ce *criterium* on voit clairement que l'étranger ne peut recevoir qu'un quart en usufruit quand déjà un quart en nue propriété a été donné à l'époux, qu'il ne peut recevoir qu'un quart en nue propriété si un quart seulement en usufruit a été donné à l'époux, qu'enfin il ne peut rien recevoir quand déjà un quart en pleine propriété a été donné à l'époux *(a)*.

483. Voici maintenant ce que nous répondons aux partisans du système contraire : d'abord la puissance paternelle n'est pas plus sacrifiée par l'imputation sur le disponible ordinaire du don fait à l'époux, qu'elle ne le serait si la loi n'avait pas augmenté ce disponible en faveur de l'époux : si l'époux ne pouvait recevoir qu'un quart en pleine propriété, comme un étranger, il est clair que, ce quart une fois donné à l'époux, il ne resterait plus de moyen pécuniaire d'agir sur les enfants, soit pour les punir, soit pour les récompenser ; la loi, en augmentant le disponible, dans l'espèce, n'a pas eu pour but de laisser quelque chose aux mains du père pour ses enfants, car si telle eût été sa pensée, elle n'eût pas permis de donner *encore à l'époux* cette augmentation ; elle a donc voulu favoriser l'époux : cela est manifeste, puisque l'augmentation est encore plus grande quand le disposant n'a pas de puissance paternelle à exercer, c'est-à-dire quand il n'a que des ascendants.

484. A l'argument fondé sur le danger que courrait le disposant de mourir avant d'avoir pu donner le premier rang à ses enfants, et même le second à son époux, nous répondons que s'il ne veut pas donner à son conjoint le premier rang, de peur de n'avoir plus rien qui soit disponible pour ses

---

(a) M. Marcadé, sur l'art. 1100, n° 2, et dans le même sens, les arrêts de la Cour de Cassation des 7 janv. 1824, 21 mars 1837, 24 juill. 1839, et 22 nov. 1843. — Du reste ces arrêts contiennent, sur la prétendue nécessité de transformer toujours l'usufruit en pleine propriété, une théorie que nous n'admettons pas et sur laquelle nous reviendrons.

enfants, il peut restreindre provisoirement le montant de la libéralité qu'il veut faire à son époux, de manière à conserver une partie du disponible ordinaire pour ses enfants, par exemple, donner à son conjoint la moitié en usufruit, ce qui lui permettra de donner encore à ses enfants un quart en nue propriété

485. Nous pensons même, avec M. Benech (a), que, les conjoints pouvant se faire *telle donation qu'ils jugent à propos* (art. 1091), le disposant pourrait faire d'abord à son conjoint, même par contrat de mariage, une donation soumise à la condition, soit suspensive, soit résolutoire, qu'il ne disposerait pas autrement dans la suite, ce serait une des conditions potestatives expressément autorisées par l'article 1086 : son accomplissement ferait acquérir ou conserver à l'époux donataire tout ce qui lui aurait été donné; si, au contraire, le donateur avait plus tard disposé en faveur de ses enfants, l'époux perdrait le premier rang, mais il serait encore possible de le gratifier au moyen de l'augmentation de disponible créée à son profit.

Que si la donation faite d'abord à l'époux l'avait été pendant le mariage, sa facile révocabilité permettrait toujours au donateur de retirer le premier rang à l'époux pour le donner aux enfants et d'attribuer ensuite à l'époux l'augmentation qu'il peut seul recevoir.

De cette manière, le danger qu'on redoutait se trouve éloigné : le donateur aura disposé de la plus forte quotité, il l'aura fait dans l'ordre de ses préférences et l'augmentation de disponible n'aura profité qu'au donataire pour qui elle est établie.

___

(a) Dans sa IVe partie, M. Benech indique les moyens licites d'éluder la jurisprudence de la Cour de Cassation sur le point qui nous occupe; nous lui empruntons un de ces moyens, mais dans un but tout opposé : celui de justifier cette jurisprudence et d'établir que son système d'imputation, fondée sur l'intention probable du disposant, n'exclurait pas une volonté contraire manifestée dans les formes et les cas permis par la loi.

486. Enfin nous nions qu'on puisse tirer un *a fortiori* de la loi de Nivôse. Il est naturel que cette loi qui, au cas de descendants, ne permettait de disposer au profit de l'époux qu'en usufruit et d'une moitié seulement, en admît le cumul avec le dixième en pleine propriété disponible en faveur d'un étranger ; c'est qu'en effet, les deux disponibles n'avaient, pour ainsi dire, rien de commun : il n'y avait pas seulement une augmentation de quotité en faveur de l'époux, il y avait encore changement dans la nature de cette quotité ; or, il était bien impossible d'imputer une moitié en usufruit sur un dixième en pleine propriété ; sous le code Napoléon, au contraire, les deux disponibles sont semblables jusqu'à concurrence du quart des biens ; le spécial peut donc, et par suite *doit*, s'imputer sur l'ordinaire ; ainsi la première libéralité se prendra sur le disponible ordinaire et l'excédant du disponible spécial établi en faveur de l'époux lui sera exclusivement attribué.

Il y a, cependant, sous l'empire du Code, quelque chose qui rappelle ce qui se passait sous la loi de Nivôse, c'est le cas où la libéralité faite à l'époux, quoique la première en date, ne pourrait, par sa nature même, s'imputer en entier sur le disponible ordinaire et, dès lors, entamerait immédiatement le disponible spécial de l'époux : ainsi, quand une moitié en usufruit a d'abord été donnée à l'époux, comme cette libéralité ne peut s'imputer en entier sur un quart en pleine propriété (ce qui est le disponible ordinaire), elle y prendra seulement le quart en usufruit qu'il contient, l'autre quart d'usufruit sera nécessairement pris sur le disponible propre à l'époux ; quant au quart en nue propriété qui reste du disponible ordinaire, il pourra encore être donné à un enfant ou à un étranger.

487. C'est ici que les arrêts précités de la Cour suprême nous semblent critiquables. Ils posent en principe que la valeur donnée en usufruit doit toujours être ramenée à une valeur en pleine propriété, soit au moyen d'une estimation par

experts, soit par application de la loi d'Enregistrement déjà citée. Dans ce système, la donation d'une moitié en usufruit faite d'abord au conjoint serait estimée valoir un quart en pleine propriété, c'est-à-dire le disponible ordinaire, en sorte qu'il ne resterait plus rien qui fût disponibl pour un enfant ou un étranger. Une pareille transformation de la libéralité sera évidemment contraire à la volonté du disposant, aussi est-elle repoussée par tous les auteurs, par les partisans de la restriction des avantages entre époux, comme par ceux de leur extension (1).

488. **3ᵉ Situation.** — Le disposant ne laisse que deux enfants. — Ce cas, que nous avons renvoyé ici comme secondaire, ne présente aucune difficulté particulière et suit les règles précédentes ; les deux disponibles sont encore différents et celui de l'époux souvent le plus considérable : celui de l'étranger est du *tiers* des biens en pleine propriété, celui de l'époux est d'un quart en pleine propriété et d'un quart en usufruit.

Il n'est cependant pas évident que ce dernier disponible soit supérieur au premier, tout dépend de la valeur réelle qu'aura ce quart d'usufruit ; si on l'estime à la moitié d'une pareille quote-part en pleine propriété, le disponible sera de 9/24 pour l'époux, tandis que le disponible ordinaire n'atteindra que 8/24 [Voy. p. 200, note *a*]; mais cette estimation sera souvent fautive, elle devra plutôt être faite d'après les chances de durée de l'usufruit, c'est-à-dire d'après l'âge et la santé de l'usufruitier ; quant à l'article 917, il ne serait guère applicable ici, puisque la quotité de pleine propriété que l'héritier devrait abandonner, aux lieu et place de l'usufruit, est justement ce que l'on cherche.

Au surplus, d'après le principe établi ci-dessus, le don de moitié en usufruit, fait d'abord à l'époux, s'imputerait sur

---

(1) V. M. Marcadé, sur l'art. 1100, nᵒ 2 ; — M. Benech, op. *cit.*, p. 300 et s. ; — M. Valette, *loc. cit.*

le disponible ordinaire jusqu'à concurrence du tiers ou de 8/24 et les derniers 3/24 se prendraient sur le disponible spécial, quant au tiers en nue propriété il resterait disponible en faveur de l'étranger.

Au contraire, le don d'un quart en pleine propriété fait à l'époux d'abord, s'imputerait en entier sur le disponible ordinaire et le réduirait à 2/24 ou 1/12 qui pourrait être donné à l'étranger.

Enfin, si l'on avait donné d'abord à l'étranger un tiers en pleine propriété, ce qui absorberait la quotité disponible ordinaire, il ne resterait plus pour l'époux que l'augmentation créée pour lui : 1/24 en propriété qui serait nécessairement transformé en 1/12 en usufruit, car ici cette augmentation ne peut jamais être qu'en usufruit.

489. 4° Situation. — Le disposant ne laisse que des ascendants. — Il pourrait, suivant qu'il en laisse dans chaque ligne ou dans une seule, donner à un étranger la moitié ou les trois quarts en pleine propriété; à l'époux, la même valeur en pleine propriété et, en outre, l'usufruit de la portion réservée. Comme précédemment, on imputerait la première donation sur le disponible ordinaire, suivant sa nature.

Si donc la donation faite à l'époux d'abord, était de tout l'usufruit, il ne resterait plus, comme disponible en faveur de l'étranger, que la nue propriété de moitié ou des trois quarts, suivant la distinction indiquée;

Si le don fait à l'époux était seulement d'un quart ou d'une moitié en usufruit, ce don s'imputerait tout entier sur le disponible ordinaire;

S'il était de moitié ou des trois quarts en nue propriété, l'étranger pourrait encore recevoir la moitié ou les trois quarts en usufruit;

Si enfin la moitié ou les trois quarts en pleine propriété avaient été donnés à l'époux d'abord, rien ne resterait plus disponible pour l'étranger.

Au contraire, si l'étranger était premier donataire dans les mêmes hypothèses, l'époux pourrait encore recevoir, dans les deux premières, une moitié ou trois quarts en nue propriété, tout l'usufruit dans la troisième et, dans la quatrième, la moitié ou le quart en usufruit portant sur la réserve des ascendants et spécialement disponible pour lui.

490. 5ᵉ Situation. — Le disposant laisse des enfants d'un précédent mariage. — Nous avons suffisamment exposé, dans la section précédente, l'effet des seconds mariages quand il reste des enfants du premier lit et la triple restriction apportée en leur faveur à la faculté de disposer entre époux : nous y avons vu notamment que le disponible pour le nouvel époux ne peut jamais excéder le quart des biens, tandis qu'il peut être de moitié pour l'étranger ; toutes les règles qui précèdent s'appliqueront à ce cas avec les modifications de quotité qu'il comporte : l'imputation de la première donation se fera sur le disponible ordinaire et même elle s'y fera toujours *en entier*, car les deux disponibles sont alors de la même nature.

491. Jusqu'ici nous n'avons parlé que des cas où les libéralités faites au conjoint et à des étrangers auraient des dates différentes, il nous reste à voir comment devrait se faire l'imputation si elles n'avaient qu'une seule et même date, comme si, par exemple, elles étaient testamentaires. Ici il n'y aura plus de difficultés : comme aucune libéralité ne précède l'autre, aucune ne peut être de préférence imputée sur le disponible ordinaire et le donateur a pu faire la distribution à son gré, pourvu qu'il n'ait ni excédé le plus fort disponible, ni donné à chacun plus que son disponible spécial.

Ainsi, au cas d'un seul enfant commun, il aura pu, dans le système de M. Benech, comme dans le système restrictif, donner simultanément un quart en pleine propriété à l'époux et autant à l'étranger, ou bien une moitié en usufruit à l'époux et une moitié en nue-propriété à l'étranger, ou enfin une moitié en nue-propriété à l'époux et une moitié en usufruit à l'étranger ;

Au cas de deux enfants communs, le disposant aura pu

donner à l'époux un tiers ou 8/24 en pleine propriété et à l'étranger, un douzième en usufruit (représentant 1/24 en pleine propriété) ou réciproquement;

Au cas de trois enfants ou plus, il aura pu donner un quart en pleine propriété à l'époux et un quart en usufruit à l'étranger (a) ou une moitié en usufruit à l'époux et un quart en nue propriété à l'étranger;

Enfin, au cas où le disposant laisse des ascendants dans chaque ligne, il a pu donner l'usufruit total de ses biens à son époux et la moitié en nue propriété à l'étranger, ou la moitié en pleine propriété à son époux et l'usufruit du reste à l'étranger.

Dans tous les cas qui précèdent, nos trois règles fondamentales sont respectées : le disponible le plus fort n'est pas excédé; chacun ne reçoit que son disponible spécial; enfin, aucun ne profite du disponible de l'autre, car le disposant doit être réputé avoir pris chaque libéralité sur le disponible propre à chaque donataire : c'est l'application du principe qu'un acte doit être interprété plutôt dans le sens qui lui donne effet que dans celui qui le rend inutile : *potiùs ut valeat quàm ut pereat.*

492. Il est clair maintenant qu'il y a lieu à réduction chaque fois qu'il y a excès, soit sur le disponible propre à l'étranger ou à l'époux, soit sur le disponible le plus fort; il nous reste à voir comment il doit être procédé à cette réduction.

493. *II. Du mode de procéder à la réduction.* Éloignons d'abord les cas qui ne donnent lieu à aucune difficulté.

____

(a) Nous sommes surpris que M. Benech (p. 260 et s.) n'admette pas cette dernière proposition; le savant auteur la repousse par cette raison que la loi a bien pu créer une augmentation d'un quart d'usufruit en faveur de l'époux parce que cela ne nuisait guère aux enfants qui se trouveraient par là déchargés d'une pension alimentaire envers leur auteur, mais que ce quart n'étant pas adressé à l'époux ne peut l'être à un étranger, parce qu'il n'y aurait plus aucune compensation à cette perte pour les enfants. — Mais il est dangereux d'annuler des dispositions de l'homme sur des motifs prêtés à la loi; d'ailleurs n'est-il pas possible d'imputer ce quart d'usufruit sur le disponible ordinaire?

S'il n'a été fait de libéralités qu'à l'époux, la réduction se fera d'après les règles ordinaires (art. 920 à 930).

Si des libéralités ont été faites à l'époux et à des étrangers, à des dates différentes, il faudra d'abord, en cas d'excès sur le disponible le plus fort, examiner si la dernière libéralité a révoqué la précédente (ce qui sera possible quand celle-ci était faite à l'époux et pendant le mariage), et alors il pourra n'y avoir plus excès.

Si toutes deux étaient irrévocables de leur nature, que la réunion en fût excessive et que cependant la première n'excédât ni le disponible le plus fort, ni son disponible propre, la seconde seule serait réduite par application encore des règles ordinaires (art. 923).

Si la première, au contraire, excédait son disponible spécial et que la seconde, inférieure au sien propre, n'excédât le disponible le plus fort qu'à cause de l'excès de la première, la première seule serait soumise à la réduction et la seconde s'en trouverait par là même affranchie.

494. Mais une très-sérieuse difficulté se présente quand les diverses libéralités ont la même date et, par leur réunion, excèdent le plus fort disponible : comment dans ce cas doit-il être procédé à la réduction?

Trois systèmes se sont successivement produits : Toullier, Delvincourt et M. Marcadé ont apporté chacun une solution différente à cette question.

Nous n'en apporterons pas une entièrement nouvelle, parce que la vérité nous semble trouvée, mais, en terminant, nous proposerons, pour le système que nous adoptons, une utile simplification qu'on nous a récemment suggérée, et dont nous regrettons seulement de n'être pas autorisés à désigner l'auteur.

495. Toullier le premier (t. V, n° 872), sans supposer même que la question pût faire doute, enseigna la réduction proportionnelle d'après *le plus fort* disponible, pour toutes les libéralités ayant même date. Ce système était évidemment inadmissible, il faisait profiter du plus fort disponible celui

des donataires qui n'avait droit qu'au plus faible : en effet, *réduire*, d'après une certaine mesure, une libéralité excessive, c'est *maintenir* dans la même mesure ce que la réduction n'atteint pas : réduire une donation pour partie, d'après un disponible de moitié, par exemple, c'est maintenir l'autre partie d'après ce même disponible. Or, si l'un des donataires ne doit pas profiter de ce disponible de moitié, parce qu'il est un second époux et que le donateur a des enfants du premier lit, alors il est clair que le système de Toullier lui est trop avantageux. Ce système, néanmoins, est encore suivi par quelques auteurs.

496. Delvincourt (t. II. p. 223), proposa un système déjà meilleur, il réduisit aussi proportionnellement, mais d'après le disponible *commun* aux deux libéralités, c'est-à-dire d'après *le plus faible;* puis il attribua l'excédant d'un disponible sur l'autre à celui des donataires pour qui est établie la plus forte quotité; mais ce système présentait le défaut opposé à celui du système de Toullier : le système de Toullier donnait trop au donataire du plus faible disponible, celui de Delvincourt lui donna trop peu. En effet, après avoir fait concourir sur le disponible commun le donataire appelé à la plus forte quotité avec le donataire appelé à la plus faible et chacun pour *tout le montant* de sa donation (ce qui procurait déjà un avantage au premier), il lui faisait encore prendre *exclusivement* ce qui restait disponible d'après la plus forte quotité : c'était l'avantager *deux fois.*

497. Un troisième système devait donc prendre place entre ceux de Toullier et de Delvincourt; l'initiative en est due à M. Marcadé (sur l'art. 1100, n° IV), cet auteur admet comme Delvincourt la réduction proportionnelle d'après la plus faible quotité. Mais, dit-il, puisque, pour un instant, on suppose que le disponible est le même pour tous, il faut, provisoirement, faire subir à la libéralité faite au donataire le plus favorable une diminution proportionnelle à celle qu'on fait, provisoirement aussi, subir à son disponible et lui attribuer

ensuite exclusivement ce qui reste encore disponible pour lui seul. C'est ce système qui nous semble seul exact *au fond*, et conforme au principe essentiel que l'augmentation de disponible ne doit profiter qu'au donataire en faveur duquel elle est établie ; mais *la forme* ne nous en paraît pas pleinement satisfaisante, c'est pourquoi nous en proposerons plus loin la simplification déjà annoncée.

498. Pour mieux faire ressortir les différences des trois systèmes et l'avantage de ce dernier, nous parcourrons encore une fois, avec chacun d'eux, les différentes catégories de réservataires qu'a pu laisser le disposant, sans toutefois nous occuper ni du cas où il n'a laissé qu'un enfant commun, parce que, suivant nous, les deux quotités sont les mêmes, ni des cas où il n'a laissé que deux enfants communs ou qu'un seul ascendant, parce que les résultats n'offrent alors rien de particulier ; il nous restera donc trois situations principales : 1° présence d'un enfant *d'un premier lit*, 2° présence de trois enfants *communs* ou d'un plus grand nombre, 3° présence *d'ascendants dans les deux lignes.*

Comme il faut toujours estimer les dons d'usufruit quand ils sont réductibles conjointement avec des dons de pleine propriété, nous supposerons ici, avec la loi d'enregistrement, que l'usufruit vaut la moitié de la propriété, ce qui ne présentera pas, dans l'espèce, le danger déjà signalé plusieurs fois par nous-même.

Nous supposerons aussi, pour plus de simplicité, que l'excès total consiste justement dans le *cumul* des deux quotités disponibles, ce qui donne essentiellement lieu à réduction, quoique chaque donataire, pris isolément, n'ait reçu que son disponible propre.

Enfin, pour ne pas affaiblir la théorie par des exemples *en sommes d'argent*, nous désignerons toutes les valeurs par des *expressions fractionnaires* (a).

______

(a) On remarquera que beaucoup de nos fractions pourraient être réduites à une plus simple expression et que nous dirons souvent 18/24, 20/10,

499. *I. Système de Toullier.* — 1re Situation. — Le disposant laisse un enfant d'un premier lit. — Le disponible, qui est d'une moitié (12/24) pour l'étranger, ne peut atteindre qu'un quart (6/24) pour le nouvel époux. Si le disposant a donné à chacun son disponible propre, en tout trois quarts de ses biens (18/24), il y a excès pour un tiers *des biens donnés* à l'égard de l'étranger et pour deux tiers à l'égard de l'époux. Toullier, ne tenant pas compte de cette différence, retranche uniformément à l'étranger le tiers de ce qu'il a reçu (4/24) et à l'époux le tiers également (2/24) : l'étranger garde ainsi un tiers *de tous les biens* (8/24), l'époux un sixième (4/24), en tout, une moitié (12/24), le plus fort disponible.

2e Situation. — Le disposant laisse trois enfants communs. — Le disponible, qui n'est plus que d'un quart (10/40) pour l'étranger, est, au contraire, d'un quart et demi (15/40) pour l'époux (l'usufruit étant estimé, par hypothèse, valoir la moitié de la pleine propriété.) Si le disposant a donné à *la fois* les deux quotités, en tout, deux quarts et demi (25/40), il y a, pour l'étranger, excès de trois cinquièmes des biens *donnés* et, pour l'époux, de deux cinquièmes. Toullier, opérant comme précédemment, c'est-à-dire comme si, pour les deux donations, l'excès n'était que de deux cinquièmes, laisse à chacun trois cinquièmes *de ce qu'il a reçu :* à l'étranger 6/40 de tous les biens, à l'époux 9/40, en tout, 15/40, le plus fort disponible.

3e Situation. — Le disposant laisse un ascendant dans chaque ligne.—Le disponible, qui est d'une moitié (10/20) pour l'étranger, peut atteindre trois quarts (15/20) pour l'époux. Si le disposant a donné ces deux quotités montant ensemble à cinq quarts (25/20) et surpassant ainsi la totalité de son patrimoine, il y a encore, pour l'étranger, excès de trois cinquièmes des biens *donnés* et, pour l'époux, de deux cin-

quièmes des biens *donnés* et, pour l'époux, de deux cin-

---

quièmes seulement ; mais Toullier retranche indistinctement à chacun deux cinquièmes de ce qu'il a reçu : l'étranger garde ainsi 6/20 de tous les biens et l'époux 9/20, en tout, 15/20, le plus fort disponible.

500. *II. Système de Delvincourt.* — 1re Situation. — Un enfant d'un premier lit. — Les mêmes dispositions que dans le système de Toullier étant faites, Delvincourt, qui tient compte de la différence des quotités respectives négligées par son devancier, opère d'abord le retranchement contre l'étranger et contre le nouvel époux, d'après le disponible le plus faible qui est le quart (6/24) ; et comme trois quarts ont été donnés en tout, au lieu d'un quart, il retranche à chacun les deux tiers de ce qu'il a reçu : l'étranger qui a reçu une moitié (12/24) conserve un sixième (4/24), et l'époux qui a reçu un quart (6/24) ne conserve qu'un douzième (2/24) ; mais comme il existe une différence d'un quart des biens (6/24) disponible en faveur de l'étranger seul, il le lui attribue exclusivement, en sorte que l'étranger se trouve avoir (10/24) et l'époux 2/24 seulement.

2e Situation. — Trois enfants communs et mêmes dispositions que dans le système de Toullier. — L'étranger ayant reçu un quart des biens (10/40) et l'époux un quart et demi (15/40), Toullier ne retranchait à chacun que deux cinquièmes de ce qu'il avait reçu, Delvincourt en retranche trois : l'étranger est réduit ainsi à un dixième de tous les biens (4/40) et l'époux à trois vingtièmes (6/40) ; mais comme il existe, au profit de l'époux, un surcroît de disponible d'un demi-quart (540), celui-ci les prendra seul et se trouvera avoir ainsi 11/40, l'étranger aura 4/40 seulement.

3e Situation. — Un ascendant dans chaque ligne. — L'étranger a reçu une moitié (10/20), l'époux trois quarts (15/20), en tout 25/20, l'unité du patrimoine est excédée. Toullier ne retranchait encore à chacun que deux cinquièmes de ce qu'il avait reçu ; Delvincourt en retranche trois : l'étranger n'a plus alors que 4/20, et l'époux 6/20 ; mais avec l'excédant de disponible qui lui est attribué en propre (5/20), l'époux aura 11/20 et l'étranger 4/20 seulement.

501. *III. Système de M. Marcadé.* — Toullier retranchait trop peu au donataire le moins favorisé par la loi, et Delvincourt lui retranchait trop. M. Marcadé, en même temps qu'il suppose, comme Delvincourt, que toutes les libéralités ont un disponible unique, et le plus faible, suppose aussi que la libéralité la plus forte qui va y être mesurée est également moindre : il la diminue dans la même proportion qu'il a provisoirement diminué le disponible et il opère ensuite comme Delvincourt.

1ʳᵉ Situation. — Un enfant d'un premier lit. — Une moitié (12/24) a été donnée à l'étranger et un quart (6/24) au nouvel époux. Comme la première libéralité, qui seule pourrait s'élever à une moitié, va être réduite de la même manière que si elle ne pouvait atteindre qu'un quart, on la supposera elle-même d'un quart, on aura donc deux libéralités d'un quart (6/24), devant être réduites chacune de moitié, c'est-à-dire à un demi-quart (3/24), puis, comme l'étranger doit profiter seul de l'excédant de disponible ordinaire, il aura encore l'autre quart exclusivement, en tout, un quart et demi (9/24); l'époux aura un demi-quart (3/24).

2ᵉ Situation. — Trois enfants communs. — L'étranger a reçu un quart (10/40), l'époux un quart et demi (15/40). Puisqu'il faut d'abord réduire comme si un quart seulement était disponible, on supposera que le don fait à l'époux n'est également que d'un quart : les deux libéralités sont alors réduites chacune à un demi-quart (5/40); puis l'époux prendra son excédant de disponible propre, un demi-quart : il aura donc, en tout, un quart (10/40); l'étranger aura un demi-quart (5/40).

3ᵉ Situation. — Un ascendant dans chaque ligne. — Les deux quotités ont été cumulées : l'étranger a reçu une moitié (10/20) et l'époux trois quarts (15/20). Avant de réduire d'après le plus faible disponible qui est une moitié, on supposera que la donation faite à l'époux n'est aussi que d'une moitié ; la réduction ne laissera qu'un quart (5/20) à chaque donataire d'une moitié ; l'époux prendra ensuite l'excédant d'un quart qui existe en sa faveur : il aura ainsi une moitié (10/20) ; l'époux aura un quart (5/20).

502. Résumons ces trois systèmes *dans un autre ordre* :

1° Au cas d'un enfant d'un premier lit et de dispositions cumulatives des deux quotités :

Toullier réduisait l'étranger à 8/24 et l'époux à 4/24,
Delvincourt réduisait l'étranger à 10/24 et l'époux à 2/24,
M. Marcadé réduit l'étranger à 9/24 et l'époux à 3/24.

2° Au cas de trois enfants communs et de dispositions analogues :

Toullier réduisait l'étranger à 6/40 et l'époux à 9/40,
Delvincourt réduisait l'étranger à 4/40 et l'époux à 11/40,
M. Marcadé réduit l'étranger à 5/40 et l'époux à 10/40.

3° Enfin, au cas d'ascendants dans les deux lignes et de ces mêmes dispositions cumulatives :

Toullier réduisait l'étranger à 6/20 et l'époux à 9/20 ;
Delvincourt réduisait l'étranger à 4/20 et l'époux à 11/20 ;
M. Marcadé réduit l'étranger à 5/20 et l'époux à 10/20.

Ce rapprochement prouve manifestement l'exactitude du dernier système en même temps que son équité et doit lui faire donner la préférence sur les deux autres.

503. *IV. Simplification du système de M. Marcadé.* — Nous avons dit pourtant que le système de M. Marcadé pourrait être utilement simplifié : nous allons essayer de le démontrer.

On a vu, en effet, qu'il consiste à diminuer (*provisoirement et par hypothèse*) la libéralité faite au donataire le plus avantagé, comme on diminue également son disponible, en le supposant commun avec le donataire de la plus faible quotité : on arrive ainsi à ne pas l'avantager une première fois, en le faisant concourir au marc le franc sur le plus faible disponible dont il

absorberait déjà une plus grande portion que l'autre donataire; mais la restitution de ce qu'on lui avait provisoirement
retiré lui conserve l'avantage auquel il a droit.

Ce système, outre qu'il repose sur une sorte de fiction qui
pourrait être gênante, nécessite toujours, comme les autres,
une estimation de l'usufruit, ce qu'il serait préférable d'éviter.

504. On remédierait à ce double inconvénient en distin-
guant, dans la libéralité faite au donataire le plus favorable, la
portion qu'il peut seul recevoir, soit en propriété, soit en
usufruit, pour la *prélever réellement* à son profit exclusif; on
procéderait ensuite à la réduction proportionnelle d'après le
plus faible disponible devenu *réellement commun;* la somme
de ce que lui laisserait cette réduction, jointe à ce qui a été
prélevé à son profit, serait exactement ce qu'il doit conserver
de la libéralité.

505. Appliquons cette théorie aux trois principales situations du donateur.

1re Situation. — Un enfant d'un premier lit. — Une moitié
de tous les biens a été donnée à un étranger et un quart au
nouvel époux; on prélèvera sur la donation faite à l'étranger
l'augmentation d'un quart en pleine propriété qui existe pour
lui; il viendra ensuite en concours sur le plus faible disponible (un quart) avec une donation égale à celle du nouvel
époux : la réduction proportionnelle laissera un demi-quart à
chacun; mais, avec ce qui a été prélevé à son profit exclusif,
l'étranger se trouvera avoir un quart et demi en tout, et le
plus fort disponible, une moitié, ne sera pas excédé.

2e Situation. — Trois enfants communs. — Le disponible de
l'étranger n'est plus que du quart en pleine propriété, celui
de l'époux est d'un quart en propriété et d'un quart en usufruit (nous ne sommes plus obligés, comme précédemment,
de transformer l'usufruit en pleine propriété); les deux quotités ayant été données cumulativement, on prélèvera sur la
donation de l'époux le quart d'usufruit qui doit lui rester
propre, il concourra ensuite pour un quart avec l'étranger

sur le disponible commun qui est d'un quart également. Il gardera ainsi un demi-quart en propriété, qui, joint à son quart en usufruit et au demi-quart gardé de même par l'étranger, formera le plus fort disponible.

3ᵉ Situation. — Un ascendant dans chaque ligne. — L'époux a reçu une moitié en pleine propriété, plus l'usufruit de la réserve des ascendants, c'est-à-dire de l'autre moitié; l'étranger n'a reçu qu'une moitié en pleine propriété. On prélèvera sur la donation de l'époux la moitié en usufruit à laquelle il peut seul prétendre : les deux donations se trouveront être ainsi d'une moitié en propriété; la réduction se fera au marc le franc et d'après le disponible devenu commun; elle laissera à chacun un quart, mais l'époux y réunira son usufruit spécial et la plus forte quotité sera régulièrement distribuée.

506. L'avantage de cette simplification nous paraît évident : elle n'a besoin d'aucune fiction, elle ne nécessite pas l'emploi de fractions multipliées, enfin elle rend presque toujours inutiles les estimations d'usufruit (a).

§ II. — De la nullité des libéralités déguisées ou faites à personnes interposées.

507. Nous avons établi, au début de cette section [nᵒˢ 455 et s.], que la loi atteignait d'autant plus sévèrement les libéralités dissimulées et frauduleuses, qu'elles avaient plus de facilité pour se soustraire, soit à la réduction, soit à la révocation;

(a) Nous disons *presque toujours*, car l'estimation de l'usufruit serait encore quelquefois nécessaire, par exemple, si l'étranger avait reçu un quart en propriété et l'époux une moitié en usufruit : dans ce cas on prélèverait d'abord le quart en usufruit que l'époux peut recevoir exclusivement, l'autre quart serait transformé en un demi-quart en pleine propriété (3/24) et c'est pour cette valeur que l'époux concourrait avec l'étranger sur le disponible commun qui est un quart (6/24); il conserverait ainsi 2/24 en propriété avec son quart en usufruit et l'étranger aurait 4/24.

1°

nous avons, pour terminer, à dire quelque chose de la sanction rigoureuse prononcée ici, c'est-à-dire de la *nullité*.

508. Et d'abord, il est clair que cette nullité n'existe pas de plein droit : elle doit être prononcée en justice; mais dans quel délai? Nous pensons que les héritiers du donateur n'auraient, pour la faire prononcer, que dix ans à partir de la dissolution du mariage; en effet, il ne s'agit plus d'indisponibilité des biens, mais d'une incapacité particulière des époux : l'article 1304 est applicable et, comme conséquence, de ce qu'il s'agit d'incapacité, il faut reconnaître que le donateur lui-même pourrait faire annuler l'acte pendant toute la durée du mariage et même pendant dix ans après sa dissolution, puisque la prescription ne court point entre époux (art. 2253).

509. La vente est le contrat qui se prête le plus facilement au déguisement des libéralités, c'est pourquoi la loi l'a formellement défendue entre époux (art. 1595), sauf trois cas où elle avait une cause légitime et où, par conséquent, la fraude était peu probable; mais comme ce contrat est le seul qui soit *a priori* défendu entre époux, il leur serait possible de s'avantager frauduleusement par d'autres actes, notamment par des emprunts ou des payements mensongers. Mais il n'existe pas pour les époux, comme cela a lieu pour d'autres personnes, de présomptions légales de déguisement de libéralités; ainsi, tandis que l'article 918 présume que le contrat de rente viagère entre ascendants et descendants cache une libéralité, rien de pareil n'est dit pour les époux : la preuve du déguisement, dans ce cas, incomberait donc aux héritiers du donateur, demandeurs en nullité.

510. Il existe, au contraire, des présomptions légales d'interposition de personnes, elles sont contenues en l'article 1100 du Code Napoléon : « Seront réputées faites à personnes interposées les donations de l'un des époux aux enfants ou à
» l'un des enfants de l'autre époux issus d'un autre mariage,
» et celles faites par le donateur aux parents dont l'autre
» époux sera héritier présomptif au jour de la donation, en-

» core que ce dernier n'ait point survécu à son parent dona-
» taire. » Ces présomptions légales rappellent celles de l'article 911, sans être les mêmes, et comme nous sommes ici en
matière tout à fait rigoureuse et d'exception, il ne faudrait
pas les étendre par analogie.

511. Il y a entre les enfants d'un premier lit et leur auteur
une si intime communauté d'intérêts que la loi est très-sage
en présumant que la libéralité faite aux uns s'adresse à l'autre ;
il en serait de même d'enfants naturels ou adoptifs que l'époux
aurait eus avant son précédent mariage; il y a là plutôt un
a fortiori qu'une simple analogie ; l'interposition, au contraire, n'est pas présumée quand la donation s'adresse à un
enfant commun, parce que sa seule qualité motive parfaitement, en sa faveur personnelle, une libéralité de la part d'un
de ses auteurs.

512. La deuxième catégorie de personnes présumées interposées comprend celles dont l'autre époux était l'héritier présomptif au jour de la donation : cette présomption est fondée,
non pas, comme on l'a dit quelquefois, sur l'idée qu'un jour
l'époux, devenu héritier, pourrait recueillir la libéralité dans la
succession du donataire, puisque la présomption ne cesserait
pas quand l'époux aurait perdu tout droit à la succession, par
suite de son prédécès et aussi, selon nous, par suite de son refus ou de son indignité, ou même par la survenance d'un plus
proche héritier ; elle est donc fondée sur le lien d'amitié étroite
qui doit unir des personnes dont l'une est appelée à succéder
à l'autre : la loi prévoit, entre elles et le donateur, l'exécution
plus ou moins immédiate d'un fidéicommis exprès ou tacite.

513. On a l'habitude de qualifier ces présomptions légales
du nom d'*absolues* comme si elles n'admettaient aucune preuve
contraire, mais nous pensons qu'on n'entend pas, par là, contester l'admission de l'aveu ou du serment, comme preuves
contraires : il est évident qu'un intérêt privé et pécuniaire est
seul en jeu et que l'ordre public ne s'oppose nullement à ce
que ces preuves soient admises. Ainsi, comme chacun peut

toujours renoncer aux avantages que la loi lui confère (quand la loi ne défend pas expressément cette renonciation), les héritiers réservataires devraient succomber, selon nous, s'ils *avouaient* que la donation s'adressait RÉELLEMENT à la personne présumée interposée, ou s'ils *refusaient de jurer* qu'ils croient SE BONA INSTANTIA UTI, c'est-à-dire qu'ils ne sont pas convaincus, en fait, de l'inexactitude de la présomption légale.

514. Indépendamment des personnes légalement *présumées* interposées, il est clair qu'en fait, toutes autres pourraient être *jugées* interposées : c'est un point constant.

515. Enfin, on a élevé la question de savoir si, en l'absence d'héritiers réservataires, la nullité des donations déguisées ou faites à personnes interposées pourrait encore être prononcée. La négative est généralement admise ; mais comme nous considérons la nullité des donations dissimulées comme une sanction de la révocabilité autant que de la réserve, nous sommes d'avis que le défaut d'héritiers réservataires au jour du décès ne validerait pas des actes originairement faits en fraude de la loi et du donateur lui-même autant que de ses héritiers.

RÉSUMÉ ET CONCLUSION.

Maintenant que nous avons examiné l'état des donations entre époux, tant aux diverses périodes de l'histoire du droit que dans la législation actuelle, il nous reste à dire comment nous comprenons la diversité, sur cette matière, des législations romaine, barbare, coutumière, intermédiaire et moderne.

A Rome, les licences effrénées du divorce sont devenues une menace perpétuelle suspendue sur l'union conjugale, et l'époux plus faible ou plus constant est forcé d'acheter la concorde au prix de sa fortune et de l'avenir de ses enfants. La nation voit son mal, mais, trop malade pour en arracher la cause, elle se contente d'en pallier les effets en prohibant entre époux tout acte entre-vifs conférant un avantage volontaire et purement gratuit. Si les testaments et les donations à cause de mort sont permis entre eux, c'est que leur effet se reporte à une époque où le mariage n'existera plus et qu'il est moins à craindre, dès lors, qu'ils soient le fruit d'une menace de divorce.

Plus tard, Caracalla propose au Sénat de permettre aux époux les donations entre-vifs, mais l'effet en est toujours subordonné au prédécès du donateur et elles sont révocables pendant toute sa vie, comme si elles étaient expressément faites à cause de mort.

Longtemps déjà auparavant, Auguste avait combattu par des déchéances et des mesures fiscales le divorce, le célibat et même les unions stériles. Ses fameuses lois CADUCAIRES frappaient les *cœlibes* et les *orbi*, en général, d'une incapacité totale ou partielle de recevoir par testament ou par donation à cause de mort ; appliquées aux époux sous le nom de lois DÉCIMAIRES, elles ne leur permettent de recevoir l'un de l'autre, par ces mêmes moyens, qu'un ou plusieurs *dixièmes* de leurs biens ; quelquefois, cependant, les époux ont une entière capacité : c'est ainsi que nous avons trouvé douze cas de *solidi capacitas.*

Dans le même esprit, les secondes noces sont encouragées : la conservation de la dot, qui permet aux femmes de se remarier, devient même un principe d'ordre et d'intérêt publics : *Reipublicæ interest mulieres dotes salvas habere propter quas nubere possunt.*

Mais sous l'influence de l'idée chrétienne, le célibat cesse d'être une faute envers la société, il est même quelquefois un devoir : les lois qui le frappent sont abolies et les secondes noces commencent, par là même, à être vues avec défaveur ; l'intérêt menacé des enfants du premier lit fait apporter contre l'époux remarié de nouvelles restrictions au droit de disposer en faveur de son nouvel époux, même par donation à cause de mort ou par testament ; quant à l'ancienne prohibition générale de se donner entre-vifs, elle subsiste encore dans le Bas-Empire, sauf le tempérament apporté par Caracalla : c'est que le divorce, quoique flétri par le Christianisme, n'est pas entièrement aboli par les lois humaines.

Bientôt l'invasion barbare balaye les vices du vieil Empire avec toutes ses splendeurs. La rude austérité des Races Germaniques n'est pas minée par les mêmes corruptions, elle n'a pas besoin des mêmes défiances : si les dons entre époux ne sont pas permis sans mesure, c'est peut-être par un reste d'influence des lois romaines sur des populations encore en grande partie romaines; c'est surtout à cause de l'infériorité où la femme est placée par les mœurs belliqueuses et impolicées des vainqueurs; mais sous les dénominations de *dos*, de *morgengabe* et d'*osculum*, le mari fait à sa femme divers avantages perpétuels et transmissibles qui bientôt existeront *de plein droit* au profit de celle-ci et dont la combinaison amènera le douaire légal ou coutumier; mais alors le droit de la femme ne sera plus que viager.

L'attachement des Germains pour leurs enfants et leur fidélité à la foi jurée les éloignent aussi des seconds mariages; cependant, si l'influence romaine leur en a apporté le danger, elle en apporte aussi le correctif : c'est ainsi que le principe de la Constitution *Fœminæ quæ* se reflète dans la Loi Salique.

Quand, plus tard, le douaire légal est bien établi, quand la veuve est assurée par la coutume du même bien-être et de la même dignité dont elle jouissait auprès de son mari, les donations du mari à la femme, pendant le mariage, seraient dangereuses : elles sont donc défendues; mais si celui-ci veut être plus libéral que la Coutume, il peut, avant le mariage, donner à sa future épouse, soit des biens présents en propriété, soit un douaire préfix plus considérable, à prendre à son décès.

Mais le mari n'a lui-même aucun gain légal de survie : administrateur et presque maître du patrimoine commun que les Coutumes Françaises ont formé entre les époux, il doit, par une gestion vigilante et sage, s'appliquer à la faire fructifier, et le partage par moitié doit être sa seule récompense. Aussi, dans les provinces du Midi, où le régime dotal, emprunté au droit romain, entraîne la séparation des intérêts, il y a des gains légaux de survie pour le mari : comme la femme a l'augment de dot, le mari en a le contre-augment et, à défaut de dot pour régler le gain de survie, il a droit, comme la femme, à la quarte du conjoint pauvre créée par Justinien.

Indépendamment des avantages réglés par le contrat de mariage, la plupart des coutumes admettent pendant le mariage la stipulation d'un don mutuel en usufruit pour le survivant des époux ; mais pour qu'il ne soit pas un moyen d'échapper à la prohibition générale, il doit être égal pour chaque époux, en valeur et en espérance ; en outre il faut que les époux n'aient pas d'enfants lors de leur décès, à moins que le don mutuel ne soit fait dans le contrat de mariage même de l'un des enfants et que l'enfant ne soit en même temps doté.

Quant aux seconds mariages, la même défaveur les poursuit toujours : les pays de droit écrit n'ont pas attendu l'Édit de François II pour protéger les enfants d'un premier lit contre le convol de leur auteur ; ils appliquent depuis longtemps les Constitutions du Bas-Empire et les Novelles de Justinien ; mais quand l'Édit des secondes noces est publié pour toute la France, les pays de coutumes s'emparent avec empressement d'un statut qui a désormais pour eux les apparences d'une législation nationale.

Pour mieux détruire l'ancienne organisation sociale,

la législation révolutionnaire ressuscite le divorce inconnu jusque-là aux mœurs françaises ; elle règle alors à nouveau les droits et les intérêts des époux : elle abolit les gains légaux de survie, sans doute parce qu'à ses yeux le mariage, devenu si fragile, du vivant des époux, ne saurait produire d'obligation au delà du tombeau ; mais aussi elle ne peut refuser aux époux le droit de s'avantager dans une raisonnable mesure : la quotité disponible sera pour eux plus considérable que pour les étrangers. Et comme toute législation qui admet un divorce facile perd tout droit de restreindre les seconds mariages, la loi de Nivôse abolit les deux chefs de l'Édit des secondes noces.

Le Code de 1804 est une œuvre de conciliation : en ce qui concerne l'association conjugale, comme pour les autres branches du droit privé, il ne retourne pas vers ce que le passé a d'impossible, mais il ne ratifie pas non plus les excès d'une époque désordonnée ; s'il a la regrettable faiblesse d'en conserver le divorce, au moins, c'est avec des entraves qui doivent le rendre difficilement praticable : entre le divorce *par consentement mutuel* et le divorce *pour simple incompatibilité d'humeur*, il n'y a de commun que le nom.

Les gains légaux de survie ne sont pas rétablis et cependant l'époux ne succède *ab intestat* qu'après les collatéraux du douzième degré ; mais du moins la faculté de s'avantager par contrat ou par testament est encore étendue : les époux pourront souvent se donner plus qu'ils ne pourraient donner à des étrangers : ainsi, la prévoyance de l'homme peut facilement suppléer à celle de la loi.

Une sage distinction, qui rappelle la loi romaine, est

établie entre les donations faites par contrat de mariage et celles faites pendant la durée du mariage : les dernières seront toujours révocables au gré du donateur, sans qu'il ait à rendre compte de l'exercice de son droit qu'à lui-même et à sa conscience : c'est la plus sûre garantie contre les dangers de la captation, de la menace ou de l'entraînement.

Le Code de 1804 n'est pas moins sage en revenant aux anciens principes sur les seconds mariages et à la protection des enfants du premier lit. S'il ne reproduit pas le second chef de l'Édit qui rappellerait trop les substitutions abolies et la recherche de l'origine des biens, il en conserve du moins le premier chef, et cela, avec une aggravation nouvelle.

Ainsi, après la rigueur de la législation Romaine et la mobilité de celle du Bas-Empire, après la discordance des Coutumes et l'unité violente du droit Intermédiaire, notre législation Moderne, purgée du divorce en 1816, a su donner une pleine satisfaction aux intérêts légitimes des époux.

FIN.

POSITIONS SUR LE SUJET DE LA THÈSE.

I. Droit romain.

1. La prohibition des donations entre époux, à Rome, n'eut pas sa source dans la loi des XII Tables, mais dans les mœurs et les coutumes. Elle n'existait pas même encore lors de la loi Cincia [n° 3].

2. Pour être prohibée entre époux, une libéralité devait réunir ces trois caractères : 1° être un acte entre-vifs, 2° produire un appauvrissement volontaire pour le donateur, 3° enrichir le donataire [n° 18].

3. Entre époux, la donation à cause de mort, quoique faite sous condition résolutoire, ne transférait la propriété qu'au décès du donateur, mais alors son effet rétroagissait au jour de la donation. Toutefois, la rétroactivité n'avait pas lieu quand elle pouvait entraîner la nullité de la donation elle-même [n° 40 à 46].

4. Était valable, comme n'appauvrissant pas l'époux donateur, la donation d'un bien d'autrui qu'il était en

voie d'usucaper lui-même, pourvu qu'il le tînt à titre lucratif [n° 50, note *a*].

5. C'était à cause de la destination de la dot, et non à cause de la prohibition générale, qu'était défendue la donation de fruits et intérêts dotaux par le mari à la femme [n° 53].

6. L'acceptilation faite par l'époux créancier à l'époux débiteur, ne valait ni pour celui-ci ni pour les *correi promittendi ;* celle faite aux *correi* ne valait qu'à leur profit et seulement comme pacte de *non petendo :* l'époux restait obligé, à moins qu'il n'y eût société entre les codébiteurs [n°s 69-71].

7. Il n'y avait pas donation prohibée quand l'époux propriétaire d'un bien possédé de bonne foi et en vertu d'un juste titre par l'autre époux, découvrait seul son droit de propriété et laissait volontairement s'accomplir l'usucapion au profit de celui-ci [n° 77].

Même décision quand l'époux possesseur découvrait seul le droit de l'époux propriétaire [n° 78].

8. Au contraire, l'usucapion n'avait pas lieu quand les deux époux découvraient le droit du propriétaire [n° 79].

9. Il y avait toujours libéralité prohibée dans la négligence à exercer une action personnelle, dans le but de laisser s'accomplir la prescription libératoire [n° 80].

10. Les donations faites par promesse, comme les donations faites par tradition, étaient confirmées par la mort du donateur, en vertu du Sénatus-Consulte rendu sous Caracalla [n°s 96 à 102].

11. Si les deux époux étaient faits prisonniers en

même temps et mouraient chez l'ennemi, la donation était confirmée par l'effet de la loi Cornelia, comme s'ils étaient morts dans le même événement [n° 112].

II. Droit barbare et premier droit coutumier.

12. Le douaire légal s'est formé d'une combinaison du prix d'achat du *mundium* avec le *morgengabe*.

Cette transformation a été complète bien avant Philippe-Auguste: elle remonte aux VIII° et IX° siècles [n°ˢ 141 à 146].

III. Ancien droit français.

13. L'Ordonnance de 1731 n'abrogea pas le Sénatus-consulte de Caracalla pour les pays de droit écrit [n° 159]; elle ne défendit pas non plus les donations à cause de mort entre époux dans les pays de coutumes qui les admettaient précédemment [n° 169].

L'Ordonnance de 1735 n'abolit pas l'usage du testament mutuel entre époux dans les coutumes qui l'exigeaient pour la confirmation des donations entre-vifs [n° 235].

14. Le don mutuel n'était pas révocable par la femme seule, même dans les quatre mois donnés au mari pour faire procéder à l'insinuation [n° 194].

15. Les conventions matrimoniales tendant à établir l'égalité des apports n'empêchaient aucunement le don mutuel; celles qui détruisaient l'égalité des apports ou

du partage n'empêchaient pas un don mutuel restreint à la moindre part apportée ou recueillie [n° 196].

16. La renonciation de la femme survivante ne l'empêchait pas d'avoir, en vertu du don mutuel, l'usufruit de toute la communauté ; la renonciation de ses héritiers n'empêchait pas le mari survivant d'avoir l'usufruit des apports, dont la reprise avait été stipulée pour la femme ou ses héritiers [n°ˢ 202-204].

17. Si le don mutuel fait entre les père et mère dans le contrat de mariage de leur enfant qu'ils dotaient, était annulé pour *inégalité*, sur la demande de l'enfant, le survivant pouvait refuser de contribuer à la dot [n° 228]; au contraire, si le don mutuel était annulé pour le *convol* du survivant, celui-ci ne pouvait se dégager de son obligation [n° 234].

18. Les enfants *héritiers* avaient seuls l'action en réduction, en vertu du premier chef de l'Édit des secondes noces [n° 258]; ils étaient seuls appelés à la substitution légale, en vertu du second chef [n° 276]; ils avaient seuls l'action en revendication des conquêts du premier mariage, en vertu des articles 279 de la coutume de Paris et 203 de celle d'Orléans [n° 291].

19. L'émolument de la réduction opérée en vertu du premier chef de l'Édit, se partageait entre les enfants seulement, à l'exclusion de l'époux donataire, mais le calcul des parts ne devait se faire qu'après un rapport fictif à la masse des biens donnés à l'époux [n°ˢ 262-264].

20. Le douaire coutumier n'était pas atteint par le second chef de l'Édit et le douaire conventionnel valait

jusqu'à concurrence du douaire coutumier [nᵒˢ 271-272].

21. L'article 279 de la coutume de Paris contenait, aussi bien que l'article 203 de celle d'Orléans, deux extensions au second chef de l'Édit : 1° la défense d'*aucune* disposition des conquêts du premier mariage en faveur du nouvel époux, 2° la défense de donner à des étrangers une portion des mêmes conquêts *qui diminuât* la part que les enfants du premier lit devaient en recueillir [nᵒˢ 279-281].

22. La *nullité* des premières dispositions profitait à tous les enfants, sans distinction de lit ; la *réduction* des secondes ne profitait qu'aux enfants du premier lit [nᵒˢ 287-289].

IV. Droit intermédiaire.

23. Dans la loi du 17 nivôse, an II, les restrictions à la faculté de disposer en faveur d'étrangers s'expliquent par l'abaissement de la puissance paternelle [nᵒ 295], et la plus grande latitude donnée, au contraire, aux avantages entre époux s'explique par l'admission du divorce [nᵒ 297].

24. La loi de Nivôse abrogea implicitement, par son article 61, le deuxième chef de l'Édit des secondes noces, comme elle en abrogea le premier chef par son article 13 [nᵒ 301].

V. Droit français moderne.

25. Les donations entre époux, même faites par con-

trat de mariage, sont révoquées de plein droit par la survenance, au donateur, d'un premier enfant né d'un subséquent mariage [n° 318].

26. Elles sont, de plein droit également, révoquées par la séparation de corps prononcée contre l'époux donataire [n°ˢ 319 à 325].

27. Elles sont révocables pour ingratitude, sans que cette révocation fasse double emploi avec la première [n°ˢ 326 à 330].

28. La donation de biens à venir entre futurs époux n'est point transmissible, même par clause expresse, aux enfants à naître du mariage [n°ˢ 343-344].

29. Les donations entre époux faites pendant le mariage peuvent être révoquées comme les testaments, mais non plus facilement [n°ˢ 379-381].

30. La révocation ne résulterait pas, pour une donation de biens présents, du seul fait par le donateur d'avoir contracté des dettes qui le rendraient insolvable, et le droit de révoquer, devant être considéré comme exclusivement attaché à sa personne, ne pourrait être exercé par ses créanciers [n° 382].

31. La révocation faite par le donateur peut être opposée aux tiers acquéreurs [n° 384].

32. Les donations de biens présents entre époux, faites pendant le mariage, ne sont pas caduques par le prédécès du donataire [n°ˢ 389 à 397]; mais la révocation pourrait en être exercée par le donateur contre les héritiers du donataire [n° 398].

33. La quotité disponible entre époux, souvent supérieure au disponible entre étrangers, y est toujours au moins égale [n°ˢ 107 à 123].

34. Lorsqu'il s'agit de réduire des donations en usufruit, l'article 917 est applicable à toutes donations entre époux et sert de complément à l'article 1094 comme à l'article 1098 [nᵒˢ 427-428].

35. La donation de TOUT LE DISPONIBLE doit être interprétée dans le sens le plus favorable à l'époux; mais si la disposition reproduisait l'alternative de la loi : UN QUART EN PROPRIÉTÉ ET UN QUART EN USUFRUIT OU UNE MOITIÉ EN USUFRUIT SEULEMENT, dans le doute sur la volonté du disposant, le choix de l'exécution devrait appartenir aux héritiers, comme débiteurs [nᵒ 429].

36. En cas de plusieurs convols successifs, l'époux remarié ne peut jamais donner, en tout, à ses nouveaux époux, plus d'une part d'enfant le moins prenan [nᵒ 440].

37. Le préciput conventionnel, même stipulé au profit de la femme renonçante, n'est pas un avantage réductible, si ce n'est dans le cas de second mariage [nᵒ 442, note *b*].

38. Les avantages résultant pour le nouvel époux des successions échues à l'époux remarié et tombées en communauté, sont réductibles comme les avantages résultant des apports de ces époux [nᵒ 444].

39. Les enfants du premier lit exerçant la réduction des avantages faits par leur mère au nouveau mari, ne pourraient invoquer l'hypothèque légale de leur mère à l'appui de leur action contre le mari [nᵒ 448].

40. L'action en réduction appartient exclusivement aux enfants du premier lit, mais le profit de la réduction doit être partagé avec les enfants du second lit [nᵒˢ 450-451].

41. L'époux donataire d'une part d'enfant n'a pas le droit d'exiger le rapport ni la réduction, il peut seulement retenir sur les biens à lui donnés ou prendre dans les biens existants une portion égale à celle que pourrait recueillir l'enfant le moins prenant, par l'effet du rapport et de la réduction [n° 453].

42. Lorsque les libéralités faites à l'époux et à des étrangers ont des dates différentes et que la quotité disponible n'est pas la même pour chaque donataire, les premières en date, quoique s'adressant au donataire du disponible le plus fort, doivent être imputées sur le disponible ordinaire, pourvu qu'elles soient de nature à y être contenues [n°⁸ 475 à 490].

43. Si les libéralités faites à l'époux et à l'étranger ont la même date, le plus fort disponible pourra toujours être épuisé, pourvu que chaque donataire ne reçoive que son disponible propre [n° 491].

44. En cas d'excès de ces libéralités sur le disponible propre à chacun, on commencera par prélever sur la libéralité du donataire le plus favorable la valeur en pleine propriété ou en usufruit dont son disponible spécial excède le disponible ordinaire, et on la lui attribuera exclusivement; sa libéralité étant ainsi diminuée, on procédera à la réduction de chacune, au marc le ranc et d'après le disponible commun, c'est-à-dire d'après le plus faible [n°⁸ 503 à 506].

45. Les libéralités indirectes mais ostensibles sont seulement réductibles; celles qui sont déguisées sous l'apparence d'un acte onéreux ou faites à des personnes interposées, sont nulles pour le tout [n°⁸ 455 à 462].

46. L'action en nullité des donations déguisées ou

faites à personnes interposées peut être exercée par le donateur lui-même pendant toute la durée du mariage et encore pendant dix ans après sa dissolution; pour ses héritiers elle se prescrit par dix ans à partir de son décès [n° 508].

47. Les présomptions légales d'interpositions de personnes peuvent être détruites par l'aveu judiciaire ou le serment décisoire [n° 513].

48. La nullité des donations dissimulées pourrait être prononcée pour des donations faites à un premier comme à un second époux [n°s 463]; dans l'un et l'autre cas, elle pourrait être prononcée à défaut même d'héritiers réservataires [n° 515].

POSITIONS GÉNÉRALES.

I. Histoire du droit.

1. La conservation du droit romain dans le midi de la France tint à ce que l'invasion barbare pénétra moins profondément les populations romaines agglomérées dans cette région; de là la confection d'une loi romaine à côté de la loi barbare : pour les Visigoths, le *Breviarium Alaricianum* et, pour les Bourguignons, les *Responsa Papiani*, compilations qui facilitèrent la renaissance du Droit de Justinien.

2. Le droit devint *coutumier* dans le nord de la France, par suite de l'insuffisance des *lois écrites* aux rapports nouveaux créés par la féodalité; il devint *territorial* par l'effet du mélange des races, lequel rendit impraticable la *personnalité* des lois.

II. Droit romain.

3. La formation du mariage à Rome exigeait la tradition de la femme, mais cette tradition pouvait se faire *solo consensu et affectu*, pourvu que la femme fût présente.

4. La société civile se dissolvait par l'adrogation de l'un des associés.

5. Les créanciers postérieurs à l'acte frauduleux par lequel le débiteur avait diminué son patrimoine ne pouvaient ni intenter l'action Paulienne ni en profiter.

III. Droit français.

6. En cas d'absence de la femme et d'administration légale par le mari, les héritiers de la femme ne pourraient, quoiqu'il y eût péril pour la dot ou pour la communauté, demander la séparation de biens; mais le tribunal pourrait, sur leur demande, obliger le mari à donner caution ou même lui retirer l'administration.

7. L'ascendant, autre que le père ou la mère, n'a aucun droit à sa réserve quand le défunt laisse un frère et un légataire universel saisi; mais la renonciation du frère permettrait à cet ascendant de réclamer sa réserve, à moins qu'une collusion ne fût prouvée, auquel cas l'ascendant n'aurait que le droit éventuel de profiter de la nullité, de la caducité ou de la révocation du legs universel.

8. Le défaut de transcription d'une donation d'immeuble peut être opposé par les donataires subséquents, les créanciers chirographaires et même les héritiers du donateur.

IV. Droit pénal.

9. La prescription de l'action criminelle résultant d'un vol éteint l'action civile *en revendication* de l'objet volé contre l'auteur du vol lui-même.

10. Il y a lieu d'appliquer aux délits les peines de la récidive quand la première infraction était *qualifiée crime* par la loi, bien que, par l'admission d'excuses ou

de circonstances atténuantes, elle n'eût été punie que d'un emprisonnement *de moins d'une année.*

V. Droit international.

11. L'étranger non autorisé à fixer son domicile en France, n'y jouit des droits *privés* que conformément à l'article 11 du Code Napoléon : cet article devant être considéré comme encore en vigueur, pour tous les cas à l'égard desquels il n'a pas été autrement statué par les traités ou par la loi française.

12. Le gouvernement français peut toujours accorder l'extradition des étrangers recherchés pour crimes non politiques commis dans leur pays ; il ne peut, au contraire, accorder l'extradition des Français pour crimes quelconques commis en pays étrangers, si ce n'est en vertu de traités ou de dispositions de la loi française.

Vu par le Doyen, Président de la Thèse,

Paris, le 29 mai 1852.

C. A. PELLAT.

Vu par le Recteur de l'Académie de la Seine,

Paris, le 29 mai 1852.

CAYX.

TABLE DES MATIÈRES.

PREMIÈRE PARTIE.

—

DROIT ROMAIN,

DROIT BARBARE ET PREMIER DROIT COUTUMIER FRANÇAIS.

DEUXIÈME PARTIE.

ANCIEN DROIT FRANÇAIS ET DROIT INTERMÉDIAIRE.

TROISIÈME PARTIE.

DROIT FRANÇAIS MODERNE.

FIN DE LA TABLE.

PARIS. — IMPRIMÉ PAR E. THUNOT ET Ce, 26, RUE RACINE.

PARIS. — IMPRIMÉ PAR E. THUNOT ET Cᵉ,
RUE RACINE, 26, PRÈS DE L'ODÉON.